U0521861

本书出版受国家社会科学基金青年项目"地方政府绩效评价的价值协同研究"（16CGL049）支持，并获得兰州大学管理学院"教师学术出版基金"资助。

Research on Value Synergy of Local Government Performance Evaluation

孙斐 著

地方政府绩效评价的价值协同研究

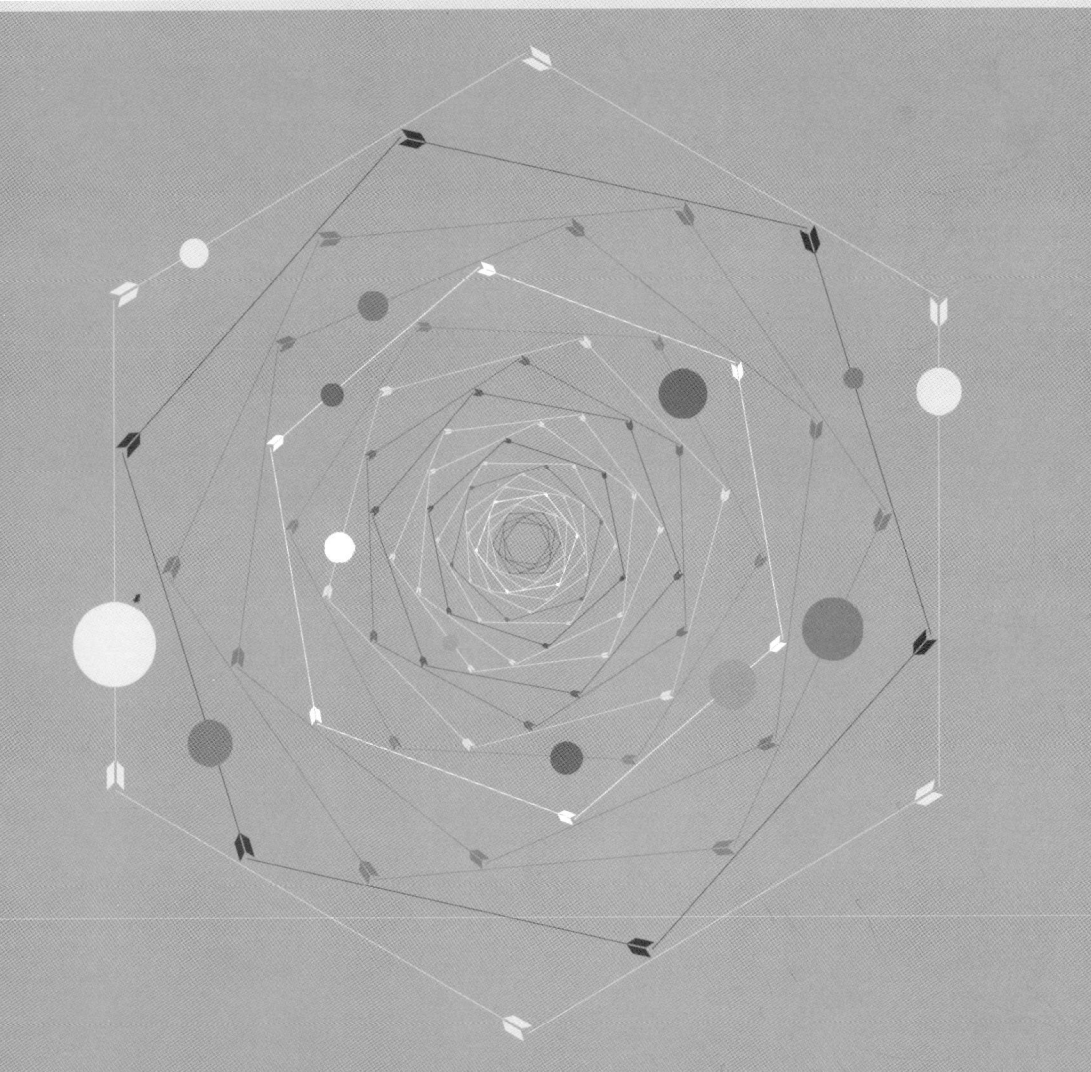

中国社会科学出版社

图书在版编目（CIP）数据

地方政府绩效评价的价值协同研究／孙斐著 . —北京：中国社会科学出版社，2022.1

ISBN 978 – 7 – 5203 – 9531 – 1

Ⅰ.①地… Ⅱ.①孙… Ⅲ.①地方政府—行政管理—研究—中国 Ⅳ.①D625

中国版本图书馆 CIP 数据核字（2022）第 012033 号

出 版 人	赵剑英
责任编辑	王　琪
责任校对	王佳玉
责任印制	王　超

出　　版	中国社会科学出版社
社　　址	北京鼓楼西大街甲 158 号
邮　　编	100720
网　　址	http://www.csspw.cn
发 行 部	010 – 84083685
门 市 部	010 – 84029450
经　　销	新华书店及其他书店
印　　刷	北京君升印刷有限公司
装　　订	廊坊市广阳区广增装订厂
版　　次	2022 年 1 月第 1 版
印　　次	2022 年 1 月第 1 次印刷
开　　本	710×1000　1/16
印　　张	15.75
插　　页	2
字　　数	212 千字
定　　价	89.00 元

凡购买中国社会科学出版社图书，如有质量问题请与本社营销中心联系调换
电话：010 – 84083683
版权所有　侵权必究

序

孙斐博士的专著《地方政府绩效评价的价值协同》即将付梓出版，我欣然答应作序，以表祝贺。

作序当有先睹为快之便。其著作对中国地方政府绩效评价中价值选择、价值结构、价值冲突和价值协同治理问题进行了系统研究，应该说是本领域一部力作，不但对政府绩效管理学的基础理论有知识贡献，而且对深化地方政府绩效评价体系创新有借鉴意义，更有助于将公共价值置于具体行政管理情境之中，理解公共价值选择逻辑和公共价值冲突的本质。

公共行政作为一门学问诞生一百多年以来，尽管由托马斯·伍德罗·威尔逊（Thomas Woodrow Wilson）所界定的"政府做什么和怎样做"的范畴被学界认同并构成西方国家政府的职能边界，但其判断准则和内涵始终伴随学术史的变迁而争鸣拓展。这里面既有诸如管理主义思想相关理论的争论，也有诸如价值理性与工具理性学科性质的争论，还有诸如任务性价值与非任务性价值、以结果主导的价值与以共识主导的价值、目的性价值与工具性价值的概念辨析。从中可以看出，公共价值是既重要也需要进一步探讨的研究议题，而把公共价值又置于政府绩效评价这一难题中去探索，其难度可想而知。孙斐博士不但勇敢地啃了这个硬骨头，而且运用扎根方法、案例研究法和社会网络分析法做了系统研究，并在地方政府绩效评价价值冲突成因和价值冲突网络分析两方面取得创新成果。

公共价值概念自1995年由美国哈佛大学马克·H.摩尔（Mark H. Moore）教授提出以来就受到学界的高度关注，近些年已经成为公共管理等学科的热门话题，国内外专业杂志专刊讨论有之，召开专题研讨会有之，大学开设研究生课程和专题讲座也有之。目前在国内已经形成了以青年学者为主的学术队伍，并产出了一批学术成果。可以说，对这一议题的讨论才刚刚开始。因为在我看来，中国进入新时代，实现高质量发展的学术规定性就是公共价值的协同及其管理。

当然，对于公共价值管理的西方理论在分析中国问题时如何本土化，政府绩效评价的中国情境与理论规定性的差异有哪些，公共价值概念在中国文化语境与西方文化语境中的差别是什么，以及研究样本和案例的选取给研究结果与结论产生的影响是什么这些问题，希望孙斐在深化研究中予以特别重视。

孙斐作为我的学生和兰州大学政府绩效管理研究团队的骨干成员，在国家社科基金的支持下，经过多年的努力和积累，取得了这一学术成果，我由衷高兴。期望他在未来的学术道路上不断攀登，为中国政府绩效管理的学科发展做出积极贡献。

包国宪
2021年4月12日于金城开鉴庐

前　言

受西方新公共管理运动的影响，自20世纪八九十年代起，中国许多地方政府部门开始进行政府绩效评价的探索与尝试，总体历经效率型价值的崛起、效率型价值主导与民主价值的萌生、效率型价值与民主价值逐鹿中原和多元价值的冲突与共存等发展阶段，现已成为政府管理的基本制度得以推行。2011年，国务院批准建立政府绩效管理工作部际联席会议制度，并选择北京市、四川省、杭州市等8个地市进行地方政府及其部门绩效管理试点工作。截至2012年年底，全国已有27个省（自治区、直辖市）不同程度地开展政府绩效管理工作。从党的十六大特别是十八大以来，中央有关重大会议都对绩效管理做出重要部署。党的十九大报告更是旗帜鲜明地提出要"全面实施绩效管理"。

在我国以绩效评价作为推进地方发展的管理工具取得举世瞩目的成绩的同时，我们也应该注意到目前所推行的尚不够完善、科学的地方政府绩效评价的负面效应，特别是在各地"高绩效"成绩单下，存在着愈演愈烈的价值冲突倾向。破解高绩效下的价值冲突这一"戈耳迪之结"，首要任务在于厘清地方政府绩效评价价值冲突成因及其形成机理。

现有研究以价值竞争为前提预设，聚焦于具体价值间的冲突，暗含价值间的合作与协调是实现价值平衡的有效路径。但正如巴里·波兹曼（Barry Bozeman）等学者所言，众多价值似乎是以集群的形式得以呈现,并且价值间存在着复杂的层级关系和因果关系。因此,本书改变以往价值竞争的分析视角,着力从价值合作出发,聚焦于价值集群内部价值间的相互关系,来探究在地方政府绩效评价过程中价值协同引发价值冲突的棘手问题,力求为高绩效下的价值冲突提供一种新的诠释。

为此,本书立足于政府绩效管理理论、冲突理论和公共价值管理理论,以地方政府绩效评价为研究对象,混合运用多案例研究、扎根理论、内容分析法和社会网络分析法,对价值选择、分类与结构,价值冲突表现,以及价值协同形成机制逐一进行深入分析,并在此基础上,提出价值冲突治理策略集及其治理工具。

首先,本书探究的六个地方政府绩效评价案例,其所选择的价值元素,并不是单一的,而是多元的,不仅包括效率、效益、回应性等传统公共行政价值,而且涵盖20世纪80年代中期以来涌现的新价值,如质量、责任、创新和可持续性。与此同时,还囊括摩尔(Moore)、登哈特(Denhardt)和姆维塔(Mwita)等学者所倡导的民主价值,如公共利益、公众满意、公众参与和透明等。这些多元价值以集群形式聚合成与政府组织对社会贡献相关的价值、与公务员行为相关的价值、与政府组织运行相关的价值、与上级政府互动相关的价值、与外部环境互动相关的价值、与公众互动相关的价值六种价值类型。在此基础上,发展出一个以职能—使命为核心、以命令—忠诚为基础、以运行—发展为保障的价值结构三角模型。

其次,六个地方政府绩效评价案例的价值冲突不仅表现为价值取向冲突,而且表现为价值供求冲突。价值取向冲突多发生于不可兼容和不可通约的价值之间,体现为一种零和型冲突,并且是与共识主导的公共价值相联系的;价值供求冲突具有明显的使用价值特征,属于结果主导的公共价值。从价值冲突的频次和分布两个维度而言,在价值取向冲突中,经济发展与可持续性冲突、经济发展与社会稳定冲突、效率与效益冲突属于固有的价值冲突。与此同时,价值取向冲突呈现出特定的网络结构特征，其中效率、法律规则、经济发展、创新和透明最容易与其他价值发生冲突，而且冲突的价值间存在闭回路现象，即存在着三元、四元，甚至是多元价值冲突的链式特征。

再次，在六个地方政府绩效评价案例中，宏观政策与地方现状的偏差、多样化的评价对象、地方财力有限和官僚内部运行逻辑是价值协同形成的现实土壤，即"情境变量"；回应性价值、责任价值和控制价值间的合作效益是诱发价值协同的"元凶"，扮演着"自变量"的角色；统一性与多样化的矛盾、依赖上级政府、缺乏对上级政府的博弈能力、缺乏有针对性的绩效评价体系、信息不对称和成本与可操作性在控制价值、回应性价值与责任价值间的协同作用中发挥着"中介或调节变量"的作用；价值目标置换和价值冲突是价值协同引发的结果，即"因变量"。至此，本书在揭示出地方政府绩效评价价值协同形成机制的基础上，发展出一个价值协同模型。

最后，本书发展出一套囊括资源、利益和共识的多重价值冲突治理策略集与工具箱。基于公共资源的价值冲突治理策略，其治理工具包括增加资源的可获得性、合理界定部门职能职责的边界、防火墙、循环与渐进主义的混合使用；基于利益的价值冲突治理策略，其治理工具包括战略领导与效率领导的协同、构建完善的绩效评价体系、诡辩、创新与非正式手段；基于共识的价值冲突治理策略，其治理工具包括重构价值结构、价值领导和构建公共价值创造的合作伙伴关系。三种价值冲突治理策略共同构成了地方政府绩效评价的价值冲突治理策略集。地方政府根据所面对的价值冲突类型和复杂程度，既可以选择单一的价值冲突治理策略，也可以混合使用。

本书的创新点主要体现在两个方面：一是改变价值竞争分析视角，着力从价值合作出发，聚焦于价值集群内部价值间的相互关系，运用多案例研究和扎根理论，揭示出地方政府绩效评价的价值协同形成机制，并将其宏微观因素纳入一个整体性的分析框架之中。这一研究发现不仅有助于绘制出地方政府绩效评价价值冲突成因的全景图，而且拓展了地方政府绩效评价价值冲突成因的研究视角，从而为高绩效下的价值冲突提供一种全新的解释。

二是本书立足于地方政府绩效评价语境，运用社会网络分析法，探究价值冲突的结构特征，呈现出价值冲突网络，不仅指出效率、法律规则、经济发展、创新和透明最容易与其他价值发生冲突，而且发生冲突的价值间存在闭回路现象，即存在着三元、四元，甚至是多元价值冲突的链式特征，在此基础上识别出价值冲突网络中的节点价值、中介价值和关键价值。这一研究发现促使我们基于复杂网络的概念，即超越二元价值冲突的分析范式，重新思考和理解价值冲突的本质与表现。

目　　录

第一章　导论 ·· 1
　　第一节　研究问题 ·· 1
　　第二节　研究意义 ·· 5
　　第三节　文献综述 ·· 6
　　第四节　核心概念界定 ···································· 26
　　第五节　研究思路 ··· 29

第二章　研究设计 ·· 31
　　第一节　研究方法 ··· 31
　　第二节　理论抽样与案例介绍 ··························· 36
　　第三节　数据收集 ··· 44
　　第四节　数据分析 ··· 47

第三章　地方政府绩效评价的价值选择、分类与结构 ··· 50
　　第一节　价值选择与价值分类 ··························· 50
　　第二节　价值结构 ··· 71
　　第三节　讨论与小结 ······································ 74

第四章　地方政府绩效评价的价值冲突表现 ············· 83
　　第一节　价值冲突表现形式 ······························ 83

第二节　固有与偶发的价值冲突 …………………………… 87
　　第三节　讨论与小结 ………………………………………… 93

第五章　地方政府绩效评价的价值协同模型 …………………… 97
　　第一节　价值协同模型构建 ………………………………… 98
　　第二节　价值协同模型与研究命题的解释 ………………… 103
　　第三节　讨论与小结 ………………………………………… 116

第六章　基于价值协同的价值冲突治理策略与工具箱 ………… 130
　　第一节　基于公共资源的价值冲突治理 …………………… 130
　　第二节　基于利益的价值冲突治理 ………………………… 135
　　第三节　基于共识的价值冲突治理 ………………………… 141
　　第四节　讨论与小结 ………………………………………… 146

第七章　研究结论与展望 ………………………………………… 149
　　第一节　研究结论与创新 …………………………………… 149
　　第二节　未来展望 …………………………………………… 152

附　录 ……………………………………………………………… 154

参考文献 …………………………………………………………… 233

后　记 ……………………………………………………………… 240

第一章

导　　论

第一节　研究问题

受西方新公共管理运动的影响，20世纪八九十年代起，中国许多地方政府部门开始进行政府绩效评价的探索与尝试，总体历经效率型价值的崛起、效率型价值主导与民主价值的萌生、效率型价值与民主价值逐鹿中原和多元价值的冲突与共存等发展阶段，现已成为政府管理的基本制度得以推行。[①] 2011年，国务院批准建立政府绩效管理工作部际联席会议制度，并选择北京市、四川省、杭州市等8个地区进行地方政府及其部门绩效管理试点工作。截至2012年年底，全国已有27个省（自治区、直辖市）不同程度地开展政府绩效管理工作。从党的十六大特别是十八大以来，中央有关重大会议都对绩效管理作出重要部署。党的十九大报告更是旗帜鲜明地提出要"全面实施绩效管理"。

虽然在我国以绩效评价作为推进地方发展的管理工具取得了举世瞩目的成绩，但同时我们也应该注意到目前所推行的尚不够完善、科学的地方政府绩效评价的负面效应，特别是在各地"高绩

---

① 孙斐：《改革开放40年中国政府绩效管理的演化路径与动力分析——基于PV—GPG模型的诠释》，《行政论坛》2018年第2期。

效"成绩单下，存在着愈演愈烈的价值冲突倾向。①

在长期唯 GDP 的绩效观作用下，2020 年之前的十年间我国 GDP 增速基本维持在 6.0%—10.6%。与此同时，反映社会公平的全国居民收入基尼系数则维持在 0.462—0.491，远高于国际公认的收入分配差距的警戒线 0.4。从城乡层面来看，2017 年城乡居民人均可支配收入之比为 2.7。社会建设远滞后于经济发展，联合国开发计划署 2014 年《人文发展报告》显示，中国的人文发展指数排名仅列世界第 91 位。

此外，经济发展与环境保护、社会稳定之间也出现了背离现象。据《中国环境质量综合评价报告 2017》显示，2001—2015 年，除少数几个城市、省份（北京、上海、海南、重庆）外，其余城市的环境污染指数呈现递增趋势。《2016 年中国社会群体性事件分析报告》显示，当年劳资、经济纠纷等诱发的群体性事件数量不减，甚至在网络空间形成许多围观、声讨等网络群体事件。② 高速的经济发展，并未如人们所愿带来幸福感的持续增加。从《2020 年全球幸福指数报告》来看，在 156 个国家和地区中，中国的人民幸福度指数仅列第 94 位。

由此可知，社会公平、社会发展、环境可持续发展、人民幸福等隐性绩效并未与 GDP、财政收入等显性绩效成比例上升，反而出现了经济增长与社会增长、效率与公平、官本与人本等价值间的冲突。③

---

① 孙斐、赵晓军：《价值协同：一个新的地方政府绩效评价价值冲突成因》，《公共行政评论》2016 年第 2 期。

② 张明军、刘晓亮：《2016 年中国社会群体性事件分析报告》，《中国社会公共安全研究报告》2017 年第 1 期。

③ 马宝成：《试论政府绩效评估的价值取向》，《中国行政管理》2001 年第 5 期；金东日、李松林：《地方政府绩效评估困境三维分析》，《理论与改革》2012 年第 3 期；倪星、余凯：《试论中国政府绩效评估制度的创新》，《政治学研究》2004 年第 3 期；彭国甫：《中国绩效评估研究的现状及展望》，《中国行政管理》2006 年第 11 期；尚虎平：《政府绩效评估中"结果导向"的操作性偏误与矫治》，《政治学研究》2015 年第 3 期。

地方政府绩效评价的价值冲突问题,说明脱胎于新公共管理运动的政府绩效评价对于工具性价值的过分推崇,导致对目的性价值的侵蚀,造成地方政府绩效评价在实践中生成的价值与公众所期待的价值出现偏离,形成绩效损失。此时的地方政府绩效评价并不是偏重于外部问责即报告绩效水平以推动公众监督,完成对政府行为的实际社会效果的判定,而是更多着眼于内部控制和监督,具有明显的"控制导向",演变成一种计划式绩效评价,成为一种新的政治控制手段。与此同时,绩效评价结果也仅用于内部"自娱自乐"式的消费,而非诊断绩效差距。其结果,地方政府绩效评价被锁定为单纯的政府内部管理工具,不仅难以演变成以公共价值为基础的政府绩效治理模式,而且无法实现政府绩效评价的"回归",即回应公众诉求、对公众负责,以期承担起构建人民满意的服务型政府的历史重任。

党的十八届三中全会通过的《中共中央关于全面深化改革若干重大问题的决定》指出:"完善发展成果考核评价体系,纠正单纯以经济增长速度评定政绩的偏向。"习近平总书记在党的十九大报告中指出,坚持人与自然和谐共生。必须树立和践行绿水青山就是金山银山的理念,坚持节约资源和保护环境的基本国策,像对待生命一样对待生态环境,统筹山水林田湖草系统治理,实行最严格的生态环境保护制度,形成绿色发展方式和生活方式,坚定走生产发展、生活富裕、生态良好的文明发展道路,并且多次强调"必须坚持以人民为中心的发展思想,不断促进人的全面发展、全体人民共同富裕"[1]。同时,在《习近平谈治国理政》中,习近平总书记指出,"把促进社会公平正义作为核心价值追求",在谈及考准考实干部政绩时,"强调要改进考核方法手段,既看发展又看基础,既看显绩又看潜绩,把民生改善、社会进步、生态效益等指标和实绩作为

---

[1]《习近平新时代中国特色社会主义思想基本问题》,中共中央党校出版社2020年版,第115—119页。

重要考核内容，再也不能简单以国内生产总值增长率来论英雄了"①。

至此，这标志着我国地方政府绩效评价进入全面发展的新阶段，即在深化改革过程中，政府绩效不再单纯地以经济增长和效率等价值论英雄，而是要谋求经济增长与社会增长、效率与可持续性、经济增长与公平等价值间的平衡，从而破解高绩效下的价值冲突这一"戈耳迪之结"。

高绩效下的价值冲突问题的解决之道在于厘清地方政府绩效评价价值冲突成因及其形成机理。由文献梳理可知，现有研究以价值竞争为前提预设，关注价值元素间的冲突，暗含价值间的合作与协调是实现价值平衡的有效路径。但正如乔根森（Torben Beck Jørgensen）和波兹曼（Barry Bozeman）所言，众多价值似乎是以集群的形式得以呈现，并且价值间存在着复杂的层级关系和因果关系。② 因此，在中国情境下，地方政府绩效评价过程中是否存在异化的价值协同引发价值冲突的现象尚未可知。

故此，本书所研究的价值协同是指，在价值集群内部，价值间的相互依存、相互协作会形成某种"合力场"，不仅使得相互协作的价值彼此增强，而且更为重要的是激发了隶属不同价值集群的价值间的竞争，从而导致价值冲突。由于在价值集群内部价值间的相互依存、相互协作形成某种"合力场"的过程体现了合作效应，并符合协同论的序参量原理，因此本书借用"协同"一词。此时，本书关注的核心问题是：基于实证研究，验证在地方政府绩效评价过程中，是否存在着价值协同引发价值冲突？如果存在的话，就中国情景而言，有哪些价值参与其中，其冲突表现出何种特征？这些价值间的合作效应是如何引发价值协同的，即价值协同的形成机制是什么？

---

① 《习近平谈治国理政（第一卷）》，外文出版社2020年版，第419页。

② Jørgensen, T. B. and Bozeman, B., "The Public Values Universe: An Inventory", *Administration & Society*, Vol. 39, 2007, pp. 354–381.

第二节　研究意义

一　理论意义

现有文献以价值竞争为前提预设，探究地方政府绩效评价价值冲突成因，缺乏对价值间"合谋"关系的关注，致使难以揭示出价值间复杂的层级关系、相近性和因果关系，从而减弱对价值冲突成因的全面理解。因此，本书立足于中国现实情境，通过对地方政府绩效评价的跨案例研究，构建出地方政府绩效评价的价值协同模型。这不仅有助于绘制出地方政府绩效评价价值冲突成因全景图，而且可以拓展地方政府绩效评价价值冲突成因的研究视角。

二　实践意义

价值冲突伴随价值这一概念始终，永恒而无法根除。对于崇尚效率型价值的政府绩效评价而言，其过程必然存在固有的价值冲突。因此，如何实现价值冲突治理，成为学者和公共管理者共同关注的问题。本书通过对地方政府绩效评价价值协同模型的研究，首先，厘清价值间和价值集群间的层级关系与因果关系，为构建出具有内在稳定性和自适应能力的地方政府绩效评价价值体系奠定基础。其次，发展出基于价值协同的价值冲突治理策略与工具箱，从而有望消除高绩效下的价值冲突这一顽疾，并将绩效评价的中心重构为对公众的责任，这既改变了控制的位置，也转变了控制的形式——从规则和服从到对公众的回应和责任的转变。这不仅可以避免新公共管理中产出与结果的不一致而造成的绩效损失，而且地方政府绩效评价有望被重塑为构建人民满意的服务型政府的利器。

第三节 文献综述

一 价值与公共价值

只有在厘清价值与公共价值这两个关键性概念的基础上,才能有机会深入理解地方政府评价价值冲突问题的复杂性。价值本身就是一个充满争议的概念,既难以界定又无法定位。因此,不同的学者对价值做出了不同的理解,有的将其理解为"满意"或"效用"。[1] 有的则理解为"个体或社会的偏好(合意)"。[2] 当然,价值也可以被定义为指导人们现实生活,并提供做出决策的一套实践标准的信仰和态度,这些信仰和态度是关于那些用于判断喜不喜欢、需不需要、应不应该的道德标准。[3] 或者说,价值是一种复杂的认知情绪偏好,这种偏好事关服务于工具性价值或目的性价值的目标、质量或特征。[4] 更为普遍的理解是将价值定义为人们心中对"何者为好,何者正确,何者美丽,以及何者值得称赞"的判断和认识,它指引人们的行为,抑或它本身就是这些美好事物的一部分。[5]

但需要注意的是,价值并不纯粹是个人的或主观的偏好,因为

---

[1] Kluckhohn, C., *Values and Value-Orientations in the Theory of Action: An Exploration in Definition and Classification*, Cambridge: Harvard University Press, 1962;[美]戴维·伊斯顿:《政治生活的系统分析》,王浦劬译,人民出版社2012年版,第26页。

[2] Rokeach, M., *The Nature of Human Values*, New York: Free Press, 1973.

[3] Corey, G., Corey, M. S. and Callahan, P., *Issues and Ethics in the Helping Professions*, Pacific Grove: Brooks/Cole Publishing Co., 2007; Jorgensen, T. B., Rutgers, M. R., "Public Values: Core or Confusion? Introduction to the Centrality and Puzzlement of Public Values Research", *The American Review of Public Administration*, Vol. 45, 2015, pp. 3 – 12.

[4] Molina, A. D., "The Virtues of Administration: Values and the Practice of Public Service", *Administrative Theory & Praxis*, Vol. 37, 2015, pp. 49 – 69.

[5] De Graaf, G. and Van Der Wal, Z., "On Value Differences Experienced by Sector Switchers", *Administration & Society*, Vol. 40, 2008, pp. 79 – 103; Zimmerman, M. J., *Value and Normativity*, Oxford: The Oxford University Press, 2015, p. 13.

任何人都不可能无故或随意就"提出或发明了某种价值";相反,价值是在与人互动的过程中形成的,并且同时体现出个人所在的群体的文化特征。① 正如马克思(Karl Marx)从主客体关系的角度去理解价值的概念:他既反对杰文斯(William Stanley Jevons)、门格尔(Carl Menger)和瓦尔拉斯(Léon Walras)倡导的主观价值论,认为价值不是主体纯粹观念的东西;也反对舍勒(Max Scheler)、哈特曼(Robert S. Hartmann)主张的客观机械论,认为客体的有用性是相对于主体而言的,离开了主体,客体的有用性便不复存在。除了要把握价值的主客体关系外,马克思强调从人的实践活动、历史阶段和社会关系中理解价值和价值中的主客体关系,因而马克思的价值理论不仅要讨论人与物的关系问题,也要讨论人与人、人与自身的关系,具有鲜明的阶级性和实践性。正是在此认识的基础上,马克思认为"价值"是从人们对待满足他们需要的外界物的关系中产生的。他指出,在经济上,重视效率和公平;在政治上,倡导民主、自由和平等;在生态上,倡导人与自然的和谐相处。② 杨黎婧则立足于公共管理语境,认为价值是相对持久和稳定的信念、态度和标准,这些信念、态度和标准对于个人或群体来说是重要的或满意的,并在选择某种行为时起到描述性或评价性的作用。③

总之,价值可以概括为:一是一个概念或信仰;二是与理想的最终状态或行为相联系;三是超越特殊的情境;四是引导对行为和事件的选择或评估;五是可以基于相对重要性进行排序。④

---

① Rutgers, M. R., "As Good as It Gets? On the Meaning of Public Value in the Study of Policy and Management", *American Review of Public Administration*, Vol. 45, 2015, pp. 29-45.
② 《马克思恩格斯全集》第9卷,人民出版社2016年版,第599页。
③ 杨黎婧:《关于中国和荷兰公务员价值偏好的探索性实证研究》,《公共管理与政策评论》2019年第3期。
④ Witesman, E. M. and Walters, L. C., "Modeling Public Decision Preferences Using Context-Specific Value Hierarchies", *American Review of Public Administration*, Vol. 45, 2015, pp. 86-105.

自 1995 年摩尔在其专著《创造公共价值：政府中的战略管理》中正式提出公共价值这一概念以来，公共价值便引起了学界和实践界的广泛关注。如同价值概念一样复杂，学界对于公共价值概念的理解也未达成一致。一派以摩尔为阵营，强调以结果为导向的公共价值。摩尔将公共价值视为公众对政府期望的集合，是由关键利益相关者和协商中的选举与委任的政府官员共同建立的，其定义与再定义是通过社会和政治的交互作用来实现的。[1] 因此，公共价值不是决策者想当然认为对公众或对自己最好的东西，而是相对于公众的主观满足感而言的。[2]

另一派则是以波兹曼为主，主张以共识为导向的公共价值。波兹曼主张公共价值是权利、义务和规范形成的共识，具体包括：一是公民、法人和其他组织应该（或者不应该）享有的权利和利益；二是公民、法人和其他组织对社会、国家的义务以及公民、法人和其他组织之间的相互义务；三是对宪法和社会运行有影响的政策和规则应该遵守的原则，不论这些政策和规则是政府组织还是非政府组织建立的。[3] 持有类似观点的还有朱德米等学者，他们指出，公共价值不是个体性价值观的汇聚，而是公域范畴里具有内在且客观存在的价值观和具有外在且拥有关系属性的价值观总称。[4]

为了弥合公共价值概念的分歧，构建公共价值的统一理论，维特斯曼（Witesman）和沃尔特斯（Walters）遵循梅因哈特（Meyn-

---

[1] Moore, M., *Creating Public Value: Strategic Management in Government*, Cambridge: Harvard University Press, 1995; Stoker, G., "Public Value Management a New Narrative for Networked Governance?", *American Review of Public Administration*, Vol. 36, 2006, pp. 41 - 57; Smith, R., "Focusing on Public Value: Something New and Something Old", *Australian Journal of Public Administration*, Vol. 63, 2004, pp. 68 - 79.

[2] 何艳玲：《公共价值管理：一个新的公共行政学范式》，《政治学研究》2009 年第 6 期。

[3] Bozeman, B., *Public Values and Public Interest: Counterbalancing Economic Individualism*, Washington: Georgetown University Press, 2007.

[4] 朱德米、曹帅：《公共价值理论：追寻公共管理理论与实践的同一性》，《中共福建省委党校（福建行政学院）学报》，2020 年第 4 期。

hart）的观点将公共价值定义为描述人与社会关系并定义这种关系的一系列价值。① 约翰·M. 布莱森（John M. Bryson）等学者在整合摩尔和波兹曼的公共价值定义的基础上，构建公共价值治理三角模型。② 维特斯曼则从公共价值形成路径解构并重构了两种公共价值理论，提出一个包含"个体公共价值观→个体公共偏好/集体公共价值观→集体公共偏好→通过公共机构的偏好表达→公共决策/公共活动→运作能力与执行→结束/产出→创造出的公共价值"的整合分析框架。③ 总之，公共价值的多元定义体现出公共价值概念本身所蕴含的张力，这种张力使其更具管理性和创造性。

二 地方政府绩效评价的价值选择与内容

罗森布鲁姆（D. H. Rosenbloom）指出，政府绩效评价过程中存在固有的价值冲突。④ 价值冲突的本质是价值多元。⑤ 价值多元包含一个共识，即人类目标是多元的，彼此间不可通约，并且永远处于竞争中。⑥ 因此，要理解地方政府绩效评价的价值冲突成因，其研究起点是厘清地方政府绩效评价的价值选择与内容。

政府绩效评价作为新公共管理运动派生出来的政府改革工具，延续以效益为核心的"3E"价值目标。正如莫伊尼汉（Moynihan）

---

① Witesman, E. M. and Walters, L. C., "Modeling Public Decision Preferences Using Context-Specific Value Hierarchies", *American Review of Public Administration*, Vol. 45, 2015, pp. 86–105.

② Bryson, J. M., Crosby, B. C. and Bloomberg, L., *Creating Public Value in Practice: Advancing the Common Good in a Multi-Sector, Shared-Power, No-Onewholly-In-Charge World*, Florida: CRC Press, 2015.

③ Witesman, E., "From Public Values to Public Value and Back Again", Working Paper Prepared for the Public Values Workingshop Hosted by the Center for Organizational Research and Design at Arizona State University, 2016.

④ Rosenbloom, D. H., "Beyond Efficiency: Value Frameworks for Public Administration", *Chinese Public Administration Review*, Vol. 8, 2017, pp. 37–45.

⑤ De Graaf, G. and Paanakker, H., "Good Governance: Performance Values and Procedural Values in Conflict", *The American Review of Public Administration*, Vol. 45, 2015, pp. 635–652.

⑥ Berlin, I., *Four Essays on Liberty*, New York: Oxford University Press, 1969.

所言，到了20世纪70年代，对效益的关注开始成为公共管理学的重要价值观。绩效测量的目的就是通过指标测量结果，并使用绩效信息改进管理效益和政治效益。①

随着新公共管理运动的深入，质量也日渐成为评价的主流范畴，围绕质量形成的指标数量不断增加。尽管说，经济性、效率、效益都有助于实现质量，但是明确把质量作为政府绩效评价的价值标准单列出来，是20世纪90年代绩效的重要标志。② 正如哈特立（Hatry）指出的，提高公共服务质量应成为绩效评价的目的。③ 具体而言，政府所提供的公共服务的质量优劣，能否更好地满足顾客需求，能否增加顾客的选择机会等，成为绩效评价的主要内容。

为了建立公共责任机制，鼓励公共管理者承担更多的责任，这就需要一个有效的工具来对责任做出测量与判断。因此，作为新公共管理运动关键特征的绩效评价和绩效管理肩负起此项重任。④ 绩效评价具有多种功能，其中重要的是增强对公众的责任。⑤ 这就意味着，政府绩效评价不仅可以为上级政府提供责任，而且也可以为

---

① Moynihan, D. P., "What Do We Talk about When We Talk about Performance? Dialogue Theory and Performance Budgeting", *Journal of Public Administration Research and Theory*, Vol. 16, 2006, pp. 151 – 168; Yang, K. and Hsieh, J. Y., "Managerial Effectiveness of Government Performance Measurement: Testing a Middle – Range Model", *Public Administration Review*, Vol. 67, 2007, pp. 861 – 879.

② 卓越：《政府绩效管理概论》，清华大学出版社2010年版，第18—21页。

③ Hatry, H. P., *Performance Measurement: Getting Results*, Washington: Urban Institute Press, 1999, pp. 14 – 34.

④ Ammons, D. N. and Rivenbark, W. C., "Factors Influencing the Use of Performance Data to Improve Municipal Services: Evidence from the North Carolina Benchmarking Project", *Public Administration Review*, Vol. 68, 2008, pp. 304 – 318; Amirkhanyan, A. A., "Monitoring across Sectors: Examining the Effect of Nonprofit and For-Profit Contractor Ownership on Performance Monitoring in State and Local Contracts", *Public Administration Review*, Vol. 70, 2010, pp. 742 – 755.

⑤ Sanger, M. B., "From Measurement to Management: Breaking through the Barriers to State and Local Performance", *Public Administration Review*, Vol. 68, 2008, pp. 70 – 85.

本辖区公众提供实现责任的方式。[①] 总之，政府绩效评价是现代政府责任意识在制度层面的体现和延伸。[②]

新公共服务、新公共治理和公共价值管理理论等后竞争范式的兴起，为政府绩效评价提供了更加多元化的价值选择空间，尤其是民主价值回归人们的视野。正如登哈特指出的，绩效评价与绩效管理的价值追求中已经融入了公众参与、公众权利、民主政治等价值。[③] 姆维塔进一步指出，绩效评价的根本前提在于追求公共利益、体现公共责任、满足公众的需要。[④] 或者说，政府绩效评价的总体价值标准可归结为经济效率、通过财政平衡实现公平、再分配公平、责任和适应性五个要素。[⑤] 还有众多学者立足中国情境，指出政府绩效评价的基本价值取向包括公众参与与公众满意、效率与公共责任、秩序与民主、质量与透明、公平与增长等。[⑥]

在公共价值语境下，政府绩效结果的判断标准在于公共价值是否实现。[⑦] 此时，政府绩效概念由单一维度转变为多维度，不仅包

[①] Berman, E. and Wang, X. H., "Performance Measurement in U. S. Counties: Capacity for Reform", *Public Administration Review*, Vol. 60, 2000, pp. 409 – 420; Ryzin, G. G. and Lavena, C. F., "The Credibility of Government Performance Reporting", *Performance & Management Review*, Vol. 37, 2013, pp. 87 – 103.

[②] Bernstein, D. J., "Local Government Measurement Use to Focus on Performance and Results", *Evaluation and Program Planning*, Vol. 24, 2001, pp. 95 – 101.

[③] Denhardt, R. B. and Denhardt, J. V., "The New Public Service: Serving Rather than Steering", *Public Administration Review*, Vol. 60, 2000, pp. 549 – 559.

[④] Mwita, J. I., "Performance Management Model: A Systems-Based Approach to Public Service Quality", *International Journal of Public Sector Management*, Vol. 13, 2000, pp. 19 – 37.

[⑤] [美] 埃莉诺·奥斯特罗姆、拉里·施罗德、苏珊·温：《制度激励与可持续发展》，毛寿龙译，上海三联书店2000年版，第9—10页。

[⑥] 马宝成：《试论政府绩效评估的价值取向》，《中国行政管理》2001年第5期；倪星、付景涛：《企业绩效评估技术及其在政府部门中的运用》，《中山大学学报》（社会科学版）2004年第5期；彭国甫：《中国绩效评估研究的现状及展望》，《中国行政管理》2006年第11期；蔡立辉：《政府绩效评估》，中国人民大学出版社2014年版，第118—121页；孙斐：《地方政府绩效评价的价值分类和价值结构》，《兰州大学学报》2018年第4期。

[⑦] 包国宪、王学军：《以公共价值为基础的政府绩效治理——源起、架构与研究问题》，《公共管理学报》2012年第2期。

括传统意义上的产出与结果，而且还与合法性、透明、公正、公平等价值相联系。① 此外，值得关注的是，诸多学者对公共价值的辨识和厘清，极大地拓展了地方政府绩效评价价值选择的范围。如哈格姆·贝克（H. A. G. M. Bekke）等学者基于城市服务系统，归纳出公平、效率、效益、责任等不少于 63 个公共价值的清单。② 施罗伊斯（P. Schreurs）则追踪了 63 个不同的价值。③ 乔根森和波兹曼运用文献分析方法，通过对 1990—2003 年关于公共价值研究的 230 篇文献的系统梳理，辨认出政治忠诚、回应性、效率、效益、公众参与、可持续性和公共利益等 72 个公共价值（见图 1—1）。④ 总之，正如罗伯特·贝恩（Robert Behn）所言，政府绩效管理是一个完整的过程，实现多元价值目标是其最终目的。⑤

三 地方政府绩效评价的价值分类与结构

为了了解价值结构的形成与演变，以此更好地理解政府绩效评价过程中相互竞争和冲突的价值，学者们将目光转向对价值分类的探讨。

费格（H. Feger）指出："分类的主要目的就是要找到一种结构。"⑥ 因此，众多学者沿着该逻辑展开对价值结构的探讨。德怀特·沃尔多（Dwight Waldo）基于直觉判断将价值区分为硬性价值

---

① Angiola, N., Bianchi, P. and Marino, R., "Cultural Strategies and Public Value Creation: Empirical Evidence", *Interntional Journal of Public Administration*, Vol. 36, 2013, pp. 492 – 504.

② Bekke, H. A. G. M., Perry, J. L. and Toonen, T. A. J., *Civil Service Systems in Comparative Perspective*, Bloomington: Indiana University Press, 1996.

③ Schreurs, P., "Symposium—The Value (s) of Public Administration", *Administrative Theory & Praxis*, Vol. 27, 2005, pp. 301 – 310.

④ Jørgensen, T. B. and Bozeman, B., "The Public Values Universe: An Inventory", *Administration & Society*, Vol. 39, 2007, pp. 354 – 381.

⑤ Behn, R. D., "Why Measure Performance? Different Purposes Require Different Measures", *Public Administration Review*, Vol. 63, 2003, pp. 586 – 606.

⑥ Feger, H., "Classification: Conceptions in the Social Sciences", *International Encyclopedia of the Social & Behavioral Sciences*, Vol. 2, 2001, pp. 1966 – 1973.

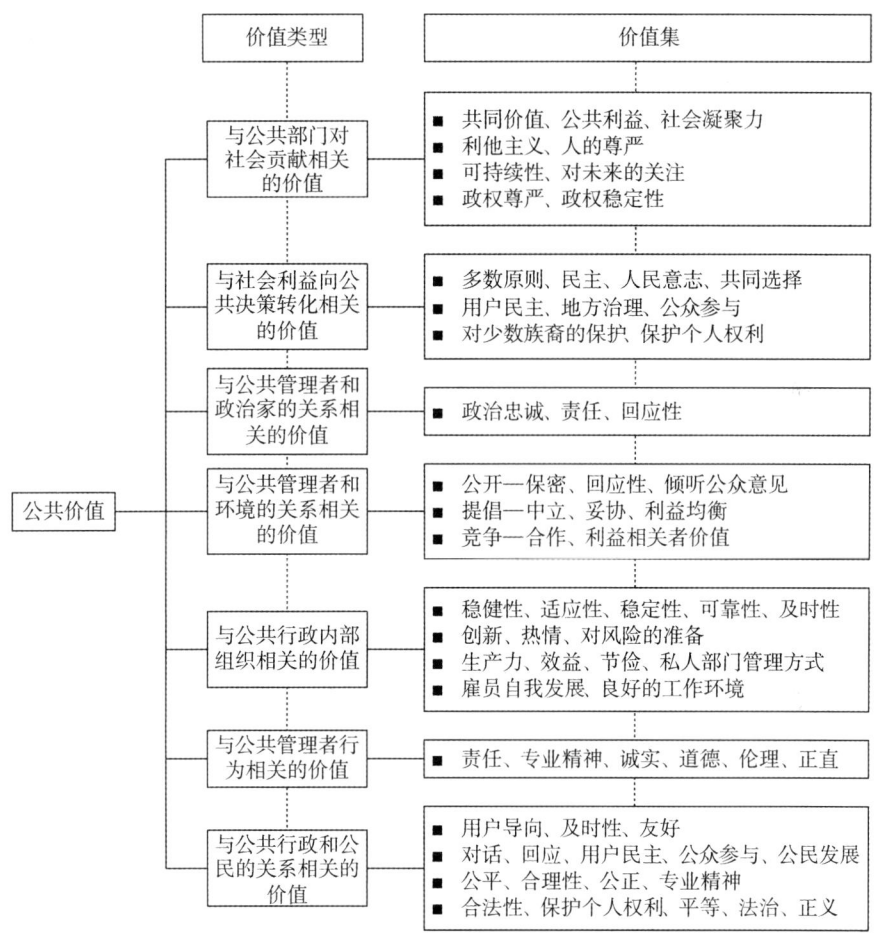

图1—1 公共价值及其类型

(经济、效率和效益等) 和软性价值 (自由、平等和正义等)。[1] 此后,在两分法的基础上逐渐演变出道德价值、民主价值、专业价值和公民价值四分法。[2] 甚至有学者提出个体价值、专业价值、

---

[1] Waldo, D., *The Enterprise of Public Administration: A Summary View*, Novato: Chandler & Sharp Publishers, 1992.

[2] Kernaghan, K., "Integrating Values into Public Service: The Values Statement as Centerpiece", *Public Administration Review*, Vol. 63, 2003, pp. 711–719.

组织价值、法律价值和公共利益价值五分法。① 然而，上述价值分类缺乏充足的标准，正如罗格斯（Rutgers）指出的，即使在最低限度上去探讨它们的理论或实践的有效性也是令人失望的。② 因此，罗森布鲁姆总结，以往的部分文献割裂价值与其生成背景之间的联系，仅从价值间的表面联系入手，探究价值间的关系和分类。③

为了改进表面化的价值分类弊端，学者们将公共价值与公共管理情境相联系，提出新的公共价值分类，实现对公共价值结构的再认识。胡德（Christopher Hood）认为公共管理情境中至少普遍存在三类公共价值，即与经济和俭约有关的 σ 类价值、涉及诚实和公平的 θ 类价值、涉及安全和弹性的 λ 类价值。④ 格拉夫（De Graaf）等学者将公共价值划分为三类：强调组织与社会关系的社会价值观，强调组织与其直接利害相关者的组织价值观，强调个体与组织关系的个体价值观。⑤ 亨德里克斯（Hendriks, F.）等学者则将价值与政策阶段和特定公共行政事务相结合，提出一种组合式的价值分类，即与政策投入相关的价值、与政策产出相关的价值、与法律规则相关的价值、与治理制度结构相关的价值。⑥ 随着后竞争范式的兴起，安德森（L. B. Andersen）等学者立足于治理情境，关注到不同的治理模式所蕴含的公共价值内容，归纳出七个价值维度，即

---

① Van Wart, M., *Changing Public Sector Values*, New York/London: Garland Publishing, 1998.

② Rutgers, M. R., "Sorting out Public Values? On the Contingency of Value Classification in Public Administration", *Administrative Theory & Praxis*, Vol. 30, 2008, pp. 92 – 113.

③ Rosenbloom, D. H., "Beyond Efficiency: Value Frameworks for Public Administration", *Chinese Public Administration Review*, Vol. 8, 2017, pp. 37 – 45.

④ Hood, C., "A Public Management for All Seasons", *Public Administration*, Vol. 69, 1991, pp. 3 – 19.

⑤ De Graaf, G., Van Der Wal, Z., "On Value Differences Experienced by Sector Switchers", *Administration & Society*, Vol. 40, 2008, pp. 79 – 103.

⑥ Hendriks, F. and Drosterij, G., "Goedbestuur in de stad: Wat staat op het spel?", *Bestuurskunde*, Vol. 19, 2011, pp. 6 – 17.

公众至上、恪守规则、利益平衡、预算控制、供给有效、服务专业和用户聚焦,并在此基础上探究公共价值间的相关性。[1] 总之,善治的价值体系可以由绩效价值(效率和效益)和程序价值(正直、透明、合法和诚实)共同构成。[2] 更有学者基于公共价值创造的来源,将公共价值划分为服务、结果和信任。[3]

随着对公共价值分类和结构研究的深入,部分学者基于文献研究方法,在总结前人研究成果的基础上,提出新的公共价值类型。乔根森和波兹曼在辨认出72种公共价值的基础上,将其分解到与公共部门对社会贡献相关的价值、与社会利益向公共决策转化相关的价值、与公共管理者和政治家的关系相关的价值、与公共管理者和环境的关系相关的价值、与公共行政内部组织相关的价值、与公共管理者行为相关的价值、与公共行政和公民的关系相关的价值7类价值类型中。[4] 更为重要的是,他们指出价值结构的研究包含相近性、层级和因果关系3个维度。从词义分析的角度来看,现有文献所谈及的公共价值可分为结果主导的公共价值(Public Value)和共识主导的公共价值(Public Values)。[5]

在面对多元价值目标的前提下,学者们通过分类来厘清政府绩效评价的价值结构。格里姆斯利(M. Grimsley)等学者针对电子政

---

[1] Andersen, L. B., Jørgensen, T. B. and Kjeldsen, A. M., "Public Value Dimensions: Developing and Testing a Multi-Dimensional Classification", *International Journal of Public Administration*, Vol. 35, 2012, pp. 715–728.

[2] De Graaf, G. and Paanakker, H., "Good Governance: Performance Values and Procedural Values in Conflict", *The American Review of Public Administration*, Vol. 45, 2015, pp. 635–652.

[3] Kelly, G., Mulgan, G. and Muers, S., *Creating Public Value: An Analytical Framework for Public Service Reform*, London: Cabinet Office Strategy Unit, 2002, pp. 1–35.

[4] Jørgensen, T. B. and Bozeman, B., "The Public Values Universe: An Inventory", *Administration & Society*, Vol. 39, 2007, pp. 354–381.

[5] 王学军、张弘:《公共价值的研究路径与前沿问题》,《公共管理学报》2013年第2期。

务评估，构建了一个包括结果、服务、满意和信任等价值的分析框架。① 塔尔博特（C. Talbot）等学者发展出一个"公共价值计分卡"，包括信任与合法性、过程与公平、资源与效率、社会成果和物有所值、服务和顾客五个部分。② 罗森布鲁姆在对以往价值分类进行批判的基础上，指出诚实、可靠、效益、奉献、效率、创新、服从、共治、自我实现等价值多见于管理领域；责任、透明、回应性、社会公正、可持续性则常常与政治和政策相联系；合法性、清廉、公正主要属于法律范畴。③ 基于此，将政府绩效评价过程中的价值区分为任务性价值和非任务性价值。④ 就政府绩效的价值建构过程而言，公共价值包含基本公共价值和核心公共价值。⑤

此外，有学者立足于中国现实情境，运用扎根理论，构建地方政府绩效评价的价值分类模型，在此基础上，通过内容分析法呈现出价值排序特征，发展出以职能—使命为核心、以命令—忠诚为基础、以运行—发展为保障的地方政府绩效评价价值结构三角模型。⑥

四 地方政府绩效评价的价值冲突表现与成因

（一）地方政府绩效评价的价值冲突表现

首先，价值冲突常常以具体价值间的冲突体现，并被人们所感知。21世纪初，大部分研究者关注"正确地做事"与"实现好的

---

① Grimsley, M. and Meehan, A., "E-Government Information Systems: Evaluation-Led Design for Public Value and Client Trust", *European Journal of Information Systems*, Vol. 16, 2007, pp. 134 – 148.

② Talbot, C. and Wiggan, J., "The Public Value of the National Audit Office", *International Journal of Public Sector Management*, Vol. 23, 2010, pp. 54 – 70.

③ Rosenbloom, D. H., "Beyond Efficiency: Value Frameworks for Public Administration", *Chinese Public Administration Review*, Vol. 8, 2017, pp. 37 – 45.

④ ［美］戴维·H. 罗森布鲁姆：《论非任务性公共价值在当代绩效导向的公共管理中的地位》，苗爱民、杨晋译，《公共管理与政策评论》2012年第1期。

⑤ 孙斐、黄卉：《公共价值的类型、关系与结构研究》，《甘肃行政学院学报》2015年第6期。

⑥ 孙斐：《地方政府绩效评价的价值分类和价值结构》，《兰州大学学报》2018年第4期。

结果"之间或者说过程价值与结果价值之间的两极冲突。① 博文斯（M. A. P. Bovens）等学者则认为存在大量的潜在冲突，我们必须超越单纯关注于过程和结果价值间的冲突。② 从冲突发生的频次而言，效率与效益是公共管理者提及最多的价值冲突；合法性与效率/效益是公共管理者提及程序价值和绩效价值冲突最多的类型，其次为透明与效率/效益。③

价值多元主义更是一针见血地指明各种真实的、固有的价值在原则上是冲突的，或者说，价值间的冲突伴随价值这一概念始终，且难以根除。④ 因此，诸多学者从不同维度辨识出公平与效率、层级与市场、回应性与结果实现、问责与效率、透明与效率、透明与保密、经济性与质量、效率与公众参与、透明与法制、产出与廉洁等价值之间的冲突。⑤

尽管价值多元论早已谈及，但是像信任和专业主义等难以量化的价值，恰恰被以 3E 为基础的绩效测量所排斥。希尔德（D. Heald）指出，学者们已经就绩效评价中效率与透明的冲突提出

---

① De Graaf, G., Van Der Wal, Z., "Managing Conflicting Public Values: Governing with Integrity and Effectiveness", *American Review of Public Administration*, Vol. 40, 2010, pp. 623 – 630.

② Bovens, M. A. P., Hart, P. and Van Twist, M. J. W., *Openbaar Bestuur Beleid*, *Organisatie En Politiek*, The Netherlands: Kluwer, 2007.

③ De Graaf, G. and Paanakker, H., "Good Governance: Performance Values and Procedural Values in Conflict", *The American Review of Public Administration*, Vol. 45, 2015, pp. 635 – 652.

④ ［荷］帕里克·奥里姆、杰里·沃赫夫：《道德困境与理论困惑：价值多元主义及其对公共行政的虚夸影响》，邵腾、张英魁译，《政治学研究》2016 年第 6 期；邵腾：《公共行政中的价值多元主义及其批评者——一场学术争论的文本考察》，《甘肃行政学院学报》2017 年第 4 期。

⑤ Frederickson, H. G. and Ghere, R. K., *Ethics in Public Management*, New York: ME Sharpe, 2013; De Graaf, G., Huberts, L., Smulders, R., "Coping with Public Value Conflicts", *Administration & Society*, Vol. 48, 2016, pp. 1101 – 1127; De Graaf, G. and Meijer, A., "Social Media and Value Conflicts: An Explorative Study of the Dutch Police", *Public Administration Review*, Vol. 79, 2019, pp. 82 – 92; Van Der Wal, Z., De Graaf, G. and Lawton, A., "Competing Values in Public Management Introduction to the Symposium Issue", *Public Management Review*, Vol. 13, 2011, pp. 331 – 341.

告诫。① 当今中国地方政府绩效评价中也存在着明显的价值冲突，如官本与人本；② 公平与增长；③ 或重经济增长轻社会增长，重效率轻公平。④ 也有学者基于价值分类的思想，指出地方政府绩效评价的价值冲突可分为价值供求冲突和价值取向冲突，价值取向冲突具体包括法律规则与回应性、效率与效益、经济发展与可持续性、法律法规与公众满意等。⑤

其次，价值多元主义认为，不可兼容的价值间的冲突发生于不同的层次，既可以发生于个体内部，也可以发生于文化间、组织间、政策间，甚至在你和我之间。⑥ 正是因为价值冲突呈现出个体性和组织性，因此它不仅仅是一个道德问题，还是一个政治问题。⑦ 地方政府绩效评价的价值冲突在个体层面表现为一种道德困境，即公共管理者时常处于效率行为所主张的道德要求与源于一丝不苟的诚实和正直的道德要求之间的两难境地之中。⑧ 道格拉斯·摩根（Douglas Morgan）也指出中国官员共有的挫折感和焦虑，源于在面对各上级政府发来互异且优先权不同的指令时，如何权衡这些相互

---

① Heald, D., "Transparency as an Instrumental Value", in C. Hood and D. Heald (eds.), *Transparency: The Key to Better Governance*, Oxford: Oxford University Press, 2006.

② 金东日、李松林：《地方政府绩效评估困境三维分析》，《理论与改革》2012 年第 3 期。

③ 马宝成：《试论政府绩效评估的价值取向》，《中国行政管理》2001 年第 5 期。

④ 倪星、余凯：《试论中国政府绩效评估制度的创新》，《政治学研究》2004 年第 3 期；彭国甫：《中国绩效评估研究的现状及展望》，《中国行政管理》2006 年第 11 期。

⑤ 孙斐：《地方政府绩效评价的价值分类与结构》，《兰州大学学报》（社会科学版）2018 年第 4 期。

⑥ Berlin, I., *The Crooked Timber of Humanity*, New York: Vintage Books, 2010; Thacher, D. and Rein, M., "Managing Value Conflict in Public Policy", *Governance*, Vol. 17, 2004, pp. 457–463.

⑦ Spicer, M. W., "Value Pluralism and Its Implications for American Public Administration", *Administrative Theory & Praxis*, Vol. 23, 2001, pp. 507–528.

⑧ Hampshire, S., *Public and Private Morality*, Cambridge: Cambridge University Press, 1978, pp. 1–55.

矛盾的价值。[1]

此外，国内学者研究发现，中国政府绩效评价的价值冲突表现为经济价值泛化、公正公平的价值缺失、公共责任的价值缺失、公共服务的价值缺失。[2] 在评价指标上，外化为客观实在性方面的扭曲、整体统一性方面的扭曲和导向性方面的扭曲。[3] 总之，政府绩效评价的价值冲突不仅仅是目的性价值与工具性价值的冲突，而且还涉及目的性价值之间以及工具性价值内部的冲突。

(二) 地方政府绩效评价的价值冲突成因

要实现对政府绩效评价价值冲突的有效治理，首先需要揭示出价值冲突的成因。现有文献主要从价值多元主义、价值目标置换、资源稀缺性、社会认知和行政文化等维度展开探索。

第一，从价值多元论的角度来看，价值冲突的根源在于价值间的不可兼容性和不可通约性。[4] 根据卢克斯（S. Lukes）的观点，价值的不可通约性是指不存在一种作为尺度或标准的终极价值，对相互冲突的价值做出评判和衡量，以此消除价值冲突；[5] 价值的不可兼容性意味着我们无法同时追求多个价值，而必须在它们之中做出艰难的选择。此时的价值冲突既无法寻找到"终极审判者"，也不

---

[1] ［美］道格拉斯·摩根：《衡量政府绩效的信任范式和效率范式——对地方政府领导和决策的启示》，李一男、魏宁宁编译，《公共管理学报》2013 年第 2 期。

[2] 臧乃康：《和谐社会构建中的政府绩效评估价值重置》，《甘肃社会科学》2006 年第 1 期；彭国甫、张玉亮：《追寻工具理性与价值理性的整合——地方政府公共事业管理绩效评估的发展方向》，《中国行政管理》2007 年第 6 期；臧乃康：《政府绩效评估价值缺失与指标体系重构》，《福建论坛》（人文社会科学版）2007 年第 9 期。

[3] 李静芳：《对当前地方政府绩效评估的价值取向分析》，《党政干部论坛》2001 年第 12 期。

[4] Spicer, M. W., "Value Conflict and Legal Reasoning in Public Administration", *Administrative Theory & Praxis*, Vol. 31, 2009, pp. 537 – 555; De Graaf, G., Huberts, L., Smulders, R., "Coping with Public Value Conflicts", *Administration & Society*, Vol. 48, 2016, pp. 1101 – 1127.

[5] Lukes, S., "Making Sense of Moral Conflict", In N. L. Rosenbloom (ed.), *Liberalism and the Moral Life*, Cambridge: Harvard University Press, 1989.

能将其还原为某种利益或情绪进行治理。因此，价值冲突便会周而复始地发生。

第二，价值冲突源自价值目标置换。在政府绩效评价过程中，存在着各种"撇脂"（cream skimming）的现象，即作为理性经济人的政府部门，往往将最应该服务的对象置于一旁，反而将目光投向那些帮助其实现绩效指标的顾客。[1] 其结果虽然满足了既定的绩效目标要求，但实际上却将最需要服务的对象排除在外，从而引发价值目标置换和价值供求冲突。雅各布斯（K. Jacobs）和曼齐（T. Manzi）指出，公共管理者并不是在无约束的环境下做出理想化的评价指标选择。[2] 当受到信息不对称、评价的成本与可操作性以及社会舆论导向的作用时，他们更倾向于选择显性、短期且可量化的指标。此时，长期、隐性且偏主观感知的指标则易被弃置一旁，从而存在引发价值目标转换的风险。

第三，从资源稀缺的角度来看，公共资源的有限性是引发价值供求冲突的"罪魁祸首"。[3] 摩尔指出，财政资源对于公共价值的创造意义重大。[4] 这是因为在资源有限的情况下，一些价值的增加是以另一些价值的减少为前提的。[5] 因此，面对资源稀缺，在不可

---

[1] Heckman, J., Heinrich, C. and Smith, J., "Assessing the Performance of Performance Standards in Public Bureaucracies", *The American Economic Review*, Vol. 87, 1997, pp. 389 – 395; Heckman, J. and Smith, J. A., "The Performance of Performance Standards: The Effects of JTPA Performance Standards on Efficiency, Equity and Participant Outcomes", University of Chicago, Department of Economics, Working Paper, 1995.

[2] Jacobs, K. and Manzi, T., "Evaluating the Social Constructionist Paradigm in Housing Research", *Housing Theory and Society*, Vol. 17, 2000, pp. 35 – 42.

[3] 孙斐：《地方政府绩效评价的价值冲突成因》，《领导科学论坛（国家治理评论）》2016年第6期。

[4] Moore, M., *Creating Public Value: Strategic Management in Government*, Cambridge: Harvard University Press, 1995.

[5] Grandy, C., "The 'Efficient' Public Administrator: Pareto and a Well-Rounded Approach to Public Administration", *Public Administration Review*, Vol. 69, 2009, pp. 1115 – 1123.

兼容和不可通约的价值间，冲突在所难免。

第四，从社会认知角度来看，引发政府绩效评价价值冲突的重要原因在于利益相关者间的"认知差异"。[1] 这种认知差异的结果形成了多样化的绩效评判标准，甚至彼此间充斥着矛盾。[2] 例如，在道路建设与修缮的公共项目评价中，交通部关心的是运输的成本与效率，环保组织则主张可持续性的价值，而公众更在意出行的便捷性和宜居性价值。[3] 即使面对相同的服务目标，政治家、行政官员和合同承诺商的价值诉求也是不同的。[4] 孙斐指出，对于价值冲突而言，如果说主体间的认知差异是其必要条件的话，主体间的互动机制缺失则是其充分条件。[5] 这是因为主体间开展的对话、沟通等互动行为，可以有效地重塑彼此的认知，弥合原有的分歧，从而达成共识。

第五，就行政文化而言，政府绩效评价天然地继承了新公共管理运动所倡导的效率型价值而忽视公平和民主价值。[6] 正如彼得罗夫斯基（S. J. Piotrowski）等学者所言，像透明这样的非任务价值会被《政府绩效和结果法案》下的绩效报告所取代。或者说，新公共管理运动所倡导的基于使命的目标无法囊括重要的民主价值，如公

---

[1] Rhodes, R. A. W., *Understanding Governance: Policy Networks, Governance, Reflexivity and Accountability*, Buckingham: Open University Press, 1997.

[2] Bryson, J., *Strategic Planning for Public and Non-Profit Organisations*, San Francisco: Jossey-Bass, 2018; Johnsen, A., "Implementation Mode and Local Government Performance Measurement: A Norwegian Experience", *Financial Accountability & Management*, Vol. 15, 1999, pp. 41–66.

[3] Osborne, S. P., *The New Public Governance: Emerging Perspectives on the Theory and Practice of Public Governance*, London & New York: Routledge, 2010.

[4] Halachmi, A., "Performance Measurement: Test the Water before You Drive in", *International Review of Administrative Sciences*, Vol. 71, 2005, pp. 255–266.

[5] 孙斐:《地方政府绩效评价的价值冲突成因》,《领导科学论坛（国家治理评论）》2016年第6期。

[6] Fountain, J. E., "Paradoxes of Public Sector Customer Service", *Governance*, Vol. 14, 2001, pp. 55–73.

平对待、透明和平等。① 与此同时，现代评价技术的运用也会加剧价值理性与工具理性的失衡。② 另外，受官僚等级制度与文化的影响，在上级政府制定的绩效目标与下级政府工作不相匹配或发生价值冲突的情况下，下级政府可能会屈从于上级政府的压力，从而以表面的和谐掩盖潜在的不一致。③

五 地方政府绩效评价的价值冲突治理

既然价值冲突在所难免，那么如何实现价值冲突治理就成为学者们关心的热点。不同的价值界定，便会由此发展出截然不同的价值冲突治理方式或管理策略。当公共价值被视为既定的、绝对的，必须由政府供给时，公共价值间的平衡就被视为零和博弈，便需要正式的法律和控制机制予以保护和维持。④

与此相反，公共价值的意义和确立被视为利益相关者互动的政治过程，是可以通过有效的沟通与协商，以及对话机制的建立来实现的。那么，法律、市场和合作网络等形式便可以作为价值冲突治理的有效方式被采用。⑤

---

① Piotrowski, S. J. and Rosenbloom, D. H., "Nonmission-Based Values in Results-Oriented Public Management: The Case of Freedom of Information", *Public Administration Review*, Vol. 62, 2002, pp. 643–657; Jennings, E. T., "Social Equity and the Performance Measurement Systems of American States", Paper Presented at the Conference on a Performing Public Sector: The Second TransAtlantic Dialogue, Leuven, Belgium, 2006; Wichowsky, A. and Moynihan, D. P., "Measuring How Administration Shapes Citizenship: A Policy Feedback Perspective on Performance Management", *Public Administration Review*, Vol. 68, 2008, pp. 908–920.

② 彭国甫、张玉亮：《追寻工具理性与价值理性的整合——地方政府公共事业管理绩效评估的发展方向》，《中国行政管理》2007 年第 6 期。

③ 彭国甫、盛明科：《政府绩效评估不同主体间的利益差异及其整合》，《学习与探索》2008 年第 5 期；唐龙辉：《我国地方政府绩效评估的价值取向重塑研究》，《改革与开放》2012 年第 22 期。

④ Koppenjan, J., Charles, M. B. & Ryan, N., "Editorial: Managing Competing Public Values in Public Infrastructure Projects", *Public Money & Management*, Vol. 28, 2008, pp. 131–134.

⑤ Koppenjan, J., Charles, M. B. & Ryan, N., "Editorial: Managing Competing Public Values in Public Infrastructure Projects", *Public Money & Management*, Vol. 28, 2008, pp. 131–134.

当然，从制度视角而言，对于公共价值冲突的应对依赖于制度实践和所涉及的价值系统，[①] 这是因为，制度可以提供一个统一的价值，避免冲突或者能够将冲突价值转换为决策。

从理性主义来看，可以基于经济学的无差异曲线或效用函数实现竞争性价值的不同组合，以达到价值平衡。[②] 但问题是，效用函数的精确测量标准基本上是不存在的。

撒切尔（D. Thacher）和赖因（M. Rein）在梳理前人研究的基础上，构建了一个以实验为基础的理论框架，提出循环、防火墙和诡辩三种价值冲突管理战略。[③] 斯图尔特（J. Stewart）在此基础上，增加了另外三种价值冲突管理战略——杂交、渐进主义和偏见。[④] 由于价值冲突发生在不同层次上，因此需要对不同层次的价值冲突的差异性做出明确区分。斯派瑟（M. W. Spicer）立足于国家层面，提出所谓的宪制途径、行政独立等路径，从而为价值冲突治理提供宏观制度保障。[⑤] 对于具体情境中的价值冲突，则可以通过价值的补偿、让渡抑或妥协设计出某种"次优方案"，以便实现和维护共同生活的愿景。此外，治理的规则和惯例有助于弱化价值冲突的尖锐程度。[⑥] 这就决定了善治可以有效地对潜在冲突的公共价值进行

[①] Charles, M. B., Dicke, W., Koppenjan, J. and Ryan, N., "Public Values and Safeguarding Mechanisms in Infrastructure Policies: A Conceptual and Theoretical Exploration", Presentation to Annual Conference of the International Research Society for Public Management, Potsdam, April, 2007.

[②] Simon, H. A., *Administrative Behavior: A Study of Decision-Making Processes in Administrative Organization*, New York: Macmillan, 1957, p. 73.

[③] Thacher, D. and Rein, M., "Managing Value Conflict in Public Policy", *Governance*, Vol. 17, 2004, pp. 457–486.

[④] Stewart, J., "Value Conflict and Policy Change", *Review of Policy Research*, Vol. 23, 2006, pp. 183–195.

[⑤] Spicer, M. W., "On Value Pluralism, Its Implications, and the Nature of Philosophy", *Administration & Society*, Vol. 47, 2015, pp. 1077–1086.

[⑥] Thacher, D. and Rein, M., "Managing Value Conflict in Public Policy", *Governance*, Vol. 17, 2004, pp. 457–486.

管理。①

面对政府绩效评价过程中多元价值引发的两难境地，可通过公众参与过程的设计来帮助行政人员辨认和理解公共价值，②或者通过建构一种问责机制来实现。③值得注意的是，当决策者面对多元且相互冲突的价值时，公共管理者难以依赖工具理性主义做出选择。事实上，可能会导致他们较少地关注与他们自身的选择和行为相关的价值冲突。④基于此，斯派瑟提出源于解决道德困境的社会实践的实践理性，体现基于对手观点和类比推理过程的法律推理，从而有助于公共管理者思考和更加有效率地应对冲突的价值。

作为新公共管理运动的产物，政府绩效评价天然地崇尚工具理性，导致效率型价值排斥民主价值。因此，有学者指出，管理地方政府绩效评价价值冲突的前提，在于理顺工具理性和价值理性的关系，即价值只有通过工具的现实运行才有可能实现，而工具也只有在相应的价值理性和目标下发挥的作用才是积极的。⑤为了将工具理性和价值理性统一于政府绩效评价语境中，有学者基于平衡计分卡构建政府绩效管理价值平衡分析框架，并力求基于四个维度的内在平衡性实现多元价值间的平衡。⑥

包国宪等学者在对新公共管理范式下的政府绩效评价反思的基

---

① De Graaf, G., Huberts, L. and Smulders, R., "Coping with Public Value Conflicts", *Administration & Society*, Vol. 48, 2016, pp. 1101–1127.

② Nabatchi, T., "Putting the 'Public' Back in Public Values Research: Designing Participation to Identify and Respond to Values", *Public Administration Review*, Vol. 72, 2012, pp. 699–708.

③ Pesch, U., "Administrators and Accountability: The Plurality of Value Systems in the Public Domain", *Public Integrity*, Vol. 10, 2008, pp. 335–344.

④ Spicer, M. W., "Value Conflict and Legal Reasoning in Public Administration", *Administrative Theory & Praxis*, Vol. 31, 2009, pp. 537–555.

⑤ 郭庆松：《多重博弈下的中国政府绩效管理》，《国家行政学院学报》2009年第1期；卓越、赵蕾：《公共部门绩效管理工具理性与价值理性的双导效应》，《兰州大学学报》2006年第5期。

⑥ 包国宪、孙斐：《政府绩效管理价值的平衡研究》，《兰州大学学报》（社会科学版）2012年第3期。

础上，提出 PV-GPG 模型，指出政府绩效的协同领导系统是协调和整合价值冲突的有效途径。① 在此理论视角下，孙斐基于个案研究，运用扎根理论，发现三种价值冲突管理策略，即基于公共资源的价值冲突管理、基于利益的价值冲突管理和基于共识的价值冲突管理。② 在此基础上，发展出了一个选择性的、层次化的、包含实现手段的价值冲突管理策略集。

六 已有研究的总结

自从政府绩效评价兴起之日，价值与价值冲突便如影相随，成为学者和公共管理者共同关注的焦点。现有文献对于政府绩效评价的价值选择、价值分类、价值冲突表现与成因，以及价值冲突治理等议题进行深入分析，获得诸多卓见，但仍存在两方面的不足之处。

首先，对于政府绩效评价的价值选择、价值分类与结构、价值冲突表现与成因，以及价值冲突治理等议题，国外研究路径呈现出多元化趋势，不仅有理论研究，而且有实证研究，甚至采用混合研究，这就使得整个研究脉络完成从宏大叙事分析转向微观具象化的研究路径，尤其是发展出诸多价值量化研究方法和策略，如 Q - 方法。

然而，一方面，国内大多数研究基于规范研究，致使其观点停留在感性认识层面上，缺乏基于现实情境的实证研究的有力支撑和实践检验，从而减弱对现实价值冲突问题的回应性；另一方面，虽然有学者运用案例研究探究上述问题，但困于个案研究的局限性，难以获得更具普适性和解释性的结论。凯瑟琳·艾森哈特（Kath-

---

① 包国宪、王学军：《以公共价值为基础的政府绩效治理——源起、架构与研究问题》，《公共管理学报》2012 年第 2 期。

② 孙斐：《中国地方政府绩效评价的价值冲突管理——基于四川省资中县政府的质性研究》，《公共管理学报》2015 年第 3 期。

leen Eisenhardt) 指出，与个案研究相比，多案例研究有助于研究者发展出更加准确的概念。因此，本书立足于中国现实情境，运用多案例分析，探讨地方政府绩效评价的价值选择、价值冲突表现与成因等问题，以期所建构的理论更具普适性。

其次，现有文献对于价值冲突成因的分析，多是从价值竞争入手，缺乏对价值间的合作行为的关注。正如乔根森和波兹曼所言，众多价值似乎是以集群的形式呈现，并且价值间存在着复杂的层级关系和因果关系。[①] 因此，在中国情境下，地方政府绩效评价过程中是否存在异化的价值协同引发价值冲突现象。为此，本书改变以往价值竞争的分析视角，而是着力从价值合作出发，聚焦于价值集群内部的价值间的相互关系来探究在地方政府绩效评价过程中是否存在价值协同现象，从而力求为高绩效下的价值冲突提供一种全新的解释。

第四节 核心概念界定

一 价值与价值目标

正如在文献综述中指出的，价值一词包含多重含义，尤其在不同领域，它的定义甚至截然不同。本书将其限定在公共管理领域内，因此使用时不涉及美学、经济学、哲学、法学等内容。综合现有学者的观点，价值可以概括为：一是一个概念或信仰；二是与理想的最终状态或行为相联系；三是超越特殊的情境；四是引导对行为和事件的选择或评估；五是可以基于相对重要性进行排序。[②] 基于此，本书并结合杨黎婧和罗格斯对价值的观点，将"价值"界定

[①] Jørgensen, T. B. and Bozeman, B., "The Public Values Universe: An Inventory", *Administration & Society*, Vol. 39, 2007, pp. 354–381.

[②] Witesman, E. M. and Walters, L. C., "Modeling Public Decision Preferences Using Context-Specific Value Hierarchies", *American Review of Public Administration*, Vol. 45, 2015, pp. 86–105.

为相对持久和稳定的信念、态度和标准。① 这些信念、态度和标准对于个人或群体来说是重要的或满意的，甚至具有客观性，并在选择某种行为时起到描述性或评价性的作用。此外，当组织将价值作为制定战略的依据，并投入相应的资源时，此时的价值演变为价值目标。

二 公共价值

正如朱德米等学者所言，现有研究对公共价值的内涵大多数没有给出具体的定义，而只是把它作为约定俗成的概念或者分析问题的框架。② 通过对现有文献的回顾可知，对公共价值的定义可分为三派：一是以摩尔为阵营，强调以结果为导向的公共价值，侧重公众认可与合作生产。他们将公共价值视为公众对政府期望的集合，是由关键利益相关者和协商中的选举与委任的政府官员共同建立的。③ 二是以波兹曼为主的学者，主张以共识为导向的公共价值，侧重认知基础和规范意义。他们主张公共价值是关于权利、义务和规范的共识。④ 三是以梅因哈特、布莱森和维特斯曼为主，他们试图弥合公共价值概念的分歧，在整合摩尔和波兹曼的公共价值定义的基础上，提出一个较为统一的概念，即将公共价值定义为描述人与社会关系并定义这种关系的一系列价值。鉴于公共价值如同价值

---

① 杨黎婧:《关于中国和荷兰公务员价值偏好的探索性实证研究》，《公共管理与政策评论》2019年第3期; Rutgers, M. R., "As Good as It Gets? On the Meaning of Public Value in the Study of Policy and Management", *American Review of Public Administration*, Vol. 45, 2015, pp. 29 – 45。

② 朱德米、曹帅:《公共价值理论:追寻公共管理理论与实践的同一性》，《中共福建省委党校(福建行政学院)学报》2020年第4期。

③ Moore, M., *Creating Public Value: Strategic Management in Government*, Cambridge: Harvard University Press, 1995; Stoker, G., "Public Value Management a New Narrative for Networked Governance?", *American Review of Public Administration*, Vol. 36, 2006, pp. 41 – 57.

④ Jørgensen, T. B. and Bozeman, B., "The Public Values Universe: An Inventory", *Administration & Society*, Vol. 39, 2007, pp. 354 – 381.

概念一样复杂，以及政府绩效评价的多层次、多维度特性，本书遵循梅因哈特和布莱森等学者整合性的公共价值定义，将公共价值界定为在公域范畴内，具有相对持久、稳定、客观的一系列价值，这些价值对个人或群体选择某种行为或与社会构建何种关系起到描述性或评价性的作用。

三 价值冲突

由于价值冲突常常以具体价值间的冲突得以体现，并被人们所感知。因此，现有研究主要通过列举具体价值间的冲突，以此实现对价值冲突本身的理解，即通过概念外延的列举实现对概念的界定。价值多元主义认为价值间的冲突伴随价值这一概念始终，且难以根除，并且价值冲突的根源在于价值间的不可兼容性和不可通约或者说价值冲突的本质是价值多元。[1] 基于此，本书立足于价值多元主义的观点，将价值冲突理解为多元价值间的不可兼容性和不可通约性所导致的价值选择的两难困境。由于政府绩效评价隶属于政府行为范畴，因此本书所谈及的地方政府绩效评价的价值冲突，其实质是地方政府绩效评价语境下的公共价值间的冲突，即多元公共价值间的不可兼容性和不可通约性所导致的公共价值选择的两难困境。

四 应然价值与实然价值

郎玫等学者认为，在政府绩效评价语境下，应然价值是政府绩效评价的价值定位，是政府希望通过绩效评价的过程所生成的一系

---

[1] De Graaf, G. and Paanakker, H., "Good Governance: Performance Values and Procedural Values in Conflict", *The American Review of Public Administration*, Vol. 45, 2015, pp. 635–652; Spicer, M. W., "Value Pluralism and Its Implications for American Public Administration", *Administrative Theory & Praxis*, Vol. 23, 2001, pp. 507–528.

列价值集。① 实然价值则为在实际过程中不同权利归属所形成的实际价值，其中应然价值具有抽象性，而实然价值具有具体性。杨黎婧在对公务员价值偏好进行实证研究时，通过"理想状态下"和"实际工作中"来区别公务员在"应然"和"实然"两种状态下的价值偏好，以此将规范（应然）和事实（实然）区别开来。② 基于此，本书将应然价值界定为在政府绩效评价语境下，政府与其他利益相关者共同希望通过绩效评价所要实现的价值，它更偏向于理想状态下的结果，而实然价值则与其相对应，是指在绩效评价的实际过程中生成的价值，可被政府绩效评价的利益相关者所感知，并能做出分配和进行消费。

第五节 研究思路

本书立足于地方政府绩效评价过程中愈演愈烈的价值冲突现象，在对现有研究反思的基础上，基于政府绩效管理理论、冲突理论和公共价值管理理论，着力从价值合作出发，聚焦于价值集群内部价值间的相互关系，探究在地方政府绩效评价过程中的价值协同引发价值冲突的棘手问题。为此，本书混合运用多案例研究、扎根理论、内容分析法和社会网络分析法，对价值选择、价值分类与结构、价值冲突表现，以及价值协同形成机制逐一进行深入分析，在发展出价值协同模型的基础上，提出价值冲突治理策略集及其治理工具，以期破解高绩效下的价值冲突这一"戈耳迪之结"。研究的技术路线图如图1—2所示。

---

① 郎玫、包国宪：《政府绩效评价过程中的"政治"路径——基于价值生成的政府绩效》，《行政论坛》2012年第5期。

② 杨黎婧：《关于中国和荷兰公务员价值偏好的探索性实证研究》，《公共管理与政策评论》2019年第3期。

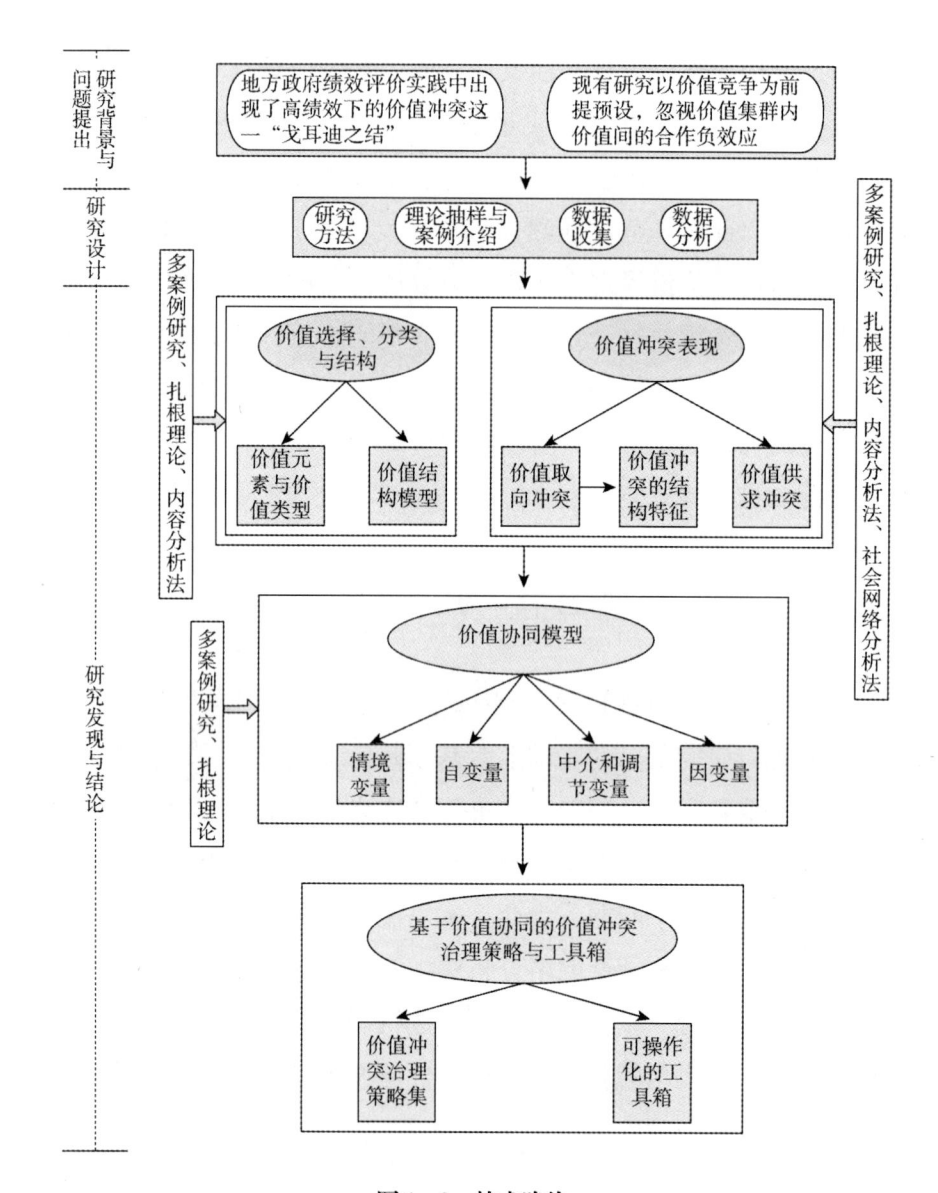

图1—2 技术路线

第二章

研究设计

第一节 研究方法

一 扎根理论

一方面,价值选择和价值冲突常与行为主体的主观感知相联系,隐藏于行为背后,并会受到具体场域情境的影响,这就造成其度量和操作上的困难,其结果是有关地方政府绩效评价价值协同的研究还没有成熟的理论框架和命题假设;另一方面,正如迈耶斯(M. K. Meyers)和沃桑格(S. Vorsanger)所强调的,定量方法在代表性方面优胜,但容易使研究者错过影响行政人员行为与决策的微观机制,因为他们将人的内在思维活动和"情景定义"都视为"黑箱"排除在研究之外。[①] 故针对中国情境下的地方政府绩效评价价值协同的研究更迫切地呼唤扎根于中国经验的定性研究,以描述与本主题有关的经验世界的实然过程,抽象出可供检验的变量和命题,从而形成源于中国经验事实的理论体系。就上述目的而言,扎根理论是较为理想的选择。

扎根理论方法最初出现在社会学家巴尼·格拉泽(Barney Gla-

[①] Meyers, M. K. and Vorsanger, S., "Street Level Bureaucrats and the Implementation of Public Policy", In Peters, B. G. & Pierre, J. (eds.), *Handbook of Public Administration*, London: Sage, 2003.

ser）和安塞尔姆·施特劳斯（Anselm Strauss）的成功合作中，他们一起研究了病人在医院中的死亡过程。扎根理论不断完善和发展，受到了学术界的广泛推崇，并被应用于教育学、企业管理、心理学等多个学科领域，成为经典的探索性研究方法之一。扎根理论这一方法糅合了美国的实用主义和芝加哥社会学派。美国的实用主义注重对有问题的情境进行处理，在问题解决中产生方法，即强调行动的重要性；芝加哥社会学派则强调从行动者的角度理解社会互动、社会过程和社会变化，广泛使用实地观察和深度访谈的方法收集资料。受到上述学术传统的影响，扎根理论方法特别强调从行动者的角度和在行动过程中建构理论，并认为理论必须来自资料，与资料之间有密切的联系。

格拉泽和施特劳斯的著作《扎根理论的发现》的出版，首次阐述了扎根理论方法，强调该方法的核心不是从已有的理论中演绎出可验证的假设，而是基于数据的研究发展理论。[①] 此后，格拉泽的著作《理论敏感性》提供了这一方法最为清晰的表述，从而更好地启发了几代质性研究者。

首先，扎根理论强调通过自下而上的归纳过程，完成从资料到理论的发展过程。这就是说，理论的形成必须建立在对大量资料的深度分析的基础之上，即理论必须与资料相吻合，才具有生命力和实际用途。[②] 其次，扎根理论的首要任务是发展"实质理论"，即介于"微观操作性假设"与"宏观理论"之间的"中层理论"。再次，扎根理论的一个知识积累路径是事实—实质理论—形式理论。这就是说，建构形式理论，有赖于发展出多个实质理论，实质理论则是建立在大量事实的基础之上的；从次，扎根理论的主要分析思路是持续地比较，即在资料之间、概念之间、范畴之间不断地比

---

① Glaser, B. and Strauss, A., *The Discovery of Grounded Theory: Strategies for Qualitative Research*, Chicage: Aldine, 1967.

② 陈向明：《扎根理论的思路和方法》，《教育研究与实验》1999 年第 4 期。

较，从而发展出理论。最后，扎根理论的资料分析方法是编码，编码是搜集资料和形成解释这些资料的理论之间的关键环节。它不仅意味着对资料片段用一个简短的名称进行归类，而且是对每部分资料进行概括和说明，从而帮助我们实现从资料到理论的"质变"。

基于此，本书拟采用基于访谈资料的扎根理论方法，以确保成功抽取资料中所隐藏的本质性构念和命题，并在运用这些构念和命题构建理论模型的过程中，兼顾到我国行政生态情境特征，以形成更契合现实的理论。

二 多案例研究

一方面，由于扎根理论对资料的依赖性，案例的选取和资料收集能够更好地为开展后续的扎根分析提供素材，这使得其与案例研究方法紧密相连；[1] 另一方面，无论是价值冲突还是价值协同，都涉及价值结构，即要厘清价值间的相近性、层级和因果关系，其中以因果关系最为重要。[2] 价值间的因果关系因价值在测量与操作方面的难度变得异常复杂。

首先，案例研究最重要的功能是解释现实生活中各种因素之间复杂的联系，尤其适用于因果关系不够明显、因果联系复杂多变的探索性研究问题。其次，与个案研究相比较而言，多案例研究中推导出的结论更具有说服力，尤其是面对多因多果的研究问题时，整个研究被认为更经得起推敲，并且有助于研究者发展出更加准确的概念。最后，多案例研究遵循类似于多元实验中的复制法则，通过复制性实验，使得原有构建的理论得到多次修正和完善，从而更具真实性和准确性。

因此，本书采用多案例研究，通过重复性验证，确保构建的理

---

[1] 李志刚：《扎根理论方法在科学研究中的运用分析》，《东方论坛》2007年第4期。

[2] Jørgensen, T. B. and Bozeman, B., "The Public Values Universe: An Inventory", *Administration & Society*, Vol. 39, 2007, pp. 354–381.

论能够不断被多个案例重复验证。这不仅有助于理解价值间复杂的关系如何相互作用形成"异化"协同，从而导致价值目标置换和价值冲突，而且有助于增强所建构理论模型的普适性和解释力。

三　内容分析法

内容分析法是对具有明确特性的话语内容进行客观、系统和定量描述的研究方法，旨在通过分析信息的显性内容以探析信息隐含的社会现实。[①] 内容分析法最早可追溯至17世纪欧洲教堂对宗教文件的分析，从20世纪初开始正式发展，先后经历报纸定量分析、早期文本分析、战时情报分析等多个发展阶段。1952年，美国学者波纳特·布里森（Bonat Brisen）出版了《传播学研究中的内容分析》一书，标志着内容分析法成为一种科学的研究手段。经过几十年的发展，内容分析法被广泛应用于政治学、传播学、心理学、历史学与语言学等研究领域。[②] 内容分析法在具体研究中可单独使用，也可与其他研究方法混合使用。

一方面，内容分析法作为一种相对无干扰的研究方法，特别适合分析一些较难接近和直接观测的复杂社会问题；另一方面，内容分析法的核心价值在于它强调人类认知中"话语"的重要性。通常，我们认为一个特定的词或主题出现的频率是体现认知集中性或重要性的指标。而所使用的词或主题的变化则在一定程度上体现了认知的转变至少是态度的转变。因此，内容分析法既可以对文献的显性内容——可见的、表面内容做出定量分析，也可以对文献的隐性内容，如信息传播者或政策制定者的真实态度、价值取向和潜在动机进行编码，以此做出判断。

基于此，一方面，本书试图运用内容分析法探究地方政府绩效

[①] 徐文娟、史兴松：《近十年SSCI期刊工商管理研究中内容分析法的应用》，《情报探索》2020年第6期。

[②] 刘伟：《内容分析法在公共管理学研究中的应用》，《中国行政管理》2014年第6期。

评价的价值优先权，即价值排序，从而在厘清价值层级关系和因果关系的基础上，揭示出价值结构特征；另一方面，本书通过内容分析法分析价值冲突发生的频率，以此揭示出在地方政府绩效评价语境下哪些价值冲突属于固有的、哪些价值冲突属于偶发性的。

四 社会网络分析法

社会网络分析法是一套用来分析社会行动者之间所构成的关系网络的结构、性质及其属性的理论和方法的集合。[①] 该方法缘起于20世纪30年代哈佛大学学者研究人际关系模式所提出的"派系"概念。20世纪70年代，受图论、概率论和几何学等数学方法的推动，社会网络理论进一步与自然科学领域交叉发展，开始对网络的中心性、密度、结构洞等社会网络的结构和位置角色进行研究，至此形成了系统的社会网络分析方法。尤其是，1977年成立的国际社会网络分析组织标志着社会网络分析范式的正式诞生。

社会网络分析法能够对难以量化的现象进行可视化的测度，因此，作为一种社会学领域的方法被广泛运用到了政治学、经济学和管理学之中。[②] 自20世纪90年代以来，社会网络分析方法开始进入管理研究领域，聚焦于组织关系网络。在公共管理领域，社会网络分析被运用于政策网络、合作治理和舆情传播与控制等重要议题。

一方面，社会网络分析法适于分析"关系数据"（relational data），即分析对象是行动者之间的"关系"，而不是行动者的"属性"。因此，社会网络分析法是研究既定行动对象间互动关系及整体网络结构的重要方法。另一方面，社会网络分析法不同于传统的定量或定性方法，可以将定量定性资料与图表数据进行整合，形象

[①] 刘军：《整体网分析讲义：UCINET软件实用指南》，格致出版社2009年版；崔晶：《京津冀都市圈地方政府协作治理的社会网络分析》，《公共管理与政策评论》2015年第5期。

[②] 林聚任：《社会网络分析：理论、方法与应用》，北京师范大学出版社2009年版。

地对网络社会化过程进行描述，进而为网络结构的研究提供科学研究基础。这就为理解价值间的冲突"关系"奠定了基础。

社会网络分析法指出，网络中的个体存在于网络中，因其位置不同使得其角色意义不同，处于不同位置的节点所掌握和控制的资源能力与数量有巨大差异。有的个体处于网络的核心位置，有的个体处于网络的边缘位置，有的个体在网络中还扮演着"桥梁"的角色。[1] 基于此，本书试图通过社会网络分析软件 Gephi 进行数据处理与视图呈现，不仅观察价值冲突网络的结构形态，勾勒出价值冲突的全貌，超越二元价值冲突分析范式，而且厘清在整个价值冲突网络中，哪些价值属于"节点"，哪些价值扮演着中介角色，又有哪些价值处于冲突网络的边缘位置。

第二节　理论抽样与案例介绍

一　理论抽样与案例选择

为了契合扎根理论和案例研究方法，本书基于理论抽样方法选取研究案例。理论抽样是由扎根理论的创始人格拉泽和施特劳斯提出的，是一种建立在概念/主题基础之上的资料收集方法，这些概念/主题也来自资料。理论抽样的目的就在于从地点、人物和事件出发来收集资料，最大化地从属性和维度上形成概念、揭示变量以及寻找概念之间的关系，从而发展出理论。[2] 理论抽样并不追求样本在人口统计上的代表性，而是更注重案例具有的社会学意义上的代表性。为此，本书基于理论抽样，并依据以下标准来遴选案例。

第一，案例典型性。鉴于本书的目的在于考察地方政府绩效评

---

[1] 康伟：《基于 SNA 的突发事件网络舆情关键节点识别——以"7·23 动车事故"为例》，《公共管理学报》2012 年第 3 期。

[2] ［美］迈尔斯、休伯曼：《质性资料的分析：方法与实践》，张芬芬译，重庆大学出版社 2017 年版。

价的价值协同。首先，选取的案例必须是中国最为典型和普遍的评价模式。包国宪等学者对政府绩效评估实践类型的分析指出第二方评价占到85%，是我国政府绩效评估的主要类型。[1] 其次，选取的案例必须具有较长的绩效评价历史。在长期的实施绩效评价过程中，绩效评价的管理者、组织者和评价者会积累丰富的治理价值冲突的实践经验，这就为我们更好地理解地方政府绩效评价的价值冲突问题提供了可能性。最后，根据斯派瑟和伯曼（E. Berman）等学者的观点，遴选的案例应该呈现出多样性，即不同的职能部门参与其中，从而呈现出价值选择的多样性和价值冲突发生的多层次性。[2]

第二，案例多样性和对比性。为了发展出更具普适性和解释性的理论，案例选择既考虑案例间的差异，又考虑多案例分析的逻辑复制。一是借鉴郎玫、包国宪提出的政府绩效评价的基础模型。[3]因此，本书所选择的每个案例至少包括考核型评价、民意调查型评价和决策型评价中的两种以上基础模型。二是中国地方政府包括省、市、县和乡镇四级，所选择的案例应该在行政层级上呈现出差异性。三是罗森布鲁姆指出，对于价值的研究，必须与其生成背景建立起联系。[4] 由于中国东中西部在经济、文化、社会环境等方面存在较大的差异性，因此所选择的案例涵盖东、中、西部各2个地方政府。

---

[1] 包国宪等：《政府绩效评估的类型与特征——以1978—2012年中国学术期刊资料的内容分析为例》，《法政学报》2012年第24期。

[2] Spicer, M. W., "Value Conflict and Legal Reasoning in Public Administration", *Administrative Theory & Praxis*, Vol. 31, 2009, pp. 537 – 555; Berman, E. and Wang, X. H., "Performance Measurement in U. S. Counties: Capacity for Reform", *Public Administration Review*, Vol. 60, 2000, pp. 409 – 420.

[3] 郎玫、包国宪：《博弈视角下政府绩效评价模型选择的理论优化》，《西北师大学报》（社会科学版）2012年第3期。

[4] Rosenbloom, D. H., "Beyond Efficiency: Value Frameworks for Public Administration", *Chinese Public Administration Review*, Vol. 8, 2017, pp. 37 – 45.

第三，案例必须具有可接触性。为了实现对受访者的个人经验和意义建构的"解释性理解"，受访者需要同意参与访谈，并留下相应的联系方式以便后期核实信息。与此同时，为了获取更为丰富的原始材料，确保三角验证的实现，受访者愿意为课题组提供必要的内部文件资料。

基于以上标准，本书选定8个典型案例，其中以资中县、杭州市、广州市、武汉市东西湖区、兰州市和郑州市6地开展的政府绩效评价为案例数据来源，进行编码分析、概念提取和模型构建。剩余的两个案例进行理论饱和度检验。

二 案例介绍

（一）资中县政府绩效评价

四川省在2011年被国家监察部确定为8个政府绩效管理的试点省（市）之一，内江市则被四川省确定为试点市。资中县是一个具有十多年绩效评价历史的县，被内江市确定为试点县。由资中县政府2001年至2011年的《综合目标考核实施办法》和2012年至2014年的《综合目标管理工作实施办法》可知，无论是早期的目标考核，还是2012年开始的绩效管理，其评价的组织权和管理权分属于县委、县政府目标督查室和县目标管理委员会（2013年，改为"县目标绩效管理委员会"）。评价权以2011年为分水岭，2011年之后引入了外部评价者，打破了以往政府内部评价格局，但评价不占分值。在2012年，才明确规定了外部评价仅占10分。总之，资中县政府绩效评价是一种典型的考核型评价模式。此外，在2012年，资中县政府委托兰州大学中国政府绩效管理研究中心对该县推行的目标绩效管理考核方式进行诊断，并提出改善该县政府绩效评价的系统方案，这为后来课题组进入研究场域提供了机会。

（二）杭州市综合考评

杭州市综合绩效评价发端于20世纪90年代初期的目标责任制

考核，2000年在全国率先推出"满意单位和不满意单位"评选活动，以根治机关"四难"综合征，促进机关作风转变。2005年，杭州市将目标责任制考核与满意评选活动结合，并增设领导考评，由此形成"三位一体"的杭州综合考评。2006年，又增设创新创优绩效评估，自此形成"3+1"模式的综合考评体系。同年8月，杭州市综合考评委员会办公室正式成立，标志着杭州市综合考评走向制度化、规范化和专业化的道路。2008年12月，杭州市正式下发《关于对区、县（市）实行综合考核评价的意见（试行）》，并从2009年起，对下辖13个区、县（市）正式实施综合考评，由此综合考评实现全覆盖。2011年6月，杭州市被国家监察部列为全国政府绩效管理试点城市之一。2012年8月，市考评办增挂"杭州市绩效管理委员会办公室"牌子，负责全市绩效管理的日常工作，由此形成综合考评、效能建设、绩效管理新"三位一体"的职能架构。2016年1月1日，《杭州市绩效管理条例》正式施行，实现政府绩效管理法制化。此外，杭州市综合考评委员会办公室网站（杭州考评网）集中展示与绩效管理相关的流程、组织机构、考核对象、考核目标、考核办法、实施方案和社会评价意见报告等各类政策文本，这为本书的资料获取提供了便利性。

（三）广州市预算绩效管理

2004年，广东省财政厅成立了全国第一个绩效评价管理专门机构——绩效评价处。2006年，广州市财政局制定了《广州市政府部门财政支出绩效评价办法（试行）》。2007年，在参照以往经验和广东省政府做法的基础上，按照以市直单位自评为主、财政部门组织重点评价为辅的模式，积极推动绩效评价改革。2008年试点，2009年全面推行，并初步形成绩效指标体系。2010年之后，打破原有机械按"3E"原则分类指标的方式，改为在原有业务处室分类绩效指标的基础上，再细分财务性指标、业务性指标和效益性指标。经过十多年绩效评价实践摸索，广州市预算绩效管理制度建设和工作机制逐步规范，形成了以《广州市预算绩效管理办法》为主体，涵盖目标管理、运行监控、绩效评价、结果应用四个环节及内部管理的"1+5"预算绩效管理制度体系。此外，在2016年，以推进试点部门的绩效目标管理为起点，印发《关于2017年度全过程预算绩效目标管理实施方案的通知》，探索编制部门整体绩效目标，并开展绩效运行跟踪试点工作。最终在2018年，构建部门整体全闭环绩效管理机制。

(四) 武汉市东西湖区"一述三评"考评

2006年，武汉市针对目标管理中存在的问题进行改革创新，确定在全市探索实施党政机关绩效管理，提出了"一个体系，两个引入，三个衔接"的核心思想，并在县区和市直部门推行。这就为武汉市东西湖区推行"一述三评"的考评制度奠定了基础。2015年，武汉市东西湖区，以目标管理为载体，进一步强化绩效考核机制，切实发挥绩效考核"指挥棒"作用，促使机关自身建设逐步走向科学管理的长效之路。首先，明确考核目标，以"工作目标化、目标责任化"为原则，将考核指标设为共性和个性工作目标两大类，并将目标逐一按项量化到室、分解到岗、责任到人。其次，严格考核程序，采取平时考核与年底考核相结合的办法，推行"一述三评"制度。最后，注重结果应用，根据客观量化的成绩，发挥考核制度的导向和激励作用，择优表彰，以分计奖。此外，武汉综合考评网系统、全面地展示绩效管理目标、评价办法和实施方案等各类政策文本，这就为本书客观资料的收集奠定了良好基础。

(五) 兰州市目标管理绩效考核

2004年年底至2005年年初，兰州大学中国地方政府绩效管理中心受甘肃省人民政府的委托对全省14个市（州）政府和省政府39个职能部门的绩效进行评价，开创第三方评价政府绩效的先河，形成中国地方政府绩效评价的"甘肃模式"。这便为后来兰州市积极探索适合自身的绩效评价道路奠定了良好的基础。从2012年起,兰州市把提升机关办事效率、优化发展环境作为实现转型跨越式发展的重要抓手,在全市开展以提质、提速、提效为核心的效能风暴行动,制定了《效能风暴行动考核办法(试行)》,并纳入年度考核内容。考核旨在突出定量考核与定性考核相结合;明察与暗访相结合;社会测评与系统考评相结合;日常考核与年度考核相结合;褒奖激励与诫勉纠偏相结合。同时,把群众满意作为衡量工作绩效的重要标准。

2015年,《兰州市人民政府目标管理综合考核评价办法》出台,明确组织管理体系、考核内容、考核方式和考核结果运用。目标管理考核领导小组负责研究、协调和解决全市目标管理考核工作中的有关事宜,具体工作由市目标管理办公室负责实施。按照共性目标和职能目标两类设置评价指标体系,并且评价指标及其权重实行年度动态修订和调整机制,以此确定考核评价的科学性和时效性。目标管理考核工作分为日常督查、季度通报、年终考核,其中,年终考核由市目标办牵头组织对县区、部门和单位进行分类考核。县区目标责任考核采用排名制,部门和单位目标责任考核采用百分制,而入驻市政务大厅的部门和单位,其综合考评得分=年度目标考核得分×80% + 群众评议得分×10% + 领导评价得分×10% + 加减分。其中,群众评议计分将由市政务服务中心根据办事群众对市直部门和单位的办事效率、服务态度、服务质量的满意度进行评议打分。对于未入驻市政务大厅的部门和单位,其综合考评得分=年度目标考核得分×80% + 领导评价得分×20% + 加减分。考核采取自我评价+集中考核形式。部门和单位考核结果,按照综合经济管理部门与社会管理服务部门进行分类排序。县区考核结果按照近郊四区和远郊三县一区分组排名。此外,考核结果计入年度市委、市政府对县区政府、市直部门和单位领导班子考核，考核不达标的部门和单位予以通报批评。

2018年，针对2017年度目标考核中存在的问题和不足，在《兰州市贯彻落实新发展理念目标责任考核办法（试行）》的基础上，修订完善形成了《2018年度目标管理绩效考核办法》。新修订的考核办法的最大亮点在于进一步突出分类考核。一是将原来按照党委群团部门、综合经济管理部门和社会管理服务部门三个类别考核排序，细化调整为按照综合、党委、群团、经济管理、公共服务、城建管理、执法监督、政务管理和垂直管理九个类别考核排序。二是对考核综合成绩的计算，按区县、"三区"和市级部门分类设置了不同的权重。三是根据工作性质、工作目标的强度和难度，对不同的部门类别考核赋予不同的评优评先比例。至此，兰州市以分类考核为基础，形成了科学、有效的目标管理绩效考核体系。

（六）郑州市责任目标制绩效评价

2011年，《郑州市县（市）区和市直单位绩效考核暂行办法》的出台，标志着郑州市在县（市）区和市直单位中首次实施绩效考核，并且构建"目标、业绩、过错"三位一体的绩效考核体系。目标包括年度责任目标、年度安排的阶段性中心工作和重要工作任务。业绩是指通过自身努力在超额完成工作目标基础上所创造的优异工作成绩，分为特别重大业绩、重大业绩、重要业绩。过错则是各绩效考核责任单位及其工作人员因失职、失信、失误，影响党政机关工作秩序、工作效率、工作质量和机关形象，且造成不良影响或后果的。对于年度内发生重大过错的责任单位实行一票否决。郑州市绩效考核工作领导小组负责全市绩效考核工作，市绩效考核办公室具体负责全市绩效考核日常工作的组织、指导、综合协调和绩效档案建立、管理工作。考核结果与干部使用、立功受奖、工作经费、年终一次性奖金、干部年度考核优秀比例和精神文明单位申报、精神文明奖金发放挂钩，同时与新增地方性补贴发放挂钩，从而形成有效的绩效激励。

截至2018年，郑州市形成了一套符合郑州实际的责任目标制的政府绩效评价方式，即各个绩效评价责任单位根据上级单位的总体要求，结合本单位的主要职能和工作任务，拟定年度责任目标，再由上级部门审核后下达执行，是一种由上至下的政府绩效评价模式。郑州市的责任目标的内容设置主要有经济发展和经济效益目标，投资、消费和出口目标，人民生活和社会保障目标，教育、文卫、科技进步和可持续发展目标，发展环境和社会稳定目标，党的建设目标六个维度。其指标体系采取正向指标和逆向指标相结合的方式，以此较为客观地反映政府工作的业绩状况，在一定程度上体现出社会发展的综合性和系统性，符合服务型政府的价值取向要求。

总之，本书最终选择的6个典型案例，从评价类型而言，都是第二方评价，即政府绩效评价都是由政府部门发起、推动的，并且是上级政府对于下级政府的评价，在实践中常常由代表上级的考评办组织实施；就地区分布而言，涵盖东中西部，并且地方政府层级主要集中于市、县两级，其中杭州市和广州市属于副省级市；就评价的主要模型选择而言，所选案例都包括考核型评价和民意调查型评价。此外，杭州市综合考评还囊括决策型评价。就调研涉及的职能部门而言，涉及发改委、财政局、教育局、环保局、商务局、公安局、城管委、市场监管局、民政局、农业局、工商局、统计局、档案局、信访局等28个职能部门。

就6个典型案例的受访者人口统计信息而言，男性占68.3%，女性占31.7%；受教育程度：本科学历占79.3%，研究生学历占19.5%，大专学历占1.2%；公务员职级分布：司级占1.2%，处级占25.6%，科级占73.2%；年龄分布：21—30岁占21.9%，31—40岁占35.4%，41—50岁占37.8%，51—60岁占4.9%。

表 2—1　　　　　　　　　案例和调研概况

案例编码	资中县（ZZX）	杭州市（HZS）	广州市（GZS）	武汉市东西湖区（DXH）	兰州市（LZS）	郑州市（ZZS）①
行政层级	县级	副省级	副省级	县级	地级市	地级市
地区分布	西部	东部	东部	中部	西部	中部
评价类型	第二方评价	第二方评价	第二方评价	第二方评价	第二方评价	第二方评价
主要模型	考核型评价、民意调查型评价	考核型评价、民意调查型评价、决策型评价	考核型评价、民意调查型评价	考核型评价、民意调查型评价	考核型评价、民意调查型评价	考核型评价、民意调查型评价
受访者人数	30 位	20 位	10 位	6 位	8 位	8 位
访谈涉及的职能部门	19 个	11 个	9 个	6 个	8 个	5 个
文件资料	考评办法、网站资料、期刊	考评办法、网站资料、媒体报道、期刊、学术著作	考评办法、网站资料、期刊	考评办法、网站资料	考评办法、网站资料	考评办法、网站资料
现场观察	非参与式观察	非参与式观察	—	—	非参与式观察	—

第三节　数据收集

一　访谈提纲准备

本书基于地方政府绩效评价的价值冲突成因展开研究，所以在访谈过程中我们借鉴叙述式的方式，引导受访者对自己在绩效评价

---

① 6 个案例分别用其所在城市名称的字母进行编号，下文不再出现案例全称。

过程中所经历的价值冲突进行客观描述。具体采用半结构式访谈，通过预先制定的访谈大纲进行个访，并在征求受访者同意的前提下，对访谈过程进行录音，以此保证整个研究的描述性效度（见表2—2）。当发现受访者谈及内容与已有文献存在差异或涌现出新的问题之时，便会通过持续追问，不断丰富访谈内容，以期呈现出价值冲突成因的全貌。此外，对于部分曾经访谈过的受访者或者是因时间、空间距离等原因无法接受面访的受访者，课题组主要通过电话访谈的方式，补充或增加新的访谈内容。这就可以减少访谈大纲的结构化和程序化与实际调研过程的不可控性的矛盾，从而获取足够的数据，以供后期编码分析。

表2—2　　　　　　　　　　访谈提纲

编号	提问内容
①	您是如何理解政府绩效评价中的"绩效"二字的？或者说在政府工作中，什么才能算作绩效？
②	您所在的部门实施绩效考核或绩效管理的过程中，当前或曾经遇到过什么样的问题与困难？
③	您是如何感知到这些问题与困难的，其主要方式是什么？
④	您所提到的这些问题与困难，是哪些原因造成的？为什么是这些原因，而不是其他的？
⑤	这些原因中，您认为哪个是关键性原因？为什么是它？
⑥	对于关键性原因而言，它是如何起作用的？
⑦	如果您所谈到的问题与困难没能实现有效的解决，会导致什么结果？
⑧	面对绩效评价带来的压力或困境，您个人采取哪些方式实现应对？您所在的组织又采用了哪些应对策略或方式？

二　数据收集方式

基于米勒（Mile）和胡尔曼（HuAerman）提出的三角检验法，本书运用访谈和观察，收集数据的同时，还收集实物，在多种证据来源的基础上，建立案例研究资料库，从而保证案例研究的信度和效度。

（一）访谈

访谈是本书重要的数据收集方式。鉴于价值和价值冲突常与行为主体的主观感知相联系，且隐藏于行为背后，因此，对价值冲突问题的探讨需要能够深入研究对象的自然情境之中，通过面对面的访谈，来了解他们的行为及其背后的意义，以此就地方政府绩效评价的价值选择与价值冲突成因获得解释性理解。为了最大限度地实现理论饱和，课题组运用滚雪球抽样的方式，选择具体的受访者。整个调研时间起始于 2015 年 11 月，截止于 2017 年 12 月。在此期间，课题组对 6 个案例的地方政府共进行了 82 次正式访谈，其中11 次访谈是对领导班子成员进行的，3 次是对绩效办或督查办的领导及员工进行的，31 次是对职能部门分管领导进行的，37 次是对职能部门一线员工进行的。访谈平均用时 50 分钟，对于部分曾经访谈过的受访者，或因种种原因无法面对面访谈的人员，课题组采用电话访谈的形式进行数据搜集。

（二）实物分析

实物分析的主要作用是证实或证伪通过其他来源获取的资料，主要包括所调研的 6 个地方政府绩效评价的内部政策文件，如《2018 年度绩效考核实施办法》《2017 年度综合考评实施方案》（见附录3）；政府网站上的公开文件资料，这些资料是了解地方政府绩效评价发展历程和动向的重要文件，包括考评动态、考评通知、考评结果等。此外，还收集了与部分案例相关的媒体报道、期刊和学术著作等文件，如杭州市绩效办领导的著作《政府绩效管理——理论与实践的双重变奏》、中国地方政府绩效管理中心编纂的《中国地方政府绩效评估年鉴》。

（三）观察

观察性证据通常能为研究提供额外的附加信息，从而为理解研究背景和研究对象的行为动机和意义开拓思路。鉴于此，在对地方政府调研的过程中，我们对 ZZX、HZS 和 LZS 三个案例的绩效评价实施过程进行非参与式观察。重点观察评价指标遴选和评价办法制定、组织评估等关键环节。

第四节　数据分析

一　数据编码

鉴于本书所探讨的价值及价值冲突问题，其数据需要在一定的情境中才能理解其真实的意义。本书对 6 个案例地方政府绩效评价的数据进行整合、质证，确保数据能够真实反映价值元素与价值分类、价值冲突表现及价值协同，由此获得第一手数据。基于施特劳斯等学者提出的程序化扎根理论的编码策略，即"开放式编码（open coding）—主轴编码（axial coding）—选择性编码（selective coding）"进行数据分析。

（一）开放式编码

开放式编码作为针对已获取资料展开的第一阶段编码，是在已有资料所反映的具体行为内容上进行的概念化和范畴化过程。首先，在正式编码之前，剔除重复、交叉、模糊和无关的语句后，形成有效语句。其次，研究者以一种开放的心态，放弃个人的"前设"，通过不断提问，开展资料间异同的比较，按照资料→贴标签→概念化→范畴化的程序进行开放式编码。此外，为了避免忽视被研究者自己的本土概念，尽量使用文本和受访者的原始语句作为标签，即使用文化主位的语言作为码号。

（二）主轴编码

主轴编码旨在发现或建立范畴与范畴之间的关系，即通过类属分析[1]，确定开放式编码中得到的各个不同范畴间是否存在因果、

---

[1] "类属分析"是指在资料中寻找反复出现的现象以及可以解释这些现象的重要概念的一个过程。在这个过程中，具有相同属性的资料被归入同一类别，并且以一定的概念命名。

相似、对等、功能、结构、时间先后、语义和情境等关系。并在此基础上，陈述次范畴与现象间关系的本质，以及确定主次范畴间的关系。总之，主轴编码使得类属的属性和维度具体化，是经验描述到概念分析的过渡阶段，也是将碎片化的数据再次按照一定的逻辑进行整合的过程。

本书运用施特劳斯和朱丽叶·科宾（Juliet Corbin）提出的范式模型（paradigm model），即所分析的现象、条件、背景、行动与互动和结果之间所体现的逻辑关系，对开放式编码中形成的概念和范畴加以聚类。此外，为了避免丧失增加新的概念和范畴的机会，在主轴编码的过程中，课题组同样保持开放性。

（三）选择性编码

选择性编码是指经过系统分析之后在所有已发现的概念范畴中选择一个核心范畴，也就是说将概念化没有发展完备的范畴填补完整，通过描述现象的"故事线"，将核心范畴与主范畴、主范畴和次范畴、范畴与概念系统地联系起来，从而建立起实质理论，并建构形式理论。[1]

此外，一方面，在整个编码分析的过程中，撰写分析型备忘录，使得数据与数据、数据与代码、数据的代码与其他代码、代码与类属以及类属和概念之间的对比更为具体，从而进一步说明和填充这些类属；另一方面，鉴于资料整理的格式、受访者的语言表达习惯等因素对每行资料所包含信息的影响，本书不再拘泥于"逐行编码"，而是综合运用逐词、逐行、逐句、逐段和逐篇进行编码，以此更好地从资料中发现概念及概念间的关系。

二 数据分析工具

质性分析的大量工作涉及创造性地剪贴资料，但当分析资料过

---

[1] Strauss, A. L., *Qualitative Analysis for Social Scientists*, New York: Cambridge University Press, 1987.

于庞杂时，传统的剪刀、糨糊和档案袋的方式是无法有效应对的。因此，需要借助质性分析软件提高研究者进行资料的储存、编码、摘取、比较和连接等工作的效率。质性分析软件不仅可以大幅度减轻研究者编码工作的辛苦，而且更为重要的是可以让研究者专心于资料的分析，从而便于抽取概念、发展理论。

Nvivo 是由澳大利亚 QSR（Qualitative Solutions & Research）公司开发，提供了导入、编码、群组、查询、建模、链接、分类和文件夹等功能的定性数据分析软件。它可以帮助个人和组织挖掘数据信息、整理与分析，并找到对非结构化或定性数据的深刻见解，同时完成分析结果的可视化管理和呈现。正如博格丹（R. Bogdan）和比克伦（S. Biklen）所言，Nvivo 不仅可以完成资料的管理，而且可以实现资料的分析与解释。[①] 此外，Nvivo 的使用可以有效地避免质性研究中资料的收集与分析的非同步性问题。[②] 基于此，课题组使用 Nvivo 11 质性分析软件对 82 份访谈资料进行编码和分析。

三　理论饱和度检验

理论饱和（Theoretical Saturation）是指如果额外数据和资料并不能使研究者得到更新颖的初始概念、范畴和关系，表明当前的分析结果已具有良好的理论饱和度。[③] 本书对剩余两个案例进行理论饱和度检验，即对其资料进行编码分析，发现这两个案例未能产生新的概念和范畴，并且已有的概念之间、范畴之间也未出现新的关系。这表明基于访谈数据构建的地方政府绩效评价的价值分类模型、价值冲突及其类型和价值协同模型具有良好的理论饱和度。

[①] Bogdan, R. and Biklen, S., *Qualitative Research for Education: An Introduction to Theories and Methods*, Boston: Allyn and Bacon, 2006, p.148.

[②] Maxwell, J. A., *Qualitative Research Design: An Interactive Approach*, London: SAGE Publications, 2005, pp.12-96.

[③] 陈向明：《扎根理论的思路和方法》，《教育研究与实验》1999 年第 4 期。

第三章

地方政府绩效评价的价值选择、分类与结构

厘清地方政府绩效评价的价值选择内容，并在明确价值元素的基础上，基于价值分类，实现对价值间相近性、层级和因果关系的探讨，即揭示出价值结构特征，是探究地方政府绩效评价价值协同形成机制的前提。

第一节　价值选择与价值分类

本书将波兹曼等学者辨认的72种公共价值和7种公共价值类型视为预设编码表，进行编码，以期构建地方政府绩效评价的价值分类模型，实现对价值选择与价值类型的探讨。在开放式编码中，本书抽象出了372个相对独立的初始概念，并对其进行范畴化后形成了21个范畴（见附录4）。[①]

在主轴编码中，本书运用类属分析将在开放性编码中得到的各项范畴进一步提炼、调整、归类，实现对存在因果关系、功能关系、结构关系、时间先后关系和语义关系的范畴进行合并，最终形成了6个主范畴（见表3—1）。

---

① 鉴于开放式编码及范畴化篇幅过长，正文中不再详述，已置于附录中。

表 3—1　　　　　　　　　主轴编码形成的主次范畴

主范畴	次范畴	关系的内涵
与政府组织对社会贡献相关的价值	质量	作风效能建设、综合考评改善部门作风、职风建设评价、服务质量提升的目标任务、挑战指标、目标考核因增加挑战指标压力变大、社会评价旨在考核公共服务质量、设置考评目标需要提供前三年相关数据、解决"四难"作风问题、考核就是为了更好地服务人民群众、绩效程度型指标事关质量、创一流业绩、改进政府服务、服务的便利性、质量考核标准难统一、公共服务质量难以考核、服务质量调查工作量大、绩效考核应侧重于改善群众生活质量、服务质量评价主体不仅包括工作人员还包括服务对象
	经济发展	经济指标、GDP 增速、财政收入、农民人均纯收入、目标责任制考核以经济建设为中心、固定资产投资、单纯追求 GDP、招商引资、社会主义初级阶段强调经济发展、引入外资、工业指标、经济指标领域、经济发展占据重要位置、GDP 是硬性指标、财政经济考核、逐级分配经济指标、每月召开经济指标完成调度会、考核偏重经济指标、经济指标权重大、经济发展部门绩效得分高、非一朝一夕能够改变以 GDP 为考核标准
	社会稳定	社会稳定、稳定是第一政府责任、公众评议有助于社会稳定、维稳不公开、维稳压力大、稳定排第一、舆情考核
	公共利益	民生工程指标、民生工程是市县两级的重点工作、民生工程压力较大、民生事业指标、综合考评有助于为人民服务、安全生产是负向指标、公共安全指标、安全事故指标、安全生产绩效压力大、最大公约数意义上的公共利益
	法律规则	绩效管理立法、绩效管理条例、依法治国、依法行政

续表

主范畴	次范畴	关系的内涵
与公务员行为相关的价值	责任	考核旨在健全责任制、明确领导间和部门间的责任、绩效管理条例设置问责、分解意见并落实责任、部门设立联系人以便于落实责任、责任隶属于集体而非个人、契约责任、绩效问责主要针对领导、绩效问责个人符合国情、绩效问责压力持续加大、绩效问责自上而下的传递、岗位责任状、责任清单、责任到人、对未完成绩效指标的领导实施问责、目标责任书
	廉洁	廉政考核、廉政建设、党风廉政是负向指标
与政府组织运行相关的价值	效益	效益性指标、效果评价、社会评价意见整改结果与社会评价相挂钩、工作效果、社会效益、绩效体现为效益、细化满意度反映社会效益、服务对象受益、效益受到多种因素影响、效益具有滞后性、公众是对效果的评价
	效率	加大绩效激励促进高效工作、绩效考核提高工作效率、专门机构实施绩效评价、效率、细化分类考核体系有助于效率考核、效率有明确要求、职能部门更加追求效率、优先考虑决策效率、效率等同于发展速度、绩效是效率、效率可量化易考核、效率比较直观
	创新	单独考核创新工作、创新创优项目、专家参与创新创优评选、挖掘创新创优亮点、激励创新、创新创优评选过程最合理公平、创新创优压力大、创新创优项目要得到利益相关者的共同认可、创新创优项目形式比较重要、创新创优项目评价结果明显影响综合排名、创新创优项目的表现力事关评价结果、创新创优不一定具有科学性、创新创优项目具有不确定性、高投入低关注度、创新创优项目属加分项、创新创优评选不建议年年搞、创新创优激励作用大、创新创优并不提升公众满意度、创新机会递减、为了亮点而亮点、创新意味打破原来的规则和方式、创新被理解为亮点、狮子型干部、创新需加强顶层设计、增加创新权重、容错机制
	公平	三位一体的综合绩效考评、整改系数、与时俱进的修改考评系数、运用大数据优化考核对象分类、第三方提供绩效数据、设置准入门槛减少刷票行为、功效系数法、差别指标、差别权重、随机抽样、难以实现绝对公平

续表

主范畴	次范畴	关系的内涵
与上级政府互动相关的价值	控制	实现内控、考核机制加重财政负担、层层签订绩效合同、资源集权化、考核的强制性、统一的绩效标准、统一的评价指标和体系、综合考评为领导提供衡量下属工作的抓手、综合绩效考评是指挥棒、自上而下的逐级传导压力、必须完成指标任务、常设绩效考评机构、考评办负责专项考核的审查、逐级分解指标、责任状、运动式命令、信访考核结果点对点通报、完不成考核任务就地免职、统一设计评价方案和评价表、社会评价意见反馈过程要留痕、全程跟踪督办、考评作为市对县的调控手段、目标考核是硬指标、领导问责、考核是一种规约、考核刚性强、绩效告知书、绩效改进通知单、过程监控机制、黄牌警告、刚性指标、约束性质、硬性指标未完成要扣分、硬性指标旨在监控、一票否决、督导检查、领导约谈、控制是手段、控制发生于上下级之间、控制涉及任务下达、考核压力逐级传导、重要指标月度调查、考核就是上级对下级的控制、每月通报、时间节点管理、督办未完成的指标、控制增加基础负担、绩效考核是控制、自上而下的层层督办、考核压力源于硬性指标未完成、"连坐"制度、垂直考核模式、控制是自上而下一致性的管束、各级督查和巡查频繁
	回应性（上级）	基于上级政府要求制定考核办法、针对上级政府的要求实施单独考核、增加考核力度、上级关注的否定性指标权重较大、考核的首要任务是完成上级政府分配的目标任务、政策目标确立考核目标的方向、指标体系随上级领导的绩效偏好而改变、中央规划纳入考核体系、基于上级政府要求确立绩效考核目标、设计评价指标以上级政府下达的评价指标为蓝图、完成下达的目标任务既是忠诚也是履职、综合考评意义在于推动市委市政府工作、专项考核与市委市政府重点工作相关、上级目标要回应、逐级分解目标、绩效目标源自政府工作报告和市委常委会工作、挑战指标首先响应上级要求、围绕上级政府设计指标是国情、服务上级、首先完成上级工作任务、优先分解上级工作、上级下达的评价指标必须纳入自身评价指标体系中、千方百计完成上级考核、目标考核体现上对下的一种要求、个别领导更倾向关注高层、从上到下建立科学发展观考核指标体系、经济指标源自国民经济计划报告、保障市委市政府决策部署落地、绩效规划与"十三五"同步、无法达到上级期望导致压力、绩效就是领导满意、重要指标源于政府工作报告或党代会决议、中央会议和党代会部署工作纳入考核任务、无条件服从上级和主要领导、无条件执行、"一心"完成上级政府制定的绩效考核数据、市人社局的重点指标来自人社部、上级指标明确后再制定本级指标、市级目标乘系数、层层分解、指标与上级保持一致、回应是完全服从且表达政治忠诚、层层加码
	政治忠诚	政治立场、政治纪律、政治规矩、回应是服从且表达政治忠诚

续表

主范畴	次范畴	关系的内涵
与外部环境互动相关的价值	透明	办事透明、政务公开、透明政府、重点整改目标向社会公示、自行设置绩效评估公开栏目、网站公示、社会评价意见报告向公众发布、开放、整改计划在外网公示、越是涉及公众普遍利益越需要透明、服务性和开支类业务需要透明、政务公开制度、透明存在增加工作量和误解的风险、年度绩效考核一定范围公开、内部考核结果非全面公开、考核结果公布、大家认可的再公开、单项考核政务公开、透明不一定带来公众满意度的提升、信息公开考核、完全公开信息引发负面效应、公开原始数据引发曲解、透明政府具有公信力
	可持续性	环境污染一票否决、节能减排、单位 GDP 能耗、生态保护指标、PM 2.5指标、党的十八大以后环保提上政策议程、环境整治、环保指标、可持续性的重视程度大幅提高
	倾听民意	吸纳市民意见、无门槛提意见、通过表达发现问题、社会评价为公众提供表达意见的渠道、通过社会评价向社会征求意见、民情观察员、多种渠道搜集民意、绩效信息搜集机制、倾听民众意见
与公众互动相关的价值	公众参与	民众评议、人大代表评价、政协委员评价、信息多寡影响评价准确性、引导公众参与、物质激励公众参与、网上评价、公众占评价主体、社会评价、社会评价影响绩效排名、提高公众参与度、改善印象、人民评判作为核心价值观、评价话语权回归公众、大样本的社会评价、综合考评推动政民互动、政府重视公众参与、公众适合评价提供公共服务或产品的公务员、公众参与度高、公众评议政府在逻辑上是必然趋势、公众参与越多就越难控制、公众参与营商环境考核、民意需加工、公众参与并不影响考核内容、公众参与并不意味着事事参与、公众参与方式有待研究、以偏概全、表达诉求、广泛认可、基于自身利益的公众参与有违初衷、委托第三方机构开展满意度评价、群众代表评议、没有公众参与的政府绩效评价不具科学性、单纯的公众评价引发考核结果不一致、公众参与范围应逐步扩大、公共服务属性赋予服务对象评价身份的合法性、公众参与处于形式化阶段、公众参与仅限于满意度调查、改善信息不对称、从人治走向法治、完善政策制度、公众参与不能无限扩张、第三方抽样的公众参与者更具代表性

续表

主范畴	次范畴	关系的内涵
与公众互动相关的价值	回应性（公众）	绩效评价处专门跟进社会评价意见、逐条反馈社会评价意见、重点整改目标由代表性意见形成、必须回应社会评价意见、社会评价意见整改、社会评价意见对绩效考核结果具有显著影响、上门沟通、确认反馈意见—下达整改通知—公示整改内容和措施、建立内部考核机制增强回应能力、公众多样的需求促成多维度评价、下达—分类—分解—提出整改目标、多种方式回应社会评价意见、不回复社会评价意见扣分、回应涉及政府公信力、民意反馈
	公众满意	满意度评价指标、委托第三方实施满意度评价、自查满意度并上报考评办、整体满意度、服务对象满意度测评、以民为本的指导思想、问绩问效于民、社会评价左右绩效排名、服务型政府、社会评价权重最大、表达渠道、社会监督、社会评价四项机制、社会评价促使对公众感受的重视、社会评价、让人民满意、评价—整改—反馈—再评价—再整改—再反馈的循环、满意度评价的宗旨就是让人民满意、绩效程度属于满意度指标、社会认可、安抚好人民群众就是最大的成绩、满意度调查问卷、满意度多维性、满意度评价不可做唯一评价标准、满意度评价不能代替公众评价、公众满意作为最终评价标准较难实现、服务对象满意度评价纳入整体考核结果中、匿名随机开展满意度调查、信息多寡影响满意度评价的准确性、联系越紧密评价越不好、抽样方法影响满意度评价结果
	信任	社会评价促成社会对考评的认可

在选择性编码中，本书确定的核心范畴为"地方政府绩效评价的价值元素及价值类型"，并发展出一个理论，即地方政府绩效评价的价值分类模型（见图3—1）。

由表3—1和图3—1中可知，6个案例中的地方政府绩效评价所选择的价值，汇集为质量、政治忠诚、责任、信任、效益、效率、透明、社会稳定、倾听民意、廉洁、控制、可持续性、经济发展、回应性（上级）、回应性（公众）、公众满意、公平、公众参与、公共利益、法律规则、创新21种公共价值。这21种公共价值以集群形式聚合成与政府组织对社会贡献相关的价值、与公务员行

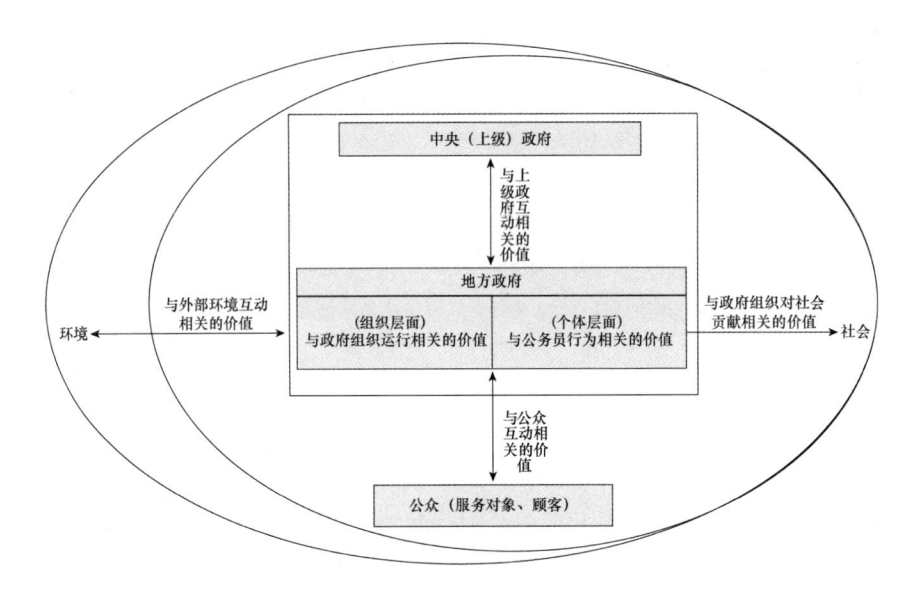

图3—1 地方政府绩效评价的价值分类模型

为相关的价值、与政府组织运行相关的价值、与上级政府互动相关的价值、与外部环境互动相关的价值、与公众互动相关的价值6种价值类型。

一 与政府组织对社会贡献相关的价值

在政府组织对社会贡献这一价值类型中包含着两个价值集合，皆具有外部取向特征。第一个价值集合主要是关于政府对于社会所提供的质量、公共利益和经济发展3种价值，它们具象化为政府职能，是政府对于社会承担的必要义务和责任，更是政府合法性的基本来源。

新公共管理运动强调以结果和顾客为导向，这本身就蕴含着对公共服务质量的追求。至此，质量被确立为政府绩效评价的主流价值之一。首先，除了案例DXH之外，其余5个案例的地方政府为了解决"四难"作风问题，改进政府服务，通常开展作风效能建设或职风建设评价。其次，将考核界定为更好地服务人民群众，或者说绩效考核应侧重于改善群众生活质量，尤其是在案例 HZS 中，社会评价的意义在于考核公共服务质量，创一流业绩。具体做法：一是把服务质量提升纳入目标任务实施总体性考核。二是专门设置挑战指标和绩效程度型指标，并且要求设置考评目标需要提供前三年相关数据，以此更好地体现质量导向，如《关于制定 2018 年度市直单位绩效考核目标的通知》中规定的，绩效测度目标应围绕单位主体职能设置，按照"实现程度""绩效测度"两个维度考核，具体分为"挑战指标""绩效测评"和"表彰奖励"三种类型，分类进行考核。原则上，市直单位都要申报 2 项"绩效测度"目标，其中一项为"挑战指标"，政府部门为必选项，"关键指标"为"挑战指标"的首选项。最后，既然质量事关公众福祉，因此，公共服务质量评价主体不仅包括工作人员还包括服务对象。与此同时，需要注意到质量考核标准难以统一，导致质量调查工作量大，并且被考核者会因目标考核增加挑战指标导致压力变大。

为了证明自身存在的价值，并获得持续的合法性，政府将公共利益的实现视为其首要职责。公共管理者将"公共利益"设定为最大公约数意义上的利益，以此体现利益的普惠性。为了实现公共利益，6 个案例中的地方政府不仅将民生工程作为市、县两级的重点工作，而且围绕民生事业、公共安全、安全生产等设置了评价指标，甚至设计了负向指标，以此实现强化，如《郑州市县（市）区和市直单位绩效考核暂行办法》所示，人民生活和社会保障目标具体包括下岗失业人员再就业人数目标，低收入家庭住房保障目标，食品安全、药品安全目标等 13 项考核内容，并且将"涉及市、县两级民生工程，市财政部门实行'先借后决'支付资金，但还款信誉低下的"视为较大过错内容。由于在安全生产和民生工程方面制定了较高的绩效标准，被评价者感知到较大的评价压力。

经济发展对于地方政府而言，属于重要价值的范畴。无论是从地区分布来看，还是就行政级别而言，地方政府绩效评价价值体系中都包含经济发展（案例 ZZX、HZS、GZS、DXH、LZS、ZZS）。主要原因在于社会主义初级阶段强调经济发展的现实情况，决定了其在地方政府工作中的重要位置。为了更好地实现经济发展这一价值目标，一方面，目标责任制考核以经济建设为中心，不仅赋予经济指标较大的权重，而且每月召开经济指标完成调度会。经济指标主要包括：GDP 增速、财政收入、农民人均纯收入、固定资产投资、招商引资、引入外资、工业指标等。正如《兰州市人民政府办公厅关于印发兰州市人民政府目标管理综合考核评价办法的通知》所示，县区政府目标管理考核中的经济建设维度设置了固定资产投资增幅、规模以上工业增加值增幅、地区生产总值增幅等指标，并且将固定资产投资、城镇居民人均可支配收入、农村居民人均可支配收入等 10 项指标作为重点目标，以加减分形式进行考核。另一方面，将 GDP 设置为硬性指标，甚至逐级分配经济指标，以强化对经济发展的重视，其结果是经济部门绩效得分偏高。在此情况下，单纯追求 GDP 的倾向，非一朝一夕能够改变。

第二个价值集合是从政治角度出发。没有社会稳定和法律规则，政府就很难获得政治的合法性，也无法证明自身行为的合理性，公众也无法获得稳定、持续的公共产品和服务。

社会稳定体现了政府对内维持社会秩序的职能，也是政府依赖公共资源、运用公共权力，向外部世界展现自己治理能力的有效方式。正如 2009 年 ZZX 案例《综合目标考核实施办法》中规定的，"社会稳定被纳入保证目标中，并将稳控指标作为所有职能部门的共性指标实施考核，其分值设定为 12 分"。为了力求社会稳定，6 个案例中的地方政府将稳定视为第一政府责任。在面对较大的维稳压力时，地方政府不但会采取舆情考核和公众评议等积极方式，而且也会保持维稳信息不公开的做法。总之，社会稳定是特定时期生成的价值，也是地方政府适应外部环境做出的理性选择。

法无授权不可为，是公共部门行为的前提，也是对公众个人权利的保护。因此，法律规则理应成为地方政府开展政府绩效评价的前提。为此，地方政府积极开展绩效管理立法，并出台绩效管理条例，从而赋予政府绩效评价合法性，体现依法治国和依法行政的要求，如 2015 年 8 月 27 日杭州市第十二届人民代表大会常务委员会第三十次会议审议通过了《杭州市绩效管理条例》，并于 2016 年 1 月 1 日起施行。《杭州市绩效管理条例》的总则中，指出"法律、法规授权的具有公共事务管理职能的组织、国家行政机关依法委托从事公共事务管理活动的组织履行公共管理职责时的绩效管理，以及提供社会公共服务的企业履行公共服务职责时的绩效管理按照本条例执行"。

二 与公务员行为相关的价值

在政府内部，除了组织价值之外，还存在一些明显与个体行为相关的价值，即公务员的个体价值。这一类型中包含着由责任和廉洁聚合而成的价值集合。这两种价值指向公共管理者应具备的道德修养和个人情操，是公共管理者行事的内部尺度，具有明显的内部取向特征。

鼓励更多的责任被确定为地方政府绩效评价的首要任务，即考核旨在健全责任制。首先，可以在绩效管理条例中设置问责，强化契约责任意识。其次，可以采取岗位责任状、责任清单、目标责任书等形式，对未完成绩效指标的领导实施问责，如 HZS 案例的《关于下达 2010 年度社会评价意见和制定 2011 年整改目标的通知》中，要求"市直各单位要进一步强化社会评价意见整改责任制，将意见逐一分解，落实责任，明确整改要求"。在全面分析梳理本单位社会评价意见建议的基础上，按照《2010 年度社会评价意见分解落实汇总表》的样式，在数字考评社会评价意见管理系统中进行意见的分解落实和整改目标的填报。对有明确指向和具体陈述及要求的 A 类意见，要确定具体整改目标，市考评办仍将按照办理率、解决率、满意率、重复率的"四率"指标进行考核。虽然责任隶属于集体而非个人，但鉴于我国实施首长负责制的国情，因此绩效问责主要是针对领导干部。此外，由于绩效问责是自上而下的传递，绩效问责压力会持续地逐级加大，被考核部门不仅会通过设立联系人以便于落实责任，而且会在明晰项目合作中领导间和部门间的责任分工的基础上，做到责任到人。

就个体而言，廉洁也是一个重要价值，这是因为具有廉洁自律品质的人会坚持某一种信念或原则，不会轻易受到个人利己动机以及外部环境等影响。这就保证了政策执行的可靠性和稳定性。在案例 ZZX 和 HZS 中，地方政府积极开展廉政考核，并将党风廉政设计为负向指标，以此更好地促进廉政建设，正如案例 HZS《2014年度市直单位社会评价工作实施方案》所示，其评价内容包括廉洁自律，即各单位办事的廉洁守法情况。

三 与政府组织运行相关的价值

在政府组织运行这一价值类型中包含着两个价值集合，均具有内部取向特征。第一个价值集合是由效益、效率和创新 3 种价值聚合而成，关注组织内部运行，体现新公共管理的价值理念，蕴含着经济学的思维模式。

效益将政府官员的关注点从产出转移到结果，从而有助于将稀缺的公共资源分配给那些有效使用资料来满足公众需求的服务机构或部门。6 个案例的访谈资料显示，地方政府普遍认为绩效体现为效益，即聚焦于工作效果和社会效益，并由公众做出评价。为此，地方政府将社会评价意见整改结果与社会评价相挂钩，通过设计效益性指标，开展效果评价，促使服务对象受益，如《2017 年度杭州市综合考评社会评价意见报告》所示，市考评办通过日常核查、满意度调查、网上意见公开征集和集中座谈等方式，着力推动各地意见整改，确保取得实效。此外，因为效益受到多种因素影响，并且具有滞后性，因此可以通过细化满意度以此更好地反映社会效益。

效率历来被视为公共行政的固有价值追求，在传统公共行政时期被树立为判断政府行为的"价值公理"，即使是在治理的语境下，虽一改"工具拜物教"式的效率观念，效率仍然不逊于民主价值。6个案例的地方政府认为绩效的内涵中也包括效率，并做出明确的要求，绩效考核的目标被设定为提高工作效率，如《兰州市人民政府目标管理综合考核评价办法》规定，群众评议计分，将由市政务服务中心根据办事群众对市直部门和单位的办事效率进行评议打分。地方政府不仅可以成立专门的评价机构，而且可以通过细化分类考核体系和加大绩效激励等措施，实现工作效率的提高。此外，效率比较直观且可量化易于考核，再加之效率被等同于发展速度，其结果是职能部门更加愿意追求效率。

随着外部环境的不确定性和冲突性的不断增加，创新成为政府应对棘手问题的有效措施，并逐步上升为一种价值取向。为了激励创新，挖掘创新创优亮点，不仅可以单独考核创新工作，而且可以增加创新权重。创新意味着打破原来的规则和方式，这不仅需要加强顶层设计和容错机制，而且更需要狮子型干部来应对较大的创新创优压力和风险。当然，如果创新被理解为亮点，我们则需要避免为了工作亮点而找亮点的做法。

对于案例HZS而言，政府则采取了更为积极的做法，即将创新创优评价作为综合绩效评价的有机构成部分，如《2018年度综合考评实施方案》中指出，"2018年度综合考评于11月下旬完成创新创优（特色创新）综合评估"。并且还设置了政府创新奖，即根据市直单位创新目标和区、县（市）特色创新绩效考核结果，市直单位得分排名前10位，区、县（市）得分排名前3位的，为获奖项目。首先，创新创优项目属于加分项，激励作用大，其结果明显影响综合绩效排名的位次。其次，虽然创新创优项目要得到利益相关者的共同认可，提供过程公平性，但是由于专家是创新创优评选的主体，所以创新创优项目形式就显得比较重要，或者说创新创优项目的表现力事关评价结果，这就增加了评选结果的不确定性，也会引发对其科学性的质疑。最后，由于存在创新机会递减和高投入低关注度的问题，因此创新创优评选不建议年年搞。

第二个价值集合主要关注政府绩效评价实施过程及其结果的公平性。评价的公平性不仅有助于调动行政人员的积极性，而且能够营造积极改进绩效的氛围，从而提供绩效评价的认同性、合法性与合理性。在案例HZS中，政府为了保证绩效评价的公平性，主要从五个方面着手：一是为了避免单一维度绩效评价的偏差性，实施三位一体的综合绩效考评。二是运用大数据优化考核对象分类，并与时俱进地修改考评系数。在差别指标和差别权重的作用下，强化绩效评价的公平性，如《2008年度市直单位社会评价工作实施方案》明确指出，采用差别权重，即根据综合考评单位的分类，分别设置各投票层面权重；根据参加评选单位的分类，设置不同的评选系数。其中，社会服务相对较多的政府部门为1.05；社会服务相对较少的政府部门及其他单位为1.01；党群部门为1.00。三是对于社会评价主体的选择，不仅采用随机抽样的方式，而且设置准入门槛减少刷票行为。四是挑战指标的绩效数据规定由第三方提供。五是采用功效系数法，缩小因地区差异所引发的社会评价结果差距过大的问题。与此同时，无论是绩效评价的组织者、管理者还是评价者、被评价者，都需要注意到绝对公平是难以实现的。

四 与上级政府互动相关的价值

在地方政府组织与中央或上级政府组织互动关系这一价值类型中包含着一个价值集合。该价值集合源于官僚体制内部，聚焦于府际间的关系与互动方式，主要针对具有政策决议权和提供资金的中央政府或上级政府，具有内部取向的特征，它是由控制、回应性（上级）和政治忠诚三种价值构成。

控制价值多与官僚层级控制体制和集权相联系，多见于上下级之间的垂直考核模式之中。它是上级政府为确保向下级政府分解的评价指标和目标值顺利完成所施加的手段，属于过程导向性的价值。6个案例的受访者从不同维度指出，绩效考核本身就是上级对下级的控制，是一种规约，也是自上而下一致性的管束。它不仅为领导提供衡量下属工作的抓手，而且发挥着调控的作用。

首先，控制价值的重要现实载体是面向多样化政府组织的统一的绩效评价体系，具体包括统一的评价指标、绩效标准、评价方案和评价表等。正如2014年ZZX案例的《综合目标管理工作实施办法》在其"目标制定与下达"中，总体性地为乡镇设计了经济发展目标、民生及社会事业发展目标、重点工作、单项工作四大类，为县级部门设计了职能工作目标、共性目标、单项工作三大类，但未区分农业乡镇、工业乡镇和混合乡镇，也未区分经济部门与非经济部门。

统一的绩效评价体系的实施有赖于运动式命令和评价制度的强制性所提供的保障。评价制度的强制性，一是通过硬性指标，促使被考核者必须完成指标任务。当硬性指标未完成时，不仅会扣分，而且会引发领导问责，甚至就地免职，其结果会造成较大的绩效压力。二是通过官僚层级控制体系实现强制性的逐级传递，外化为评价指标的逐级分解，并通过层层签订绩效合同或责任状使得被评价者明确意识到自己对于本级政府能够完成上级政府分解的评价指标和目标值所肩负的责任和义务。但存在着引发地方政府财政负担加重的风险。三是评价指标的完成会受到资源配置条件的限制，因此控制价值可以借助集权化的资源分配强化地方政府对上级政府依赖的可能性。

其次，在官僚组织中，建立对工作绩效进行检查与报告的独立监控机构是作用最大且最普遍的控制机制之一。如案例HZS，政府在2006年设立综合考评委员会办公室，作为一个正局级的常设绩效考评机构，其不仅负责专项考核的审查工作，而且负责下达绩效告知书和改进通知单，以此建立过程监控机制，强化全程跟踪督办，从而增加考核刚性和约束性质。

最后，控制价值的实现也有赖于绩效评价过程所实施的督导检查等手段。从路径而言，呈现出自上而下的层层督办，实现考核压力自上而下的逐级传导。从具体方式而言，一是采用时间节点管理，即重要指标月度调查与通报、信访考核结果点对点通报；二是对督办未完成的指标，则运用黄牌警告、一票否决、领导约谈和"连坐"制度，明确绩效评价的指挥棒作用。与此同时，也需要注意到各级督查和巡查频繁会引发负面效应的风险。

回应性强调关注，并对具有政策决议权和提供公共资源的中央政府或上级政府的期望、决策做出快速的响应。6个案例的受访者认为实施绩效评价的首要任务在于完成上级政府分配的目标任务，保障其决策部署落地，从而服务上级。一是因为政策目标确立了考核目标的方向，导致下级政府要对上级政府的目标做出回应；二是目标考核体现为上对下的一种要求，绩效可能被狭义地理解为领导满意，其结果是个别领导更倾向关注高层。此时的回应演变为服从，这不仅意味着履职，而且是实现政治忠诚的途径。其结果，下级政府倾向于无条件服从上级政府和主要领导，且千方百计完成上级所分配的考核目标和任务。

为此，在宏观层面，下级政府通常将中央政府或上级政府的规划方案、任务要求、工作部署和工作报告等作为自身构建绩效评价体系的基准。在微观层面，一是绩效评价指标的遴选和设计是以上级政府所设计的评价指标为蓝图，并随上级领导的绩效偏好而改变。首先，从评价指标的内容而言，上级政府下达的评价指标必须纳入下级政府自身评价指标体系中，如市人社局的重点指标来自人社部，以求上下级政府评价指标保持一致；其次，从指标设计流程来看，上级政府的绩效评价指标明确后方可制定本级政府的绩效评价指标，如从上到下建立科学发展观考核指标体系。二是评价办法也是基于上级政府的要求制定，不仅采取单独考核的方式，而且设计否定性指标，从而增加考核力度。正如 ZZX 案例的政策材料所示，在 2011 年《综合目标考核实施办法》和 2012—2014 年《综合目标管理工作实施办法》的"总原则"中，指出："根据《内江市县区目标考核办法》，结合我县工作实际，制定本办法。"三是基于科层制，在优先分解上级政府布置的工作的基础上，通过命令链条向下级政府逐级分解目标。此外，为了一心完成上级政府制定的绩效考核目标，会在上级政府绩效目标的基础上，乘以相应的系数，即层层加码，以求保证落实。

在官僚层级中会涉及政治忠诚，政治忠诚对于保持政府层级间的一致性和政体稳定性均具有重要的作用。在案例 LZS 中，政治立场、政治纪律和政治规矩实施定性评价，并强调对上级政府的回应，这本身就体现为政治忠诚，如 HZS 案例 2005—2009 年《市直单位领导考评工作实施方案》的五档考评标准中，都包含完成市委、市政府交办任务的评分依据。

五　与外部环境互动相关的价值

政府组织与外部环境互动关系这一价值类型包含着两个价值集合，具有明显的外部取向特征。第一个价值集合由可持续性这一价值构成，可持续性是基于可持续发展概念形成的价值，关注未来的发展和代际间的公平。党的十八大以后环境保护被提上政策议程，其重视程度大幅提高，并被逐渐确立为新时期的价值取向之一。多数案例将环境整治纳入绩效评价体系中，围绕节能减排、单位 GDP 能耗、PM 2.5 等设计环保指标或生态保护指标，并辅助环境污染一票否决的评价方法，如《郑州市县（市）区和市直单位绩效考核暂行办法》所示，可持续发展目标具体包括环境保护责任目标、造林绿化目标、耕地保护工作目标等考核内容，并且在"县（市）和城市区责任目标质量评价体系及权重"中规定了，万元GDP能耗（吨标准煤）、万元工业增加值能耗（吨标准煤）、主要污染物排放降低度（万吨）。此外，还将"发生重大生态破坏、环境污染的事件"视为重大过错内容。

第二个价值集合立足于公共视角，谋求政府管理活动的透明化。它由透明和倾听民意两个价值构成。透明是民主政府的义务之一，它意味着民众能够获知并理解政府公开的信息，并能依据这些信息对政府问责和监督，从而强化政府的回应性，改善公众对政府的信任。在公众眼中透明政府具有公信力，为此，地方政府聚焦于政务公开制度的建设，将办事透明和政务公开纳入绩效评价体系中，不仅仅采取单项考核的方式，而且会利用网络向社会公众发布重点整改目标、整改计划、社会评价意见报告和考核结果等，正如《杭州市绩效管理条例》第三十一条规定的，"绩效管理机构应当对绩效责任单位整改情况进行监督检查，将重点整改目标进展情况统一向社会公开，接受公众监督"。甚至，在案例HZS中，被考核者会自行设置绩效评估公开栏目，以此更好地秉承开放的价值理念。

值得注意的是，透明并不意味着政府行为及其结果毫无保留地公开。对案例DXH、LZS和ZZS的资料分析显示，透明存在增加工作量、引发误解或负面效应的风险，尤其是完全信息或原始数据的公开，并且透明不一定带来公众满意度的提升。因此，年度绩效考核可在一定范围内公开或者说内部考核结果并不全面公开，最好是大家认可的再公开。但有一点是确定无疑的，那些涉及公众普遍利益或者事关政府服务性和开支类业务的事项更需要透明。

倾听民意主要指对民意调查表或媒体反映的建议或意见给予更

加具体的响应。案例 HZS 和 GZS 的资料分析显示，社会评价不仅有助于向社会征求意见，而且为公众提供表达意见的渠道，从而更好地发现问题。为了更好地倾听民众意见，还可以建立绩效信息搜集机制，运用民情观察员等多种渠道吸纳市民意见，同时保证无门槛提意见，正如《2013 年度杭州市市直单位综合考评社会评价意见报告》所示，在日常管理中，聘请市民代表（绩效信息员）收集整理相关绩效信息并及时反馈给责任单位，强化日常的绩效跟踪管理。同时，市考评办在"中国杭州"政府门户网站、杭州考评网上，同步开展了"网上评议"，群众通过网上评议系统提出的意见建议，经过梳理汇总后，一并纳入当年度社会评价意见的整改范围；对外开通社会评价专线电话：85253000，接受社会各界的咨询和评议。

六　与公众互动相关的价值

政府组织与公众互动关系这一价值类型中包含着两个价值集合，均具有外部取向的特征。第一个价值集合聚集于参与式民主的传统，它由回应性（公众）和公众参与构成。

回应性（公众）被视为任何现代公共组织的核心价值，它不仅意味着政府要及时、积极地对公众的需求做出反应，还意味着政府有责任帮助公众了解自己的需求，找出通常被隐藏起来的重要需求，并表达自己满足这些需求的愿望。由案例资料分析可知，回应性（公众）价值常见于社会评价或满意度评价中，并且事关政府公信力。在案例 HZS 中，社会评价在其综合绩效评价体系中占据 50% 的权重，决定了社会评价意见对绩效考核结果具有显著影响，其结果是作为理性经济人的被考核者势必回应社会评价意见。为了避免因不回复社会评价意见导致扣分，被考核者倾向于逐条反馈，并且就个别公众反映的意见上门沟通，甚至会建立内部考核机制，以此增强自身的回应能力。值得注意的是，案例 HZS 为了跟进社会评价意见整改效果，形成了一套行之有效的社会评价意见整改工作流程，即考评办下达社会评价意见—部门确认反馈意见—部门分类分解到各个处室—提出整改目标—考评办下达整改通知—公示整改内容和措施。此外，面对公众多样化的需求，其评价维度和回应方式势必更加多元化，尤其是要增补民意反馈类的评价指标，如《2012年度杭州市市直单位综合考评社会评价意见报告》所示，继续把社会评价意见整改工作纳入市直单位专项目标考核，在年度目标考核中，把社会评价意见的办理率、解决率和整改的满意率作为各责任单位专项目标考核的重要检验指标。同时，新增设综合考评社会评价"意见整改成效显著奖"，鼓励市直单位积极回应群众诉求，努力抓好意见整改。

公众参与是国家走向政治民主和政治文明不可分割的部分，是公众进入公共领域、参与治理的基本途径，更是促成政府与公众开展对话，实现沟通理性替代工具理性的有效路径，属于民主价值的范畴。公众参与在6个案例材料中均有提及，其实现主要依赖地方政府开展的社会评价、网上评价和委托第三方机构开展的满意度评价。在案例HZS中，明确将人民评判作为核心价值观，以此实现评价话语权回归公众。鉴于公众参与不仅有助于公众表达诉求、改善政府的回应能力，而且有利于改善信息不对称、消除公众对于政府的群体刻板印象，从而获得广泛认可，因此，各级地方政府都较为重视公众参与。为了实现公众参与价值，首先，政府可以通过物质激励，引导公众参与，提高公众参与度；其次，实施大样本的社会评价，在明确公众占评价主体地位的同时，包括人大代表和政协委员，正如案例HZS《2009年度市直单位社会评价工作实施方案》所示，市民代表，党代表，人大代表，政协委员，省直机关、老干部、专家学者、行风评议代表，区、县（市）四套领导班子成员，区县（市）的部委办局及街道（乡镇）党政（包括人大）负责人，社区党组织和居委会负责人，企业代表9个投票层面，共计发放选票 15076 份，实际回收 14962 份；最后，逐步扩大公众参与范围，比如公众参与营商环境考核。

虽然，公共服务属性赋予服务对象评价身份的合法性，或者说公众评议政府在逻辑上是必然趋势，但并不意味着事事参与，更不能无限扩张。这是因为公众参与本身存在局限性：首先，信息多寡影响评价准确性，易出现以偏概全的现象；其次，公众也会基于自身利益做出评价，从而有违初衷；最后，公众参与越多就越难控制，从而增加了绩效评价成本。因此，没有公众参与的政府绩效评价不具科学性和民主，但单纯的公众评价也会引发考核结果不一致问题。这就需要在完善公众参与政府绩效评价政策制度的前提下，实施综合考评，推动政民互动。具体而言，一是要深入研究公众参与方式，超越满意度调查；二是在明确公众所适合评价对象的基础上，运用群众代表评议，并对民意进行加工，实现公众参与由形式化阶段向实质阶段迈进；三是可以由第三方抽取公众参与者，以此增强其代表性。

第二个价值集合是基于新公共服务、新公共治理和公共价值管理理论，是"顾客"向"公民"的回归，公众满意和信任是其主要价值构成。

公众满意度超越了市场交易行为中供给者与消费者间的买卖关系，不仅指向政府合法性的基本来源，而且为政府行为结果确立了最终的判断标准。在政府绩效评价语境下，对于公众满意价值的追求，主要通过开展社会评价、服务对象满意度测评或者是委托第三方实施满意度评价等形式。这是因为在以民为本的指导思想下，满意度评价的宗旨就是让人民满意，正如杭州考评网所报道的，2010 年度市直单位综合考评社会评价工作动员大会指出当年是开展"满意不满意单位"评选暨综合考评社会评价的第 11 个年头。11 年来，市委、市政府高度重视满意评选和综合考评工作，始终坚持"让人民评判、让人民满意"这一综合考评核心价值，始终将人民群众是否满意作为检验市直单位工作成效的最根本标准，通过开展社会评价，促使机关部门把外部评价的压力转化为推动工作的动力，切实增强机关部门为人民服务的宗旨意识和责任意识。

首先，满意度评价的流程是基于满意度评价指标，设计满意度调查问卷，匿名随机开展满意度调查；其次，鉴于社会评价促使对公众感受的重视，不仅实现问绩问效于民，而且有利于社会监督和认可。为此，在案例HZS中，地方政府不仅建立了评价—整改—反馈—再评价—再整改—再反馈的循环评价机制，而且赋予社会评价最大的权重，从而确保社会评价结果可以左右最终的绩效排名，正如2007—2018年《杭州市市直单位综合考评社会评价意见报告》中指出的，"社会评价占综合考评的权重为50%……同时，将社会评价意见整改工作列入市直单位年度目标考核，形成'评判—整改—再评判—再整改'持续改进的工作机制"。此时，作为理性经济人的被考核者则会自查满意度，并上报考评办或者建立社会评价四项机制，以求达到公众满意。

与此同时，我们也需要注意到开展满意度评价所面临的问题。一是鉴于抽样方法对满意度评价结果的影响，不能简单认为满意度评价可以代替公众评价。二是存在与公众联系越紧密的被评价者其满意度评价越不好的现象，再加之满意度的多维性和信息多寡对满意度评价准确性的影响等诸多原因，公众满意作为最终评价标准较难实现或者说满意度评价不可作为唯一评价标准。

信任是形成亲密关系的基石，它可以激发公众与政府对其关系进行投资，不仅有利于促使公众由被动的绩效信息供给者转变为绩效生成合作伙伴，实现参与的可持续性，而且有助于政府更好地倾听民意和回应，实现人民群众满意的服务型政府。正如案例HZS相关资料所示，社会评价促成社会对考评的认可，从而提高政府形象，例如杭州市考评办印发《关于进一步做好社会评价意见整改工作有关事项的通知》，指出要按照"认真抓好整改，以立行立改的实际成效取信于民"的要求，强化整改责任。

第二节 价值结构

波兹曼指出公共价值结构包含相近性、层级和因果关系3个维度。因此，本书试图从这3个维度对地方政府绩效评价的价值结构展开分析。尽管价值分类可以呈现出具有相近性或相同类型的价值间发生的聚合效应，但所形成的价值集群却无法揭示出价值间的层级关系和因果关系。

价值间的层级关系是指价值的相对优先权、相对主导地位。价值间的因果关系就是要区分谁是目的性价值、谁又是工具性价值。价值排序为我们探究价值间的层级关系和因果关系提供了可能性。因此，本书运用内容分析法，统计21种价值元素和6种价值类型以及支持它们的初级概念、在访谈资料中的频次，以期揭示出价值排序特征，实现对价值间层级关系和因果关系的探讨，从而呈现出价值结构全貌（见表3—2）。

表3—2　　　　　　　价值元素和价值类型的频次统计

价值类型	次数	比例（％）	价值元素	次数	比例（％）
与政府组织对社会贡献相关的价值（VGCS）	407	31.0	质量	70	5.3
			经济发展	196	14.9
			社会稳定	53	4.0
			公共利益	80	6.1
			法律规则	8	0.6
与公务员行为相关的价值（VSB）	47	3.6	责任	33	2.5
			廉洁	14	1.1

续表

价值类型	次数	比例（%）	价值元素	次数	比例（%）
与政府组织运行相关的价值（VGF）	212	16.2	效益	38	2.9
			效率	72	5.5
			创新	61	4.6
			公平	41	3.1
与上级政府互动相关的价值（VISG）	318	24.2	控制	157	12.0
			回应性（上级）	158	12.0
			政治忠诚	3	0.2
与外部环境互动相关的价值（VIEE）	81	6.2	透明	47	3.6
			可持续性	21	1.6
			倾听民意	13	1.0
与公众互动相关的价值（VIC）	247	18.8	公众参与	93	7.1
			回应性（公众）	50	3.8
			公众满意	99	7.5
			信任	5	0.4
合计	1312	100		1312	100

正如波兹曼等学者所言，众多价值似乎是以集群的形式呈现的。因此，可透过对价值类型间的层级关系和因果关系的分析，呈现出价值结构特征。由表3—2可知，价值类型间的排序为：与政府组织对社会贡献相关的价值＞与上级政府互动相关的价值＞与公众互动相关的价值＞与政府组织运行相关的价值＞与外部环境互动相关的价值＞与公务员行为相关的价值。

孔达指出，分类可以让我们把不同的客体看作同一类，可以让我们运用有关范畴的知识了解这一范畴中成员的意义。[①] 为此，本

---

① ［加］齐瓦·孔达：《社会认知——洞悉人心的科学》，周治金、朱新秤等译，人民邮电出版社2021年版。

书对 6 种价值类型进行再分类，以此厘清价值类型间的层级关系和因果关系。

与政府组织对社会贡献相关的价值、与外部环境互动相关的价值和与公众互动相关的价值外化为政府的使命与职能，直指政府合法性的来源，回答了政府存在的本质意义和必要性。三者比例之和占到全部价值的 56%，表明它们在整个价值结构中处于核心地位，发挥着统领作用。

与上级政府互动相关的价值蕴含于官僚体制内的命令与忠诚的行动逻辑之中，既指出府际关系的特征，也表明地方政府的公共权力和公共资源的来源方式与获取路径。它占到全部价值的 24.2%，在整个价值体系中处于基础地位。

与公务员行为相关的价值和与政府组织运行相关的价值侧重于组织的运行与发展，回答了何为具有良好运行能力的组织，两者比例之和占到总体的 19.8%，在整个价值结构中更多地扮演工具性价值的角色，发挥着保障作用。至此，6 种价值类型可再分类为基于职能—使命选择的价值类型、基于命令—忠诚选择的价值类型和基于运行—发展选择的价值类型。

从层级关系来看，基于职能—使命选择的价值类型优先于基于命令—忠诚选择的价值类型，基于命令—忠诚选择的价值类型则优先于基于运行—发展选择的价值类型。从因果关系来看，基于职能—使命选择的价值类型扮演着目的性价值的角色，基于命令—忠诚和基于运行—发展选择的价值类型则扮演着工具性价值的角色。

由此可知，6 个案例的地方政府绩效评价价值结构呈现出以职能—使命为核心、以命令—忠诚为基础、以运行—发展为保障的三角形态，为此将其称为价值结构三角模型（见图 3—2）。这一价值结构三角模型不仅呈现出宏观层面价值结构的建构特征，而且也揭示出中观层面价值集群间的关系结构，甚至可以进一步深入微观层面价值元素间的关系结构。从宏观到中观再到微观的过程，就是一个多层嵌套的过程。

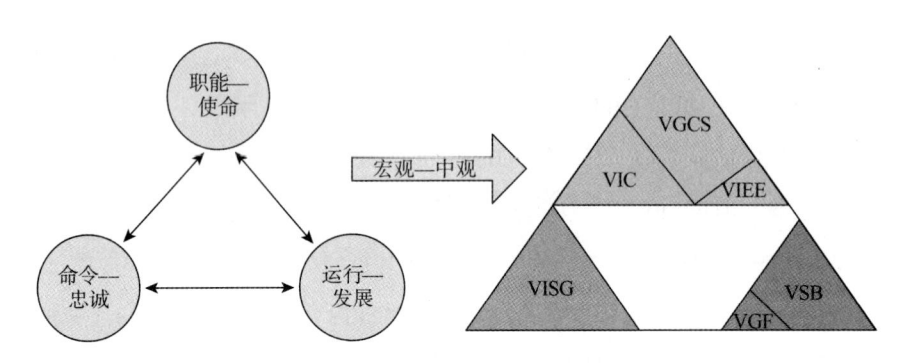

图3—2　地方政府绩效评价的价值结构三角模型

第三节　讨论与小结

一　多元价值的冲突与共存

虽然，6个案例在地区分布、评价模型选择、调研的职能部门等方面存在明显差异，但效益、效率、透明、社会稳定、控制、经济发展、回应性（上级）、公众满意、公众参与、公共利益是其共有的公共价值（见表3—3）。就价值频次而言，这10种价值也属于高频价值的范畴（见表3—2）。可知，在地方政府绩效评价语境下，这10种公共价值不仅具有普遍性，而且属于重要价值。

表3—3　　　　　　　　　公共价值分布

	质量	政治忠诚	责任	信任	效益	效率	透明	社会稳定	倾听民意	廉洁	控制	可持续性	经济发展	回应性（上级）	回应性（公众）	公众满意	公平	公众参与	公共利益	法律规则	创新
ZZX		√		√	√	√	√	√			√		√	√		√		√	√		√

续表

	质量	政治忠诚	责任	信任	效益	效率	透明	社会稳定	倾听民意	廉洁	控制	可持续性	经济发展	回应性（上级）	回应性（公众）	公众满意	公平	公众参与	公共利益	法律规则	创新
HZS	√		√	√	√	√	√	√	√	√	√	√	√	√	√	√	√	√	√	√	√
GZS	√		√		√	√	√	√		√	√	√	√		√	√	√		√	√	√
DXH			√	√							√				√	√		√	√		
LZS	√	√	√		√	√	√			√			√		√	√	√		√		
ZZS	√				√	√					√	√	√								√

就6个案例的具体价值元素而言，不仅包括效率、效益、回应性等传统公共行政价值，而且涵盖了20世纪80年代中期以来涌现的新价值，如质量、责任、创新和可持续性。[1] 与此同时，还囊括登哈特等学者所倡导的民主价值，如公共利益、公众满意、公众参与和透明等。[2]

就价值频次的统计结果而言，控制、经济发展、回应性（上级）、效率等工具性价值无论是数据还是频次之和都胜于公共利益、公众满意、透明等一般意义上的目的性价值，说明目前我国的地方政府绩效评价依然具有较强的工具理性色彩。值得注意的是，在案例HZS中，民主型价值却占据主导地位，具有鲜明的公众导向价值取向特征，也符合其绩效评价的核心价值定位，即"让人民评判，让人民满意"。因此，与其他案例相比，案例HZS不仅是对臧乃康

---

[1] Kernaghan, K., "Changing Concepts of Power and Responsibility in the Canadian Public Service", *Canadian Public Administration*, Vol. 21, 1978, pp. 389–406; Isaac, M. J., "Performance Management Model: A Systems-Based Approach to Public Service Quality", *International Journal of Public Sector Management*, Vol. 13, 2000, pp. 19–37.

[2] Denhardt, R. B. and Denhardt, J. V., "The New Public Service: Serving Rather than Steering", *Public Administration Review*, Vol. 60, 2000, pp. 549–559.

和彭国甫等学者把"民众本位"作为绩效评价基本价值取向的有力回应，而且也表明其地方政府逐渐演变为卡米拉·斯蒂福斯（Camilla Stivers）眼中的聆听式政府，甚至在某些方面具有谢里尔·西姆拉尔·金（Cheryl Simrell King）称道的民有政府特质。① 当然，更重要的在于践行了习近平总书记在党的十九大报告中指出的总任务、总体布局和战略布局所要求的人民满意、经济发展、政治民主、社会公平正义、生态保护、依法治国、清正廉洁等价值目标，尤其是对新时代考准考实干部政绩的先行先试。

总之，从公共价值管理的语境来看，这21个公共价值为波兹曼等学者通过文献梳理辨认的公共价值，提供了中国情境下的有力支撑和实践检验，更是对塞亚·柏林（I. Berlin）所主张的价值多元主义的一次声援。②

价值冲突多发生于不可兼容和不可通约的价值间，即在资源有限的情况下，增加一些价值的前提是减少另一些价值。③ 斯派瑟和格拉夫都曾指出，在公共治理中，价值冲突的本质是价值多元。④ 因此，面对资源稀缺，6个案例的政府绩效评价的多元价值间可能存在弗雷德里克森（H. Frederickson）等学者所辨认的公平、透明、效率、效益、责任、法治、廉洁、公众参与、经济发展和可持续性等价值间的冲突。⑤

当然，这些潜在的价值冲突以多种形式存在于不同的层面，既

---

① 臧乃康：《政府绩效评估价值缺失与指标体系重构》，《福建论坛》（人文社会科学版），2007年第9期。

② Berlin, I., *Against the Current*, New York: Penguin Books, 2013; 龚群：《伯林的价值多元主义与消极自由》，《华中师范大学学报》2014年第6期。

③ Grandy, C., "The 'Efficient' Public Administrator: Pareto and a Well-Rounded Approach to Public Administration", *Public Administration Review*, Vol. 69, 2009, pp. 1115 – 1123.

④ Spicer, M. W., "Value Pluralism and Its Implications for American Public Administration", *Administrative Theory & Praxis*, Vol. 23, 2001, pp. 507 – 528; De Graaf, G., "The Bright Future of Value Pluralism in Public Administration", *Administration & Society*, Vol. 47, 2015, pp. 1094 – 1102.

⑤ Frederickson, H., *The Spirit of Public Administration*, San Francisco: Jossey-Bass, 1997.

可以发生于个体（公务员）层面，也可以存在于组织（正式机构）之间。与此同时，一系列竞争性价值间冲突的连锁反应或者说价值间冲突的扩大化，可能诱发价值集群间的冲突，即不同价值阵营间的冲突。价值集群间的冲突不仅包括具体价值间的直接冲突，而且还可能在价值集群内部，同类型的价值间相互协作，在它们的边界范围内构筑起某种"合力场"使得相互协作的价值得以强化，并激化隶属于不同价值集群的价值间的竞争，从而导致价值冲突。[①] 总之，根据斯派瑟和罗森布鲁姆的观点，我们有理由认为价值冲突在政府绩效评价中是特别普遍的，只不过关于价值冲突的实证证据依然寥寥无几。

既然多元价值间的冲突不可避免，那如何解释现实中多元价值共存于一个价值结构中的事实呢？如果我们秉承哲学理性观的二元对立，便会不自觉地构筑起一系列对立的价值范畴，在相互排他性的价值间做出选择。此时的价值冲突便不可调和，也就无法解释上述现象的发生。但正如庞德所说，"在社会发展的每个阶段和每个特定时期，总有一种价值处于首要地位，其他价值处于次要地位"[②]。或者说，即便是公共利益、公众满意等所谓的目的性价值，也不应将其绝对化。因为它们无法独自地表现为排他和终极的，而是需要借助效率、效益等工具性价值得以实现。因此，在建构一个稳定的政府绩效评价价值结构时，必须将不同的价值置于适当的位置上，承认价值间的相互依据关系。因此，多元且冲突的价值可以构成一个相对稳定、平衡，并具内在张力的价值结构。此外，需要注意到，价值结构并非一经形成就亘古不变。当价值生成情境发生变化，引发价值间的相近性、层级与因果关系的改变时，价值结构便也开始变化。

---

① 孙斐、赵晓军：《价值协同：一个新的地方政府绩效评价价值冲突成因》，《公共行政评论》2016 年第 2 期。

② [美] 罗斯科·庞德：《法律史解释》，邓正来译，商务印书馆 2021 年版。

二 公共价值结构三角模型

既然分类的主要目的就是要找到一种结构，那么分类的有用性和有效性就成为正确理解结构的前提。沃尔多·范沃特（Van Wart）和科·克纳汉（Coe Kernaghan）等学者基于直觉的价值分类，割裂价值与其生成背景之间的联系，仅仅从价值间的表面联系入手，探究价值间的关系和分类，从而备受质疑。本书基于Bozeman的公共价值理论，运用扎根理论，形成6种价值类型，不仅为价值分类提供了坚实的理论基础，而且获得了来自实证研究的有力支撑和实践检验。尤其是案例研究的运用，保证将价值分类根植于价值生成的现实背景中，这就为价值分类提供了必要的分类情境。

6种价值类型部分证实了波兹曼等学者提出的"价值影响公共行政或者公共组织的哪一方面"的价值分类依据。其差异集中于两个方面：首先，缺乏"与社会利益向公共决策转化相关的价值"这一类型。一方面，政府绩效评价属于政府管理工具，隶属于政策执行层面；另一方面，虽然HZS案例开展了社会评价意见整改，但其意见主要针对职能部门具体政策执行过程和结果，未涉及公共决策环节，比如集体选择、多数原则、民主等价值。其次，"与公共管理者和政治家的关系相关的价值"在中国情境下，易演变成"与上级政府互动相关的价值"。一是，由于中国实行单一制的政治体制，以及府际关系更具行政权转让的特性，导致党政关系易演变为行政系统内部的上下级关系。二是，对于公共价值的理解必须将其置于具体的公共行政或公共治理情境中，方能获得认识。本书所探究的公共价值根植于政府绩效评价情境中，而不是一般的公共行政或公共治理情境里。由于政府绩效评价存在于行政系统内部，更多的是一种公共政策执行过程和结果的评估工具。因此，其公共价值较少涉及公共管理者和政治家的关系。

虽然，安德森和罗森布鲁姆等学者将公共价值分类置于公共行政或公共治理情境中，但仍然从价值分类的单一维度理解公共价值结构。根据波兹曼的公共价值结构分析路径，上述研究可以较好地说明价值间的相近性，但尚未涉及价值间的层级和因果关系，这就限制了对于价值结构的深入理解。本书对此做一弥补，不仅探讨价值分类，而且在价值排序的基础上，厘清价值间的层级关系和因果关系。

波兹曼等学者提出公共价值结构研究的三个维度。[①] 但遗憾的是未能立足于特定的价值生成情境，绘制出一个完整的公共价值结构全景图。本书以6个地方政府绩效评价案例为研究对象，运用案例研究、扎根理论和内容分析法，揭示出地方政府绩效评价的价值结构特征——公共价值结构三角模型，从而为公共价值结构的探讨提供实证层面的证据。

在哲学领域，舍勒和哈特曼等学者关注到价值排序的重要性，但未超越规范研究的范畴。张彦指出，价值排序的研究方法必须转向具体的、历史的和实证的。[②] 本书对此做出回应，运用内容分析法，统计21种价值元素和6种价值类型以及支持它们的初级概念、在访谈资料中的频次，以期实现对价值排序的实证研究。就价值排序结果而言，本书研究发现证伪了胡德认为的 σ 类价值和 θ 类价值在公共管理中处于中心地位。[③] 这恰恰说明公共行政范式的演变，即随着以新公共服务、公共价值管理、新公共治理为代表的后竞争范式的兴起，公共利益、公众满意和公众参与等公众导向型价值逐渐回归到人们的视野中，并在政府行为的价值体系中占据越发重要的地位。

安德森等学者基于公共管理者对价值的赋分，探讨价值相关

[①] Jørgensen, T. B. and Bozeman, B., "The Public Values Universe: An Inventory", *Administration & Society*, Vol. 39, 2007, pp. 354 – 381.

[②] 张彦：《当代"价值排序"研究的四个维度》，《哲学动态》2014年第10期。

[③] Hood, C., "A Public Management for All Seasons", *Public Administration*, Vol. 69, 1991, pp. 3 – 19.

性。虽然，本书并没有运用量化研究修正公共管理者主观评价的偏差问题，但丰富了价值相关性研究的范围。一方面，本书基于扎根理论，运用类属分析，将 21 种公共价值分类为 6 种价值类型。各类型中的价值，彼此间存在紧密的相关性。另一方面，运用齐瓦·孔达的分类比较思想，将 6 种价值类型再分类为基于职能—使命选择的价值类型、基于命令—忠诚选择的价值类型和基于运行—发展选择的价值类型，从而呈现出价值类型间的相关性。

一方面，波兹曼等学者指出，价值间的因果关系就是要区分谁是目的性价值、谁是工具性价值。[①] 工具性价值是条件，目的性价值是结果。[②] 另一方面，对于公共价值的测量和分析方法而言，目的性价值的研究路径更偏向于哲学分析或道德推理，它涉及对历史、社会契约关系、文化等因素的综合考量。工具性价值属于因果假设的范畴，是可以进行实证检验的。[③] 可知，波兹曼等学者厘清了目的性价值与工具性价值的区别，但没有给出更为明确的研究方法和测量工具，导致未能列出一个目的性价值与工具性价值的清单以供后人参考，或者更为准确地说，公共价值间的因果关系无法泛泛而谈，只能基于特定情境而言。尽管本书没能进行价值间因果关系的定量分析，但是在借鉴分类思路的基础上，运用有关范畴的知识和比较分析法，探讨 6 种价值类型间的相对因果关系，也不失为一种分析路径。

从更广阔的视角审视公共价值结构三角模型时，便会发现它与罗森布鲁姆提出的公共行政价值分析框架具有内在的一致性。罗森布鲁姆认为公共行政理论来自三条路径，即"管理路径""政治路

[①] Bozeman, B., *Public Values and Public Interest: Counterbalancing Economic Individualism*, Washington: Georgetown University Press, 2007.

[②] Van Dyke, V., "The Study of Values in Political Science", *Journal of Politics*, Vol. 43, 1962, pp. 2–34.

[③] Jørgensen, T. B. and Bozeman, B., "The Public Values Universe: An Inventory", *Administration & Society*, Vol. 39, 2007, pp. 354–381.

径"和"法律路径"。① 这三种路径，分别指向管理、政治与法律三种公共行政价值。管理价值指向公共组织管理与运作的效率；政治价值指向政治回应与民选官员的问责；法律价值指向有效合法的行政程序、对公众法定权利的切实维护和对每一个公众的平等对待。因此，职能—使命维度上的价值属于法律价值的范畴，命令—忠诚维度上的价值属于政治价值的范畴，运行—发展维度上的价值属于管理价值的范畴。

从结构特征而言，一方面，公共价值结构三角模型与王学军等学者研究发现的公众价值偏好结构存在较大差异。虽然，两篇论文都是基于波兹曼等学者发展出的公共价值清单，并运用内容分析法，但揭示出的公共价值结构差异较大。原因在于两者的研究对象和数据来源不同，这说明对于价值结构的探讨也必须立足于价值与其生成背景的联系之中。来自微博的数据显示公众偏好的分散性使得多元价值间的独立性较高，因此呈现出较高离散的公共价值结构特征。② 与此相反，来自公共管理者的访谈数据所识别的公共价值，是政府在与公众互动基础上确定的价值目标，并统一于政府绩效评价体系之中，各价值间具有较密切的相关性。

另一方面，公共价值结构三角模型并不是一个等边三角形或等腰三角形。这说明在价值结构中，各维度所包含的价值类型在其数量和优先权上存在差异，这种差异源于每个价值类型包含的价值元素在其数量和优先权的不一致。就微观层面来看，工具性价值占据主导地位，这凸显出地方政府在具体价值选择过程中的操作化、可量化倾向，遵循着工具性实用主义的逻辑。值得注意的是，随着地方政府开展公众满意度评价或者是将社会评价作为对原有目标责任

---

① ［美］戴维·H. 罗森布鲁姆、罗伯特·S. 克拉夫丘克：《公共行政学：管理、政治和法律的途径》，张成福等译，中国人民大学出版社2002年版，第16—40页。
② 王学军、王子琦：《政民互动、公共价值与政府绩效改进——基于北上广政务微博的实证分析》，《公共管理学报》2017年第3期。

制考核的补充，公共利益、透明和公众参与等非任务性价值在整个价值结构中越发重要，在与效率、回应性等任务型价值的角逐中，不断促使着公共价值结构的重塑。

总之，对于地方政府绩效评价的价值结构研究而言，必须将价值间的层级关系、相近性和因果关系作为一个整体进行系统分析，方有机会揭示出价值结构特征和功能。任何一个方面的失调，都有可能导致整个价值结构的失衡，从而引发价值冲突。因此，应该超越以往立足于个体价值关系的分析路径，着眼于更为宏观的价值结构研究。

第四章

地方政府绩效评价的价值冲突表现

面对资源稀缺,地方政府绩效评价的多元价值间是否会发生价值冲突?如果在不可兼容和不可通约的价值间存在着客观的价值冲突,具体是谁与谁相互冲突?这些价值冲突发生的频率如何,是固有的价值冲突还是偶发性的价值冲突?它们是否呈现出不同的类别,以便于被世人所感知和识别?只有厘清上述问题,才能够进一步探究价值冲突背后的原因,即揭示出价值协同的作用机理。

第一节 价值冲突表现形式

在开放式编码中,本书抽象出了 63 个相对独立的初始概念,对其进行范畴化后形成了 28 个范畴(见附录 5)。在主轴编码中,本书运用类属分析将开放性编码中得到的各项范畴进一步提炼、调整、归类,以此发展出 2 个主范畴(见表 4—1)。

表 4—1　　　　　　　　　主轴编码形成的主次范畴

主范畴	次范畴	关系的内涵
价值取向冲突	透明与社会稳定冲突	信息公开可能引起社会不稳定、公之于众可能引发政治稳定和政府信任危机
	透明与效率冲突	信息公开可能影响行政资源利用效率、透明主要影响效率
	透明与法律规则冲突	信息公开可能影响行政机关正常工作
	控制与透明冲突	过度控制与透明背道而驰
	控制与创新冲突	控制会影响创新效果、垂直控制影响下级创新性思维
	经济发展与可持续性冲突	经济发展与可持续性的冲突、以第二产业为主的经济发展与环保相冲突、发展经济牺牲环境、为经济发展放弃可持续性、经济发展与环境保护较难平衡
	经济发展与社会稳定冲突	维稳与发展难权衡、政府坚持可持续性政策会导致大型企业流失、强调可持续性导致经济开发区没落、经济发展诱发社会不稳定因素、稳定优先于经济发展、贫富差距拉大对社会稳定造成冲击
	经济发展与公众满意冲突	难以兼顾经济发展与公众满意
	经济发展与公共利益冲突	太重视经济发展不利于民生、经济发展与公共利益非正相关
	经济发展与法律规则冲突	面对经济发展难以只考虑法律规则
	法律法规与公众满意冲突	按照法律法规但公众不满意、公众满意与法治冲突
	法律规则与创新冲突	法律时滞抑制执法创新行为、法律法规限制了创新空间
	效率与效益冲突	时限引发代签行为、重效率轻效益、效率与效益一直以来存在冲突、放管服工作推进速度与企业受益间相矛盾
	效率与公众参与	效率和公众参与矛盾、全民参与会降低效率、全面征求群众意见导致低效率、征求公众意见会影响办案效率
	效率与法律规则冲突	效率与法治冲突、经常在法律规则与效率间抉择
	效率与责任冲突	效率与问责冲突、太严苛的问责会降低效率
	效率与创新冲突	有限资源下效率与创新难以兼顾
	效率与公平冲突	效率和公平如鱼和熊掌不可兼得
	效率与质量冲突	数据准确性与效率成反比、因效率忽略质量

续表

主范畴	次范畴	关系的内涵
价值取向冲突	廉洁与效率冲突	廉洁会引发按部就班
	公众满意与效率冲突	既解决问题又可接受、满意度与效率存在紧张关系
	责任与创新冲突	因问责风险致使创新动力不足、追责机制存在阻碍创新的风险、创新失败引发问责风险
	创新与社会稳定冲突	创新引发社会不稳定或者GDP下降存在被问责风险
	社会稳定与法律规则冲突	严格执法引发聚众闹事、维稳对法律规则造成困扰
	控制与公众参与冲突	公众参与程度越高越难控制
价值供求冲突	价值供给能力缺失	基层力量与上级要求不匹配、地方政府能力与公众需求不匹配、帮助服务对象了解自己需求的能力有限
	公共服务供求矛盾	服务供求矛盾突出、环保服务难以满意、领导满意而非群众满意、与群众期望存在差距
	价值供给时滞	城市建设进度慢、推迟供给、指标调整具有时滞效应

在选择性编码中，本书确定的核心范畴为"地方政府绩效评价的价值冲突表现形式"，并发展出一个理论，即地方政府绩效评价的价值冲突及其类型（见图4—1）。

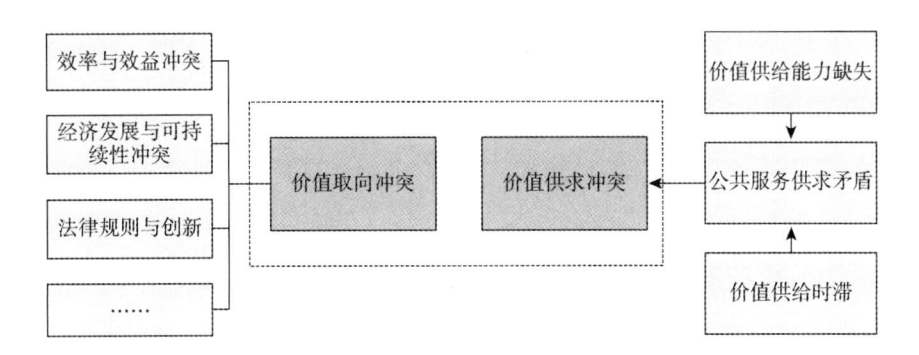

图4—1 地方政府绩效评价的价值冲突及其类型

一 价值取向冲突

6个案例中的地方政府绩效评价，因其价值多元，时常面对价值取向冲突，具体包括透明与社会稳定冲突、透明与效率冲突、透明与法律法规冲突、控制与透明冲突、控制与创新冲突、经济发展与可持续性冲突、经济发展与社会稳定冲突、经济发展与公众满意冲突、经济发展与公共利益冲突、经济发展与法律规则冲突、法律法规与公众满意冲突、法律规则与创新冲突、效率与效益冲突、效率与公众参与冲突、效率与法律规则冲突、效率与责任冲突、效率与创新冲突、效率与公平冲突、效率与质量冲突、廉洁与效率冲突、公众满意与效率冲突、责任与创新冲突、创新与社会稳定冲突、社会稳定与法律规则冲突、控制与公众参与冲突。

价值取向冲突源于不可兼容，不可通约的价值间冲突，如透明与社会稳定冲突、法律规则与创新冲突、效率与法律规则冲突、效率与公平冲突等。因此，价值取向难以根除，并伴随价值这一概念始终。尤其是资源变得稀缺时，价值取向冲突会变得越发严重，即一方的增加只能以另一方的减少为前提。

价值取向冲突存在于不同层面：组织层面（正式机构）包括效率与效益冲突、效率与创新冲突、效率与公平冲突、控制与创新冲突；政策形成层面（价值分配）包括透明与社会稳定冲突、透明与法律规则冲突、经济发展与可持续性冲突、经济发展与社会稳定冲突、经济发展与公众满意冲突、经济发展与公共利益冲突、经济发展与法律规则冲突、法律法规与公众满意冲突、社会稳定与法律规则冲突。

此外，隶属于不同层面的价值也会发生冲突，包括透明与效率冲突、控制与透明冲突、法律规则与创新冲突、效率与公众参与冲突、效率与法律规则冲突、效率与责任冲突、廉洁与效率冲突、效率与质量冲突、公众满意与效率冲突、创新与社会稳定冲突、控制与公众参与冲突。

二 价值供求冲突

在摩尔的公共价值管理理论体系中,价值可被视为政府通过法律规则和公共政策向公众提供的、以用于消费的特殊公共产品与服务。当政府供给的价值与公众需求的价值不一致时,价值供求冲突便会发生。价值供求冲突具象化为公共服务供求冲突,在ZZX案例中,公共服务供求矛盾表现为供给的公共服务与群众期望存在差距,或者存在领导满意而非群众满意的现象,如环保服务领域。

价值供给平衡会受到价值供给能力的影响,价值供给能力包含两个层面:一是识别服务对象显性与隐性需求的能力;二是基于特定的需求目标将公共权力和公共资源转换成公共产品或公共服务的能力。在ZZX案例中,政府的价值供给能力缺失主要表现为基层力量与上级和公众的需求不匹配,尤其是帮助服务对象了解自己隐性需求的能力有限。当地方政府欠缺价值供给能力时,价值供求便难以平衡。

此外,从供求关系而言,时间是一个重要因素,它会影响价值供求平衡点。无论是政府前瞻性地进行价值供给,还是因资源匮乏和能力不足甚至是指标调整的时滞效应导致无法及时响应,其结果都是难以实现价值供求平衡。

第二节 固有与偶发的价值冲突

既然在政府绩效评价过程中,价值冲突不可避免。其中,哪些价值冲突属于固有的?哪些价值冲突属于偶发的?它们发生频次如何?为此,本书运用内容分析法,就价值取向冲突范畴内的25种价值冲突展开分析(见表4—2)。

表4—2　　价值冲突分布与频次

	透明与社会稳定冲突	透明与效率冲突	透明与法律规则冲突	控制与透明冲突	经济发展与可持续性冲突	经济发展与社会稳定冲突	经济发展与公众满意冲突	经济发展与公共利益冲突	经济发展与法律规则冲突	经济发展与公众满意冲突	法律规则与效益冲突	法律规则与创新冲突	效率与公众参与冲突	效率与法律规则冲突	效率与责任冲突	效率与创新冲突	效率与公平冲突	效率与质量冲突	廉洁与效率冲突	公众满意与效率冲突	责任与创新冲突	创新与社会稳定冲突	社会稳定与法律规则冲突	控制与公众参与冲突	控制与创新冲突
ZZX					√	√			√											√			√		
HZS	√																								
GZS	√	√	√		√	√	√	√	√	√	√	√	√	√	√			√	√	√		√	√		
DXH					√	√						√			√		√								
LZS							√						√			√									
ZZS				√	√							√					√		√	√	√				√
频次	4	3	1	1	10	7	2	2	2	3	2	8	4	4	3	1	1	2	3	4	4	1	5	1	2

首先，从价值冲突分布来看，平均每个案例面对或经历7种价值冲突，并且案例间差异较大：GZS案例经历18种价值冲突，HZS案例则面对1种价值冲突，其余案例所面对的价值冲突在5—9种。价值冲突在各案例分布的差异性，不仅与各个案例政府绩效评价定位、功能、评价流程、评价主体和评价结果运用相关，而且也会与实施政府绩效评价所处的行政文化和制度背景有密切的关联。但有一点是可以肯定的，在政府绩效评价中，存在着各种真实的、固有的价值在原则上是冲突的现象，而不论我们是否经历了这些冲突。

其次，从价值冲突发生频次而言，经济发展与可持续性冲突、经济发展与社会稳定冲突、效率与效益冲突不仅分布广，而且频次高，属于固有的价值冲突。经济发展与可持续性和社会稳定的冲突,究其原因与我国整体经济发展阶段相关,在唯 GDP 绩效观的作用下,经济发展与环境保护和社会稳定之间的背离现象越发增多。效率与效益冲突则属于经典冲突,根植于政府绩效评价系统之中,属于"天生"的冲突。虽然,党的十八大报告将生态文明建设列入"五位一体"的总体布局,党的十九大更是将生态文明建设写入报告,标志着环境保护成为新时代的价值取向,但鉴于地方政府官员的认知依赖、评价制度的黏性和指标设计的滞后性等原因,经济发展与可持续性和社会稳定的冲突在当下依然会成为主要的价值冲突。

透明与法律规则冲突、控制与透明冲突、控制与公众参与冲突、效率与创新冲突、效率与公平冲突、创新与社会稳定冲突则属于偶发性的价值冲突,其频次皆为1,且分布于 GZS、DXH、LZS 和 ZZS 案例中。随着新的价值元素如透明、创新、社会稳定被纳入地方政府绩效评价价值体系中,在资源稀缺的前提下,它们存在与传统价值冲突的风险,并且随着其权重的加大,有可能逐渐演变为固有的价值冲突。值得注意的是,效率与公平都属于传统价值的范畴,两者的冲突由来已久,但仅在 DXH 案例中出现。

透明与效率冲突、法律法规与公众满意冲突、公众满意与效率冲突、社会稳定与法律规则冲突等价值冲突的频次位于 2—5,平均4次。这些价值冲突的存在不仅说明价值冲突在政府绩效评价中是特别普遍的,而且呈现出多样化特征。当然,价值冲突的多样性源于价值的多样性。因此在政府绩效评价价值体系中,不存在所谓的一元的终极价值。

为了更好地理解价值冲突的结构特征,厘清哪些价值最容易与其他价值发生冲突,程度如何?本书运用社会网络分析法,基于表4—2 的数据,以各价值冲突中价值元素被提及的次数为节点数据(属性数据),以价值冲突频次为边数据(关系数据),导入 Gephi0.9.2,布局运行 Fruchterman Reingold 算法,最终生成一个由 16个节点和 25 条边构成的关系网络(见图 4—2),并计算节点的度和中介中心度（见表4—3）。节点大小呈现出价值的易冲突性，节点越大，此价值越容易与其他价值发生冲突；节点间的边代表价值间存在冲突关系，边的粗细呈现价值间冲突的强弱，边越粗，冲突越强。

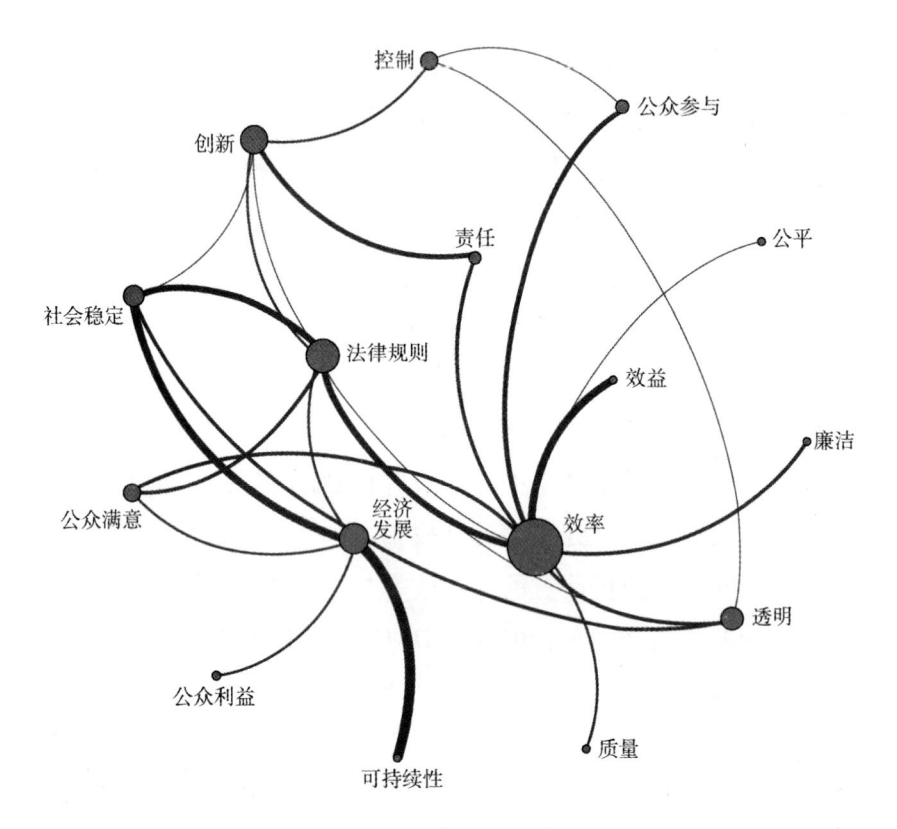

图4—2 价值冲突网络

表4—3　　　　　　　　价值节点的度和中介中心度

价值节点	度	中介中心度	价值节点	度	中介中心度
效率	10	63.45	控制	3	1.65
经济发展	5	27.50	责任	2	0.00
法律规则	6	19.02	可持续性	1	0.00
创新	5	10.63	公共利益	1	0.00
公众满意	3	9.75	效益	1	0.00

续表

价值节点	度	中介中心度	价值节点	度	中介中心度
透明	4	6.63	公平	1	0.00
社会稳定	4	5.50	质量	1	0.00
公众参与	2	1.87	廉洁	1	0.00

由图4—2和表4—3可知，效率、法律规则、经济发展、创新、透明和社会稳定这6个价值的度高于所有价值的平均度3.13，较易与其他价值发生冲突，在价值冲突网络中属于节点价值。具体而言，效率与10种价值存在冲突关系，其中与效益的冲突最强；法律规则与6种价值存在冲突关系，其中与社会稳定的冲突最强；经济发展与5种价值存在冲突关系，其中与可持续性的冲突最强；创新与5种价值存在冲突关系，其中与责任的冲突最强；透明与4种价值存在冲突关系，其中与社会稳定的冲突最强；社会稳定与4种价值存在冲突关系，其中与经济发展的冲突最强。因此，在对政府绩效评价价值冲突治理的过程中，需要将目光更多地聚焦于效率与效益、法律规则与社会稳定、经济发展与可持续性、创新与责任、透明与社会稳定、社会稳定与经济发展等价值冲突上，不仅要分析它们冲突的强度、发生的层面和涉及的人员方面，而且要将它们根植于经济、社会和文化的宏观背景之中。只有这样，方可有机会实现价值冲突的有效治理。而可持续性、公共利益、效益、公平、质量和廉洁这6个价值都只与一个价值发生冲突关系，表明它们在整个价值冲突网络中属于非节点价值，与其他价值发生冲突的概率较小。

值得注意的是，在图4—2中，冲突的价值间存在闭回路现象。效率—法律规则—公众满意—效率，控制—公众参与—效率—透明—控制，控制—创新—责任—效率—公众参与—控制，效率—公众参与—控制—创新—社会稳定—法律规则—效率，社会稳定—创新—控制—公众参与—效率—公众满意—法律规则—社会稳定，透明—法律规则—公众满意—效率—公众参与—控制—创新—社会稳定—透明等。从复杂网络的关系来看，二元价值间的冲突是最基本的形式，三元、四元甚至是多元价值冲突也会存在，并呈现出链式特征。

这些价值冲突链表明，价值冲突网络中的某些价值与部分价值存在直接冲突关系，但与另外一些价值则不存在直接冲突关系，这便在整个网络结构上产生某些关系间断的现象，即价值冲突网络结构存在罗纳德·伯特所谓的"结构洞"现象。网络结构的"中介中心度"可以作为衡量价值控制能力大小的测评指标，较高的中介中心度意味着拥有较多的结构洞，在多条价值冲突链上扮演中介角色。由表4—3可知，效率、经济发展、法律规则、创新、公众满意、透明、社会稳定、公众参与和控制的中介中心度都大于零，属于价值冲突网络中的"中介价值"。责任、可持续性、公共利益、效益、公平、质量和廉洁这7个价值的中介中心度为零，是非中介价值。

价值节点的中介中心度越高，意味着拥有越多的结构洞，在多条价值冲突链上扮演中介角色。可以说，当一个中介价值处于许多其他价值两点之间的路径上时，该价值具有更强的控制优势，可称为"关键价值"。由表4—3可知，16种价值的中介中心度总和为146，因此价值节点的平均中介中心度为9.13，其中效率、经济发展、法律规则、创新和公众满意这5个价值节点的中介中心度均高于平均水平，可视为价值冲突网络中的关键价值。在价值冲突治理中，要重点考虑这些中介中心度较高的关键价值，它们是牵动价值冲突治理的"牛鼻子"。此外，价值冲突关系随着参与冲突的价值数量的增多呈现出几何倍的增长趋势。此时，治理二元价值冲突的策略，存在有效性式微的风险。

第三节　讨论与小结

对"好"的追求本身就蕴含着冲突,[①] 所有的好事情不可能同时实现,这条真理同样适用于地方政府绩效评价。以往研究更多地聚焦于价值取向冲突而常常忽略价值供求冲突。[②] 在6个地方政府绩效评价案例中,不仅包含价值取向冲突,而且也存在价值供求冲突,实现对已有研究边界的拓展。

价值取向冲突表现为价值间的零和博弈,并且是与共识主导的公共价值相联系的。共识主导的公共价值是由波兹曼的公共价值定义发展而来的;价值供求冲突具有明显的使用价值特征,属于结果主导的公共价值。结果主导的公共价值则源于摩尔和斯托克等学者的公共价值定义。因此,在地方政府绩效评价中的公共价值具有双重含义,这就为梅因哈特和维特斯曼等学者们试图发展出包含结果主导公共价值中的价值定位和共识主导公共价值中的价值共识的复合概念提供了实证研究的支持。

6个案例中所面临的价值取向冲突,不仅包括经典的公平与效率冲突、效率与效益冲突,而且涵盖效率与公众参与冲突、透明与法律规则冲突。与此同时,还囊括格拉夫(De Graaf)和帕纳克尔(H. Paanakker)等学者指出的透明与效率冲突、责任与效率冲突。[③]

[①] Van Der Wal, Z., De Graaf, G. and Lawton, A., "Competing Values in Public Management Introduction to the Symposium Issue", *Public Management Review*, Vol. 13, 2011, pp. 331 – 341.

[②] De Graaf, G., "The Bright Future of Value Pluralism in Public Administration", *Administration & Society*, Vol. 47, 2015, pp. 1094 – 1102; De Graaf, G. and Meijer, A., "Social Media and Value Conflicts: An Explorative Study of the Dutch Police", *Public Administration Review*, Vol. 79, 2019, pp. 82 – 92; De Graaf, G. and Paanakker, H., "Good Governance: Performance Values and Procedural Values in Conflict", *The American Review of Public Administration*, Vol. 45, 2015, pp. 635 – 652.

[③] De Graaf, G. and Paanakker, H., "Good Governance: Performance Values and Procedural Values in Conflict", *The American Review of Public Administration*, Vol. 45, 2015, pp. 635 – 652.

总之，在6个地方政府绩效评价案例中，存在格拉夫等学者所辨认的公平、透明、效率、效益、创新、责任、法律规则、廉洁、公众参与、经济发展和可持续性等价值间的冲突。[①]

价值取向冲突多发生于不可兼容和不可通约的价值间，即在资源有限的情况下，增加一些价值的前提是减少另一些价值。[②] 究其原因，正如柏林指出的："人类的目标是多样的，它们并不都可以公度，而且它们相互间往往处于永久的敌对状态。"也就是说价值冲突的本质是价值多元。[③] 因此，价值取向冲突的存在意味着对特定价值的追求不可避免地限制了我们去追求其他特定价值的能力。[④] 即使公共管理者完全基于功利主义采取行动，但依旧会因道德失误而感到内疚，如责任与创新冲突、经济发展与可持续性冲突。[⑤] 面对因价值取向冲突引发的道德困境，政府领导者或行政人员不是在道德上令人满意的行为中做出选择，而是在道德上令人厌恶的行为中做出选择。[⑥] 这种冲突会引发马基雅维利所称的"肮脏的手"的问题。马克斯·韦伯对此问题有更为深刻的理解，他写道："在世上，没有一个伦理学可以回避这样一个事实，即在许多情况下，

[①] De Graaf, G. and Van Der Wal, Z., "Managing Conflicting Public Values: Governing with Integrity and Effectiveness", *American Review of Public Administration*, Vol. 40, 2010, pp. 623 – 630.

[②] Grandy, C., "The 'Efficient' Public Administrator: Pareto and a Well-Rounded Approach to Public Administration", *Public Administration Review*, Vol. 69, 2009, pp. 1115 – 1123.

[③] De Graaf, G. and Paanakker, H., "Good Governance: Performance Values and Procedural Values in Conflict", *The American Review of Public Administration*, Vol. 45, 2015, pp. 635 – 652; Spicer, M. W., "Value Conflict and Legal Reasoning in Public Administration", *Administrative Theory & Praxis*, Vol. 31, 2009, pp. 537 – 555.

[④] Spicer, M. W., "Value Pluralism and Its Implications for American Public Administration", *Administrative Theory & Praxis*, Vol. 23, 2001, pp. 507 – 528.

[⑤] De Graaf, G. and Van Der Wal, Z., "Managing Conflicting Public Values: Governing with Integrity and Effectiveness", *American Review of Public Administration*, Vol. 40, 2010; Van Der Wal, Z., De Graaf, G. and Lawton, A., "Competing Values in Public Management: Introduction to the Symposium Issue", *Public Management Review*, Vol. 13, 2011, pp. 331 – 341.

[⑥] Spicer, M. W., "Value Conflict and Legal Reasoning in Public Administration", *Administrative Theory & Praxis*, Vol. 31, 2009, pp. 537 – 555.

'好'的目标的达成必定意味着一个人必须愿意因采用了道德上可疑的手段或危险的方法付出代价，并且要面对可能的恶果。"

不可兼容的价值冲突发生于不同的层次，既可以发生于个体层面（公务员）、政府组织（正式机构）和政策形成（价值分配），也可以发生于文化间、组织间，甚至发生在管理者与员工之间，或者不同的员工之间。① 在6个地方政府绩效评价案例中的价值取向冲突既存在于组织层面，又发生于政策形成层面，甚至隶属于不同层面的价值也会发生冲突，如法律规则与创新冲突、廉洁与效率冲突。正是因为价值冲突呈现出个体性、组织性和跨层次性，因此它不仅仅是一个道德问题，还是一个政治问题。② 鉴于此，未来的研究需要对不同层次的价值冲突的差异性做出明确区分，从而为具体情境中的价值冲突设计出某种"治理策略和工具"，以便实现和维护好价值平衡。

格拉夫和帕纳克尔基于价值冲突发生频次，指出在公共治理中，效率和效益是公共管理者提及最多的价值冲突，合法性与效率/效益是公共管理者提及程序价值和绩效价值冲突最多的类型。透明与效率/效益是公共管理者提及程序价值和绩效价值冲突次多的类型。③ 本书基于价值冲突的频次和分布两个维度，指出在6个地方政府绩效评价案例中，经济发展与可持续性冲突、经济发展与社会稳定冲突、效率与效益冲突属于固有的价值冲突。究其与现有研究差别的原因，在于价值生成和价值冲突具有很强的情境依

---

① Thacher, D. and Rein, M., "Managing Value Conflict in Public Policy", *Governance*, Vol. 17, 2004, pp. 457 – 463; Berlin, I., *The Crooked Timber of Humanity*, New York: Vintage Books, 2013; Andersen, L. B., Jørgensen, T. B. and Kjeldsen, A. M., "Public Value Dimensions: Developing and Testing a Multi-Dimensional Classification", *International Journal of Public Administration*, Vol. 35, 2012, pp. 715 – 728.

② Spicer, M. W., "Value Pluralism and Its Implications for American Public Administration", *Administrative Theory & Praxis*, Vol. 23, 2001, pp. 507 – 528.

③ De Graaf, G. and Paanakker, H., "Good Governance: Performance Values and Procedural Values in Conflict", *The American Review of Public Administration*, Vol. 45, 2015, pp. 635 – 652.

赖性。

在21世纪初,大部分研究关注"正确地做事"与"实现好的结果"之间或者说过程价值与结果价值之间的两极性冲突。[1] 博文斯等学者则认为存在大量的潜在冲突,我们必须超越单纯地关注过程和结果价值间的冲突。本书运用社会网络分析法,研究呈现出价值冲突网络,不仅指出效率、法律规则、经济发展、创新、透明和社会稳定最容易与其他价值发生冲突,而且发现冲突的价值间存在闭回路现象,即存在着三元、四元甚至是多元价值冲突的链式特征。在价值冲突网络中存在较易发生冲突的节点价值、传递价值冲突的中介价值以及具有控制优势的关键价值。这不仅为博文斯等学者的观点提供了来自中国的经验证据,而且更为重要的是,其可以促使我们基于复杂网络,重新思考和理解价值冲突的本质与表现。

总之,根据斯派瑟和罗森布鲁姆的观点,我们有理由认为价值冲突在政府绩效评价中是特别普遍的,只不过关于价值冲突的实证证据依然寥寥无几。

---

[1] De Graaf, G. and Van Der Wal, Z., "Managing Conflicting Public Values: Governing with Integrity and Effectiveness", *American Review of Public Administration*, Vol. 40, 2010, pp. 623–630.

第五章

地方政府绩效评价的价值协同模型

面对众多且多样化的价值冲突,理解其背后的原因及发生机理便显得尤为重要。现有学者主要以价值竞争为前提预设,探究价值冲突成因。但正如乔根森和波兹曼所言,众多价值似乎是以集群的形式呈现的,并且价值间存在着复杂的层级关系和因果关系。基于此,孙斐等学者立足于中国现实情境,运用扎根理论构建地方政府绩效评价的价值协同理论。[①] 但遗憾的是,其研究仅呈现出了在特定政府绩效评价模式内"关系性整体"的认识。为了获得"实体性整体"的认识,发展出更具普适性和解释性的研究理论,本书沿用前人对价值协同的定义,即在价值集群内部,价值间的相互依存、相互协作会形成某种"合力场",不仅使得相互协作的价值在彼此层面上得以增强,而且更为重要的是激化了隶属不同价值集群的价值间的竞争,从而导致价值冲突。因此,本书关注的核心问题是:在更广阔的区位、更加多样化的政府绩效评价中,是否存在着价值协同引发价值冲突的现象?如果存在的话,就中国情景而言,有哪些价值参与其中?这些价值间的合作效应是如何引发价值协同的,即价值协同的形成机制是什么?

[①] 孙斐、赵晓军:《价值协同:一个新的地方政府绩效评价价值冲突成因》,《公共行政评论》2016年第2期。

第一节 价值协同模型构建

在开放式编码中，本书抽象出了393个相对独立的初始概念，并对其进行范畴化后形成了15个范畴（见附录6）。[①] 在主轴编码中，本书运用类属分析将开放性编码中得到的各项范畴进一步提炼、调整、归类，以此发展出4个主范畴（见表5—1）。

表5—1　　　　　　　　　主轴编码形成的主次范畴

主范畴	次范畴	关系的内涵
价值协同形成的宏观环境与微观现实基础	宏观政策与地方现状的偏差	基于全国整体形势或发达地区制定政策、缺乏对现实情况的准确与全面调研、制定目标较难充分征求所有民众意见、政策出台缺乏调研、拍脑袋制定绩效目标、上级部门制定的政策落地问题多、领导政绩冲动导致目标设定过高、决策与下级政府工作不匹配、决策者不了解执行和操作原则、领导目标空洞且难接地气、决策在层层转达中变味、政策制度与群众需求存在一定的偏差、缺乏对执行程序的深入调研、政策制定者与执行者相脱节、市政府制定的绩效政策不可能面面俱到、缺乏基础工作经历、下达的指标不符合基层实际、上级政府制定政策不会充分考虑地方特殊性、上级政策与基层实际不符、领导决策不一定适合下级单位、政策制定基于宏观层面的把握、宏观考量与个体角度相差异、领导与基层公务员站位不同、基于全国普遍问题制定政策、大体制大方针与基层实际情况有出入、闭门造车提方案
	多样化的评价对象	各地差异明显、职能强弱与指标完成与否难以成正相关、各部门与公众接触程度差异大、各部门面对的综合考评压力不同、每个部门话语权有差异、每个部门掌握的资源不一样、各部门具有强弱之别、各部门绩效结果存在显性和隐性之别、部门间存在天生的优劣之别、各部门工作周期不一致、部门担负的职能不一样

---

① 393个相对独立的初始概念是由表5—1的初始概念统计值，加上第四章中价值冲突的初始概念统计值和第三章中回应性、责任和控制的初始概念统计值而成。

续表

主范畴	次范畴	关系的内涵
价值协同形成的宏观环境与微观现实基础	地方财力有限	财力限制公共产品和服务的供给能力、资源有限、地方政府财力有限、钱越多越好
	官僚内部运行逻辑	运动式绩效管理、强势政府、压力型体制、政府系统内自下而上的反馈比较困难、垂直考核模式
价值协同的参与者	控制	层层签订绩效合同、责任状、领导问责、控制发生于上下级政府之间
	回应性	完成下达的目标任务既是忠诚也是履职
	责任	绩效问责压力持续加大、绩效问责自上而下的传递、对未完成绩效指标的领导实施问责、目标责任书
价值协同形成的中间环节	依赖上级政府	财政能力是评价指标达成的基础性保障、单靠县政府的力量完成考核是鞭长莫及的、需要上级政府资金支持、对上级政府的依赖性比较强、在乎转移支付
	缺乏对上级政府的博弈能力	没有政策和指标的调控能力、只能落实指标、只能适应考核且没法改变、下级政府无法修正不合理目标值、对评价主体赋权没有话语权、没办法与上级政府讨价还价、工作推进有赖于领导支持、对逐级考核方式没有办法、被评价者对于评价目标没有话语权、被考核者无法左右考核办法、指标修订建议是否被采用不得而知、最基层政府比较被动、无条件服从上级单位、服从主要领导的意志、拼命完成绩效目标、基层只能执行不能讨价还价、与其讨价还价不如老老实实干事、评价指标调整权在市委、面对繁重的考核目标只能做、上级部门认可的指标数据才能公开、没有上级政府指示便沿用已有指标、领导决定考核方式、指标取舍决定权在于上级政府
	成本与可操作性	分类太细不便于操作、科学且细致的政府评价体系耗费巨大、面面俱到既难又浪费资源

续表

主范畴	次范畴	关系的内涵
价值协同形成的中间环节	统一性与多样化的矛盾	一把尺子来衡量多样化的对象、按相同的绩效标准进行评价、套用其他部门的考核指标、部门工作不具可比性、纵向比较优于横向比较、整体满意评价、一网打尽式的考核其可操作性和便利性不足、一个人填到底、一对多的评价方式、一刀切式的考核、像高考做一样的题目、同一套指标体系有利于横向比较、统一设计评价方案和评价表、统一组织考核、差异化的评价对象统一排名、同一评价者面对不同的被评价者、通用指标涉及电子政务和依法行政、通用指标、全国统一模式导致回归目标责任制、评价系数一刀切、评价对象的差异性降低统一指标的认可度、考核标准应具有区分度、个性与统一需平衡、不同部门按照一个标准评价、不可能单列服务对象、没有关键性指标和挑战性指标便输在了起点、一个标准考核多种工作难以公平、可以不参加创新创优评选但无法追赶其他部门、隐性工作难以统一评价、一套东西针对所有单位、同分值不同工作量、考核结果在不同单位间进行比较、未细化评价对象、部门任务差异性决定一把尺子的评价指标不适宜、资源拥有不同的部门面对相同的考核指标、统一的考核指标和绩效标准用于排名、强行推行以保持一致性、实现同一个标准难度大、一刀切导致从事加分且无关工作、统一考核难以实现公平、评价对象的多样性导致笼统的考核方式
	信息不对称	信息失真、增加信息公开与透明、信息不对称引发群众评价不准确、信息渠道比较狭窄、信息不对称降低公民评价的认可度、因信息不对称了解不足、信息不对称难以根除、沟通机制不畅、缺乏信息双向传递、消息不共享、信息发布越多公众挑刺概率越大、绩效排名数据不对外公开、县区排名不会公布于外网、没有硬性规定便不公布、没有正式的考核结果公示、考核结果的公示有赖于考核本身及其结果的无争议、鉴于自我保护不公开信息、信息多寡影响满意度评价效果、信息不对称导致认知冲突、完全公开信息存在引发负面效应的风险、缺乏沟通渠道导致政府难以回应、信息不对称阻碍政民的有效互动

续表

主范畴	次范畴	关系的内涵
价值协同形成的中间环节	缺乏针对性的绩效评价体系	共性指标缺乏区分度、考核方式针对性不强、指标应建立在信息沟通的基础上、权力部门排名总靠前、打分偏向于权力部门、一次性考核不适合作风评价、社会评价的横向比较不公平、满意评选存在信息不对称和知识不对称、张冠李戴、考核不可能涵盖政府全部工作、科学和精准分类、考评办倾向保强势部门、考核指标的完成超过部门能力、加大个性化指标、工作难易程度与绩效结果不成正相关、个性化的指标、赋予更大的社会评价自主权、赋予评价对象系数消除统一排名的不公平、分类系数不足以呈现部门间的差异、评价者与被评价者不匹配、专家与被评价者匹配程度有限、主观评价与客观绩效非同步性、主观绩效与客观绩效偏差、外部环境影响满意度评价结果、主观感知与非绩效因素相关、职能性质决定外部形象、职能分工引发印象差异、执法部门比较倒霉、增加公众评价权有风险、以偏概全、文化素质低则偏向于主观印象、基于部门职能选择与其相对应的社会评价主体、样本缺失导致评价客观性不足、社会评价排名与部门职能关系密切、社会评价对部分服务部门略有不公、评价主体难以熟知全部被评价者、评价对象工作性质与满意度评价结果息息相关、群众的满意度与所处区域的经济发展水平相关、考评对象分类不准确、考评办难以了解每个部门的职能、群众对政府职能边界认识不清、群众对不同职能部门熟悉程度差异较大、绩效评价区分度不足、基于职能界定绩效、考核指标与能力不匹配、考核指标下达脱离现实、考核内容仅是工作内容的一部分、分部门分职责进行考核、指标设计路径应由自上而下转变为自下而上、指标未细化且抽象、指标匹配性差导致基层压力大、评价指标需分层且差异化赋权重、评价指标的权重应该具有区分度、公民倾向于基于主观印象做出评价、公民不了解政府内部运作、单纯以增长率为指标存在鞭打快牛、面对不合时宜的指标仍要尽力完成、上级政府制定的考核项目可操作性差、下达的考核目标值超过下级政府承受能力、评价者与被评价者的接触程度会影响定性评价结果、目标责任书未全面涵盖工作内容、考核设置不符合被考核者实际、共性指标难以完成、公众评价的公正性欠佳、分配的考核指标与地方实际不匹配、多头下达指标、搬照上级考核指标

续表

主范畴	次范畴	关系的内涵
价值协同引发的结果	价值目标置换	越是符合上级政府偏好的项目越能获得支持、少部分群众与上级政府的期望不一样、执行上级政策是首要的、牺牲常规性检查以应付上级政府指派的任务、上级政府满意与公众满意存在不一致、绩效就是领导满意、领导的主观意识会渗透到绩效考核里、关注量化指标、数字说明效果、回应上级政府与回应群众存在少许差异
	价值冲突	……①

在选择性编码中，本书确定的核心范畴为"控制、回应性与责任间的协同作用引发价值冲突"，并发展出一个理论，即地方政府绩效评价的价值协同模型（见图5—1）。

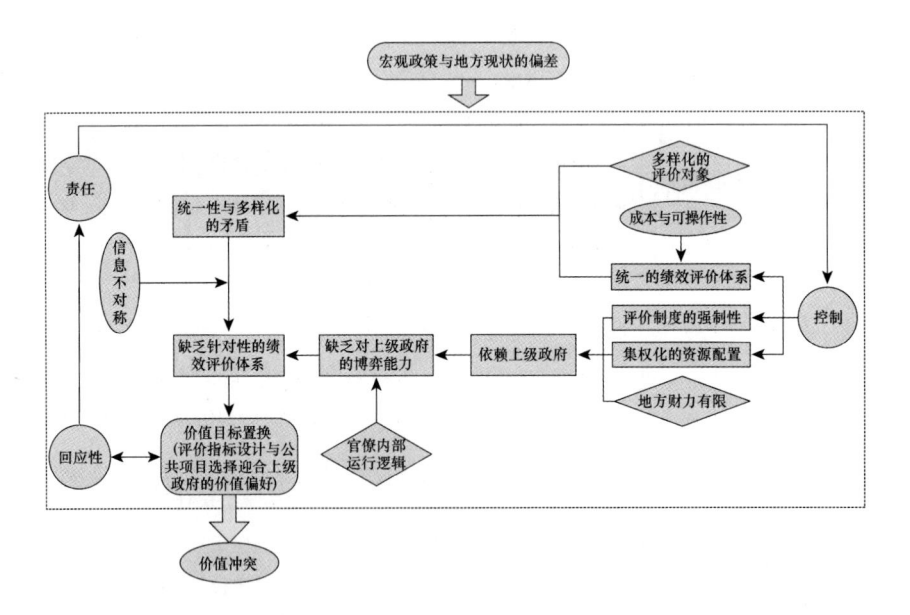

图5—1　地方政府绩效评价的价值协同形成机制

图5—1呈现出地方政府绩效评价的价值协同形成机制，揭示

---

① 价值冲突的"初始概念"已在第四章详细列举，此处不再赘述。

出控制、回应性、责任和价值冲突之间关系的本质。从价值协同形成机制的内在逻辑关系来看，宏观政策与地方现状的偏差是价值协同形成的外生情境；多样化的评价对象、地方财力有限和官僚内部运行逻辑共同构成价值协同发生的内生情境。

在内外生情境下，鉴于指标设计的成本与可操作性以及控制价值的实现，地方政府倾向于设计统一的绩效评价体系，其结果势必会与多样化的评价对象产生矛盾。与此同时，控制价值通过评价制度的强制性和集权化的资源分配，强化地方政府对于上级政府的依赖性。这种依赖性与官僚内部运行逻辑共同作用致使地方政府缺乏与上级政府的博弈能力。当统一性与多样化的矛盾因信息不对称而加剧，地方政府又苦于缺乏对上级政府的博弈能力时，地方政府只能面对一个缺乏针对性的绩效评价体系。为了实现回应性价值（对具有政策决议权和提供公共资源的上级政府的期望做出响应），地方政府的理性选择便是在自身评价指标的设计与公共项目的选择上迎合上级政府的价值偏好，导致价值目标置换（上级政府的价值目标置换本地公众的价值目标），从而引发价值冲突。

由于回应性价值指向上级政府而非公众，在对上级政府期望回应的同时，完成履职和政治忠诚，此时责任价值得以强化和实现。为了进一步落实责任，控制价值得以加强，从而在回应性、责任和控制相互协作的边界范围内构筑起"合力场"，不仅使得彼此得以增强，而且激化隶属于不同价值集群的价值间的竞争，从而导致价值冲突。

第二节 价值协同模型与研究命题的解释

一 价值协同形成的宏观环境与微观现实基础

（一）外生情境——宏观政策与地方现状的偏差

在官僚体制内，上级政府制定的宏观政策规约甚至界定着地方

(下级）政府的价值取向和战略目标。当上级政府制定的宏观政策与地方政府的现实情境发生偏离时，地方政府可能基于偏差的价值定位，设计绩效指标、评价办法以及评价结果的运用等诸多方面。其结果绩效评价生成的价值产生偏离，从而导致价值冲突。

首先，当上级政府政策制定倾向于基于宏观层面的把握，即基于整体形势或普遍问题甚至是发达地区的情况做出决策，没有充分考虑到具体地方的特殊性时，便会呈现出宏观考量与个体角度相差异。其结果是上级政策与基层实际存在一定的偏差，导致政策落地困难。

其次，在政策出台缺乏对现实情况的准确与全面调研或者没有充分征求所有民众意见的情况下，存在着个别"拍脑袋"做决策和闭门造车提方案的现象，导致政策制度与群众需求存在一定的偏差。

最后，决策—执行的内在"分野"。一方面，领导与基层公务员站位不同，再加之政绩冲动导致目标设定过高，从而易出现领导目标空洞且难接地气；另一方面，决策者要么缺乏对执行程序的深入调研、要么基层工作经历不足，导致不了解执行与操作原则，造成政策制定者与执行者相脱节。

总之，当宏观政策与地方现状相偏差时，绩效政策便不可能面面俱到，此时下达的指标势必与基层实际不符，这就存在增加地方政府绩效评价价值冲突的风险。

（二）内生情境——多样化的评价对象、地方财力有限和官僚内部运行逻辑

1. 多样化的评价对象

首先，从地域分布而言，经济发展水平的差异性会引发不同地区且相同职能部门间的差异化，集中体现为面对垂直系统的相同考核指标，却呈现出与本地区经济发展水平相关的差异性。因为，经济发展水平的高低意味着职能部门可获得完成指标的资源数量的

不同。

其次,政府组织由不同职能性质的部门组成。这种职能性质的差异化形成一种天然的优劣或强弱,不仅表现为每个职能部门与公众接触程度、掌握资源丰富度的差别,而且也体现为工作周期的不一致。由于职能强弱与评价指标完成的难易程度存在着正相关,因此各职能部门面对的考评压力也会不同,从而导致各职能部门绩效结果存在显性和隐性之别。总之,面对统一的评价指标和方法,因职能和地区差别,每个部门拥有的话语权有所差异。

2. 地方财力有限

无论是经济发达地区还是经济欠发达地区,在面对较高的绩效目标时,都会或多或少感到力不从心,这主要源于有限的地方财力。原因在于地方政府的公共服务和公共产品的生产性边界在一定程度上是由地方财力的多寡决定的。因此,当地方政府财力有限时,势必限制公共产品和公共服务的供给能力,从而减弱了地方政府的公共价值供给能力,存在引发价值供求冲突的风险。

3. 官僚内部运行逻辑

地方政府不是独立存在于整个行政体系之外,而是续存于既定的府际关系之中。我国更偏向于传统的中央控制模式或者是行政权转让模式,即地方政府隶属于中央,其行政首长由中央政府任命,并且财政上依赖中央,中央政府可以基于等级制自上而下地实施控制。总之,地方政府是他控的,而不是自控的,是依赖性的,而不是自治的。正是在传统的中央控制模式下,地方政府在与上级政府的互动中发展出一套官僚内部运行逻辑来指导自身的行为。

官僚内部运行逻辑建立在强势政府的假设之上,具体表现为上级政府拥有重大事项的决策权力,地方政府仅仅作为执行者存在,其公共决策是中央指令的纵向延伸,并无行动上的自主空间,服从成为地方政府正确的行为取向,并因压力型体制下的垂直考核模式得以强化。

在官僚内部运行逻辑的作用下，一方面，在政府系统内部自下而上的信息反馈越发困难；另一方面，使得运动式绩效管理可以大行其道。其结果是弱化了地方政府对上级政府的博弈能力。

命题A1：宏观政策与地方现状的偏差，会增加地方政府绩效评价价值冲突的风险。

命题A2：地方政府财力有限，存在引发价值供求冲突的风险。

命题A3：官僚内部运行逻辑会弱化地方政府对（上级）政府的博弈能力。

二 价值协同的参与者

（一）回应性价值

在官僚体制内部，等级制先天地确定了上下级之间的关系，即下级政府应该无条件地服从、回应上级政府发出的命令。因此，在政府内部，地方（下级）政府的主要行为逻辑便是对中央（上级）政府的期望、决策做出快速的响应，以此实现回应性价值。在6个案例中，实施绩效评价的首要任务在于完成上级政府组织分配的目标任务，保障其决策部署落地，从而服务上级。一是因为政策目标确立了考核目标的方向，使得下级政府组织必然要对上级政府组织的目标做出回应。二是目标考核体现为上对下的一种要求，绩效易被狭义地理解为领导满意，其结果是个别领导更倾向关注高层。此时的回应演变为完全服从，不仅意味着履职，而且实现了政治忠诚的表达。此时，下级政府倾向于服从上级政府和主要领导，且努力完成上级政府的考核。

为此，在宏观层面，下级政府通常将上级政府的规划方案、任务要求、工作部署和工作报告等作为自身构建绩效评价体系的基准。在微观层面，一是以上级政府所设计的评价指标为蓝图，遴选自身的绩效评价指标，并且评价指标的调整也随上级领导绩效偏好的改变而做出。首先，就评价指标的内容而言，上级政府下达的评价指标必须纳入自身评价指标体系中，以求上下级政府评价指标保持一致；其次，从评价指标设计流程来看，上级政府评价指标明确后才着手制定本级政府评价指标。二是评价办法也是基于上级政府的要求加以制定，不仅采取单独考核的方式，而且设计否定性评价指标，从而增加考核力度。三是基于科层制，在优先分解上级政府工作的基础上，通过命令链条向下级政府逐级分解目标。此外，为了一心完成上级政府制定的绩效考核数据，会在上级政府绩效目标的基础上，乘以相应的系数，即层层加码。

（二）责任价值

鼓励更多的责任被确定为地方政府绩效评价的首要任务，即考核旨在健全责任制。首先，可以在绩效管理条例中设置问责，强化契约责任意识；其次，可以采取岗位责任状、责任清单、目标责任书等形式，对未完成评价指标的主要领导实施问责。虽然，责任隶属于集体而非个人，但鉴于我国实施首长负责制的国情，绩效问责主要是针对领导者。此外，由于绩效问责是自上而下的，绩效问责压力会持续加大，被考核部门不仅会通过设立联系人以便于落实责任，而且在明晰项目合作中领导间和部门间的责任分工的基础上，做到责任到人。

（三）控制价值

控制价值多与官僚层级控制体制和集权相联系，多见于上下级之间的垂直考核模式之中。首先，统一的绩效评价体系是控制价值的重要现实载体，其实施有赖于运动式命令和评价制度的强制性所提供的保障。评价制度的强制性，一是通过硬性指标，促使被考核者必须完成指标任务。当硬性指标未完成时，不仅会扣分，而且会引发领导问责，甚至就地免职，其结果是造成较大的绩效压力。二是通过官僚层级控制体系实现强制性的逐级传递，外化为评价指标的逐级分解，并通过层层签订绩效合同或责任状，使得被评价者明确意识到自己对于本级政府成功完成上级政府分解的评价指标和目标值所肩负的责任和义务。三是评价指标的完成会受到资源配置条件的限制，因此控制价值可以借助集权化的资源分配强化地方政府对上级政府依赖的可能性。其次，在官僚组织中，建立对工作绩效进行检查与报告的独立监控机构是作用最大且最普遍的控制机制之一。最后，控制价值的实现也有赖于绩效评价过程所实施的督导检查等手段。

从路径而言，呈现出自上而下的层层督办，实现考核压力自上而下的逐级传导。从具体方式而言，一是采用时间节点管理，即重要指标月度调查与通报、信访考核结果点对点通报；二是对督办未完成的指标，则运用黄牌警告、一票否决、领导约谈和连坐制度，明确绩效评价的指挥棒作用。

命题 B1：由于回应性价值指向上级政府而非公众，在对上级政府期望回应的同时，完成履职和政治忠诚，此时责任得以强化和实现。

命题 B2：签订绩效合同或责任状使得被评价者明确意识到自己对于完成上级政府分解的评价指标和目标值所肩负的责任，因此责任价值的实现会增强控制价值，尤其是增强评价制度的强制性。

三 价值协同形成的中间环节

（一）依赖上级政府

在地方财力有限的情境下，地方政府会因评价制度的强制性和集权化的资源分配，倾向于依赖上级政府（见图 5—2）。一方面，地方财力有限暗示着上级政府下达的绩效指标与其实现所需的本地资源之间不匹配，这就为依赖上级政府提供了可能性。由于评价指标的达成有赖于地方财政能力提供的基础性保障，当地方财力有限且面对评价制度的强制性时，单靠地方政府的力量难以完成考核任务。此时，获得上级政府的资金支持，便成为地方政府的理性选择，其结果是对上级政府的依赖性得以强化。

另一方面，由控制价值的分析可知，评价指标的完成会受到资源配置条件的限制，因此控制价值可以借助集权化的资源分配强化地方政府对上级政府依赖的可能性。此时，地方政府对所使用资源的控制权逐步弱化，转而需要上级政府资金支持，其结果是对上级政府的依赖便不可避免。

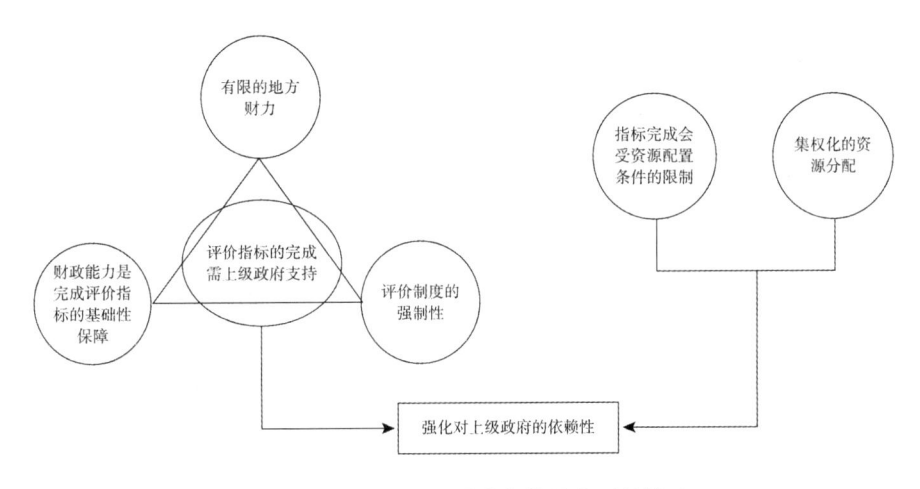

图5—2 强化对上级政府依赖性的因果关系

（二）缺乏对上级政府的博弈能力

首先，评价指标取舍与调整权归属于上级政府，并且考核方式也由上级领导决定，再加之官僚内部运行逻辑的作用，地方政府在垂直考核模式中属于从属地位。其次，地方政府的各项工作推进都有赖于上级领导支持，尤其是公共权力的赋予和公共资源的分配。其结果是地方政府缺乏对上级政府的博弈能力。

具体表现为四个方面：一是地方政府对于上级政府确定的评价目标没有话语权，难以修正不合理的目标值，更难与上级政府讨价还价，努力完成绩效目标成为理性选择。二是地方政府作为被评价者，对评价主体赋权没有话语权，倾向于无条件服从上级政府。三是地方政府对上级政府下达的评价指标没有调控能力，只能落实。面对不合时宜的评价指标，如果没有上级政府指示便继续沿用。即使有机会向上级政府反映评价指标的修订意见，能否被采用也不得而知。此外，评价指标数据除非得到上级政府的认可，不得公开。四是作为被考核者的地方政府难以左右逐级考核方式，倾向于服从主要领导的意志。

面对繁重的考核目标和对评价指标与考核办法的无力感，地方政府只能适应考核，不能讨价还价。此时的地方政府被锁定为单纯的执行者角色，难以发展出绩效治理路径，尤其是发生于上下级政府间的绩效协作模式，从而导致上级政府预设的价值目标界定了地方政府绩效生成的价值内容。

（三）成本与可操作性

统一的绩效评价体系不仅仅因为控制价值而被设计出来，同时对于资源有限的政府组织而言，绩效评价体系设计的成本和可操作性问题必须纳入考虑之中，因为面面俱到的绩效评价体系既难以操作又浪费资源。

首先，作为绩效评价体系核心的评价指标应该是可操作的。给每一个多样化的评价对象设计独特的评价指标会使分类太细，导致评价指标体系缺乏可操作性和可比较性。此时，评价者会因庞杂的评价指标被淹没于绩效数据之中，而无法做出客观、准确的判断。与此同时，也不利于决策者通过子单元分析和外部标杆分析，准确定位当前评价对象的绩效水平，并提出针对性的绩效改进路径。

其次，绩效评价体系应该具有成本—效益的考虑。实施绩效评价体系可能需要相当的成本，特别是在绩效数据收集和分析过程中。如果仅仅追求科学且细致的政府绩效评价体系，会耗费巨大。因此，在质量和成本之间有时必须相互妥协，尤其是在为了增加评价指标的信效度时。为此，应该小心地让绩效评价体系不包括过多的绩效指标。

（四）统一性与多样化的矛盾

上级政府为了实现预期的绩效目标，并鉴于绩效评价体系设计的成本与可操作性，倾向于在未充分细化评价对象的情况下，设计统一的绩效评价体系。虽然，强行推行可以保持一致性，但问题在于，评价对象的工作不具可比性，统一考核便难以实现公平。此时，评价对象易产生抵触心理，且对绩效评价体系的认同度较低。

统一的绩效评价体系与多样化的评价对象的矛盾表现在三个方面：首先，存在用一把尺子来衡量多样化对象的现象，即在同一套评价标准中比较系统的不同部分，更深层次地理解并确定系统在哪些方面做得好、在哪些方面还有不足。上级政府会为不同的评价对象制定相同的绩效标准进行评价，但因评价对象职能或工作性质的差异性，存在引发同分值不同工作量的风险，从而降低绩效评价的内在公平性。

其次，统一化的评价指标时常会引发多样化的评价对象间的矛盾。正如受访者所言："像高考做一样的题目。"基于同一套评价指标体系有利于横向比较的理念，上级政府会下意识地忽略评价对象在资源拥有量、职能性质等方面的差异性，设计一套评价指标体系，如通用指标，或者为省事起见，直接套用其他部门的考核指标。但是，即使赋予评价对象是否参与某项评价指标考核的选择权，也会因没有参与关键性和挑战性等指标，输在考核起跑线上，或者因不参加创新创优等评选项目，而无法追赶其他部门。原因在于，所有的评价者最终都要面对按照统一的评价指标和绩效标准计算生成的绩效结果排名。但不可否认，部门任务差异性决定一把尺子的评价指标不适宜，降低了评价对象对统一评价指标的认可度。

最后，统一的绩效评价体系还体现为"一刀切式的考核"，即统一设计评价方案和评价表，统一组织考核，统一绩效结果排名。这种"一刀切式的考核"不仅常见于垂直考核模式之中，而且也出现于公众满意度评价模式中。因为整体满意度评价不可能单列服务对象，同一评价者面对不同的被评价者，即一位公众给所有参评单位打分。这种一对多的评价方式，不利于隐性工作的评价，甚至导致评价对象为了取得较好的评价结果从事加分且无关的工作。此外，尽管 HZS 案例通过评价系数将考核单位分为四类，但评价系数依然是一刀切，无法兼顾同一评价系数中不同评价对象的差异性。

总之，在地方政府绩效评价过程中，个性与统一需要做好平衡，不然统一性与多样化的矛盾便不可避免，其结果是评价对象可能面对一个缺乏针对性的绩效评价体系。

（五）信息不对称

在绩效评价过程中充斥着信息不对称问题，它在统一性与多样化的矛盾与缺乏针对性的绩效评价体系之间发挥着调节作用，即如果有效地解决绩效评价信息不对称问题，缺乏针对性的绩效评价体系就有可能改善，至少在程度方面有所降低，反之亦然。

信息不对称不仅仅源自信息失真、信息渠道狭窄和沟通机制不畅等客观因素，而且也会因政府出于自我保护的考虑不愿公开信息。比如信息发布越多公众挑刺概率越大或者说完全公开信息存在引发负面效应的风险。因此，只要没有硬性规定，地方政府便不具有公布信息的内生动力，尤其是绩效排名数据。即使要公布绩效结果，也要事先确保考核本身及其结果的无争议。

正是因为上述原因的存在，信息不对称难以根除。一方面，因信息不对称导致公众对评价对象的职能和工作范围了解不足；另一方面，信息不对称阻碍政府和公众的有效互动，导致认知冲突。其结果是绩效评价存在不准确问题，降低其评价的认可度，影响满意度测评的公正性。

（六）缺乏针对性的绩效评价体系

当信息不对称加剧了统一的绩效评价体系与多样化的评价对象的矛盾且无力改变时，地方政府将会面对一个缺乏针对性的绩效评价体系。此时，地方政府不仅无法根据最为恰当的"指示器"来对评价指标和评价方法做出调试，而且也难以坚持什么才能最好地产生本地公众所期望的结果的判断。其结果，地方政府只能单纯地执行上级政府下达的评价指标和目标值。缺乏针对性的绩效评价体系，主要表现在评价指标、考核办法和评价主体三方面。

首先，分配的评价指标与地方实际不匹配。一是评价指标区分度不足，即评价指标未细化且抽象，尤其是共性指标缺乏区分度，导致难以完成；二是评价指标与评价对象的能力不匹配，即评价指标下达脱离现实，超过下级政府或被考核部门的承受能力；三是目标责任书未全面涵盖工作内容，或者说考核内容仅是评价对象工作内容的一部分；四是上级政府制定的考核项目或评价指标可操作性差。评价指标匹配性弱源于在缺乏信息沟通的基础上，多头下达评价指标或简单搬照上级政府评价指标，其结果是基层压力大，存在鞭打快牛的现象。但问题在于，由于地方政府缺乏对上级政府的博弈能力，在面对不合时宜的评价指标时，仍要尽力完成。此时，地方政府的成败并非其自身绩效的最佳指标，结果所生成的价值也并非最优的价值供给。

其次，考核方式针对性不强。一是鉴于组织绩效评价的成本和可操作性，评价频次成为考核办法的重要组成内容。为此，年终一次性考核常常成为首选，但这一评价方式不适于旨在持续改进公共服务质量的部门作风评价。二是在同一套评价标准中通过比较系统的不同部分，可以更深层次地理解并确定系统在哪些方面做得好、在哪些方面还有不足。在社会评价中，运用横向比较区分谁为满意单位，但问题是满意评选存在信息不对称和知识不对称，其结果是社会评价对部分服务部门略有不公。三是考评办难以全面了解每个部门的职能，导致考评对象分类不准确，即使设置分类系数也不足以全面呈现出部门间的内在差异；与此同时，为了实现关键性指标，存在保强势部门的倾向，评分偏向于权力部门，其绩效排名总是靠前。

最后，评价者与被评价者不匹配。由于信息不对称的存在，公众不仅不了解政府内部运作，而且对政府职能边界认识不清。此时，公众倾向于基于主观印象做出评价。但问题是，公众的主观感知与非绩效因素相关，这导致被评价者的工作难易程度与绩效结果不成正相关。首先，由于被评价者的职能性质决定外部形象，因此职能分工引发印象差异，其结果是评价对象的工作性质与满意度评价结果息息相关。其次，评价者与被评价者的接触程度会影响定性评价结果。最后，公众的文化素质和所处区域的经济发展水平也会左右其自身的主观印象。再加上主观评价与客观绩效的非同步性，其结果是主观绩效与客观绩效偏差，从而降低公众评价的公正性。即使采用专家进行评价，也会因知识专属性，难以熟知全部被评价者，导致专家与被评价者匹配程度有限。如果在上述情况下，还存在评价主体样本的缺失，不仅评价客观性不足，而且增加公众评价权也会存在一定的风险。

命题 C1：对上级政府的依赖性会弱化对上级政府的博弈能力。

命题 C2：当信息不对称加速统一的绩效评价体系与多样化的评价对象的矛盾且无力改变时，地方政府将会面对一个缺乏针对性的绩效评价体系。

四　价值协同引发的结果

（一）价值目标置换

面对一个缺乏针对性的绩效评价体系，为了实现回应性价值，以换得上级政府在公共资源和公共权力等方面给予的支持，地方政府的理性选择便是基于上级政府的价值偏好，遴选评价指标和确定公共项目。此时，价值目标置换便发生了，即在价值优先权上，本辖区公众的价值偏好被上级政府的价值偏好置换。

一方面，当少部分公众与上级政府的期望不一样或者说上级政府满意与公众满意存在不一致时，执行上级政府的政策是首要的。因为，在绩效就是领导满意的认知偏差下，地方政府会以上级政府设计的评价指标为蓝图开展自身评价指标的遴选和设计。与此同时，因为数字能够更好地说明效果，地方政府则更关注量化指标，从而将满意度之类的定性指标或评价降格为陪衬，甚至为了应付上级政府指派的任务而牺牲常规性检查，即为完成指标而完成指标。此时，随着上级领导的主观意识渗透到绩效考核里，上级政府的价值偏好便会植入下级政府绩效评价的价值体系之中，既重新确立了价值优先权的排序，又重塑了整个价值结构特征，从而影响最终下级政府绩效评价生成的价值内容。

另一方面，"绩效指标可视为给一个项目的运作指定的一个数目"，以此作为标准来测定政府部门为公众提供公共产品和服务的状况。因此，公共项目的选择直接关系到评价指标的内容，尤其像产出、效益等指标。由于越是符合上级政府偏好的公共项目越能获得支持，因此，地方政府具有迎合上级政府特定偏好的动机。问题在于上级政府与本地公众所偏好的公共项目并不完全一致。此时，下级政府便会陷入回应上级与回应群众的两难境地。然而，作为理性经济人的下级政府，在其价值优先权的排序上，倾向于将本地公众所偏好的价值置于上级政府所偏好的价值之后。

（二）价值冲突

价值目标置换意味着本辖区公众的价值偏好被上级政府的价值偏好置换，此时下级政府绩效评价生成的价值，将与上级政府的价值诉求保持一致，而并非与本辖区公众偏好的价值保持一致，其结果价值冲突不可避免。如第四章分析所示，地方政府绩效评价的价值冲突不仅包括价值取向冲突，而且也涵盖价值供求冲突。

首先，价值取向冲突具体包括：透明与社会稳定冲突、透明与效率冲突、透明与法律规则冲突、控制与透明冲突、控制与创新冲突、经济发展与可持续性冲突、经济发展与社会稳定冲突、经济发展与公众满意冲突、经济发展与公共利益冲突、经济发展与法律规则冲突、法律法规与公众满意冲突、法律规则与创新冲突、效率与效益冲突、效率与公众参与冲突、效率与法律规则冲突、效率与责任冲突、效率与创新冲突、效率与公平冲突、效率与质量冲突、廉洁与效率冲突、公众满意与效率冲突、责任与创新冲突、创新与社会稳定冲突、社会稳定与法律规则冲突、控制与公众参与冲突。

其次，在摩尔的公共价值管理理论体系中，价值被视为政府通过法律规则和公共政策向公众提供的、用于消费的特殊公共产品与服务。因此，公共服务的供求冲突折射出的是深层次的价值供求冲突，即当政府供给的公共服务与公众期望存在差距，或者存在领导满意而非群众满意的现象时，价值供求冲突便会发生。

总之，对于6个案例而言，地方政府绩效评价的价值冲突更加复杂，并不能简单地归结为单一的价值冲突形式，反而可能是两种价值冲突共存，甚至彼此间相互演化、相互增强，此时的价值冲突便越加复杂难以治理。

命题D1：面对一个缺乏针对性的绩效评价体系，为了实现回应性价值，价值目标置换难以避免。

命题D2：当本辖区公众的价值偏好被上级政府的价值偏好置换时，便会引发价值冲突。

第三节　讨论与小结

一　价值协同形成的"情境变量"

宏观政策与地方现状的偏差、多样化的评价对象、地方财力有限和官僚内部运行逻辑是价值协同形成的现实土壤，即"情境变量"。

首先，宏观政策与地方现状的偏差预示着上级政府制定的统一政策与多样化的地方政府的现实情况存在偏差。费斯勒（Fesler）和凯特尔（Kettl）指出，理想主义者制定法律，而现实主义者去执行它们。从有限理性和满意决策理论来看，上级政府在考虑和权衡所有备选方案时不会试图做到全面理性，虽然选择是理性的，但是受决策和所处的现实条件影响，该理性是有限的。有限理性的决策意味着上级政府无法准确预知某一政策在未来是否能够产生既定的效果，也无法全面知晓下级政府的能力和资源是否与政策目标相匹配。正如有限理性模型开创者西蒙指出的，"单个的、孤立的个人的行为不可能实现任何理性高度。他需要搜寻的方案是如此之多，评价方案所需要的信息是如此庞大，以至于即使是接近客观的理性也是难以想象的"。此时，上级政府要么遵循公共政策的精英主义模式，基于自身的价值判断和利益诉求做出决策，要么以剔除了个体数据特征的总体数据为依据或平均数做出决策，无论是哪一种其结果，都会或多或少地带来宏观政策的"水土不服"问题。[1]

面对宏观政策与地方现状偏差的风险，如果上级政府没有给予地方政府将政策目标转化为绩效目标的自由裁量权的话，作为行政权转让府际关系中的地方政府便会基于同质化的政策，制定自身的绩效计划与评价方法，确定绩效标准，并遴选评价指标。伊斯顿指出，政策选择涉及价值的权威性分配。此时，上级政府偏好的价值便具有了植入下级政府绩效评价价值体系的可能性。与此同时，价值协同便具备了发生的前提条件。

其次，为了更好地应对日益复杂且快速变化的外部环境，以及个性化的公众需求，政府内部的专业化分工不断加剧，其结果是造就了一个多样化的评价对象。这些评价对象所提供的服务、所处理的事件、所设想的结果、所面对的内外部服务对象和顾客，以及如何运用各种资源，特别是工作活动和方式路径，来达到预期结果的逻辑都存在或大或小的差异。当上级政府或者绩效管理者强调内部协调和集权控制时，常常倾向于采用统一的绩效评价体系来测量和评价这些多样化的评价对象，其结果是统一性与多样化的矛盾不可避免。这会进一步降低整个评价系统的效度，并且易引发评价对象

---

[1] 孙斐、赵晓军：《价值协同：一个新的地方政府绩效评价价值冲突成因》，《公共行政评论》2016年第2期。

的抵触心理。此时,价值协同便具备了发生的现实基础。

再次,一方面,对于价值目标的实现而言,资源可得性具有举足轻重的作用。[①] 同样,包国宪等学者在以公共价值为基础的政府绩效治理理论模式中,也指出公共资源是价值建构的前提条件或者说社会价值建构本身就包含了动员来自社会的公共资源的过程。[②] 这是因为公共资源作为公共价值创造或实现的投入要素,不仅构成基本约束条件,而且公共资源的投入方向本身就包含着政府的注意力与价值偏好。另一方面,奥弗林(O'Flynn)和凯莉(Kelly)等学者指出,公众通过消费公共服务和公共产品,以此获得公共价值。由于公共资源是公共服务和公共产品供给的前提条件。因此,稀缺的公共资源削弱了政府供给公共产品和公共服务的能力,从而造成政府的公共价值供给能力不足,存在引发价值供求冲突的风险。[③] 因此,当上级政府制定新的政策,以此来宣布一项新的价值目标,或者拓展已有的绩效目标,以及确定更高的绩效标准,但未给予额外的财政支持时,便会加重地方政府的财力有限问题,其结果是不仅会加剧多元价值间的冲突,而且也会造成价值供给不足。

最后,一个官僚组织是自上而下产生的,是一个等级制的权威组织。一是,在等级制的权威组织中,信息、命令、决策的自上而下的传递过程完成了资源配置和协调行动。二是,控制者的权威可以通过对组织内部信息流的有效控制得以增强。所以,官僚组织主要沟通网络与其权威等级组织的密切联系,这往往会强化官僚组织

[①] Moore, M., *Creating Public Value: Strategic Management in Government*, Cambridge: Harvard University Press, 1995.

[②] Bao, G., Wang, X., Larsen, G. L., Morgan, D. F., "Beyond New Public Governance: A Value-Based Global Framework for Performance Management, Governance and Leadership", *Administration & Society*, Vol. 45, 2013.

[③] 孙斐:《地方政府绩效评价的价值冲突管理——基于四川省 Z 县政府的质性研究》,博士学位论文,兰州大学,2014 年。

中其他人对权威的接受。三是，由于上司重视下属的个人忠诚，尤其是在官僚组织中，因而这种个人忠诚往往成为上司提拔下属的重要标准之一。① 所以，下属具有较强的动机展示个人忠诚，并易形成一种亚文化。

正是在上述三种因素的共同作用下，形成了官僚内部运行逻辑，并作为地方政府在与上级政府的互动过程中遵循的行为法则。官僚内部运行逻辑不仅为上级政府实现其认为有价值的目的提供保障，而且也为下级政府提供了理性选择的基础。但问题是，官僚内部运行逻辑会进一步强化上级权威，并弱化下级政府对上级政府的博弈能力。

二 价值协同的"自变量"

回应性价值、责任价值和控制价值间的合作效益是诱发价值协同的"元凶"，扮演着"自变量"的角色。

（一）回应性价值

政府回应理论起源于西方，直到新公共管理运动兴起，政府回应性才真正走进学者的视野之中。格罗弗·斯塔林（Grover Starling）主张"公共管理责任的基本理念之一就是回应"。此后，随着新公共服务、新公共治理等后竞争范式的出现，政府回应性被赋予更为丰富的内涵，如登哈特强调了政府应当具备以民为本的服务理念和回应公众的内在要求。

在政府绩效语境下，对于绩效的关注本身就是回应公众的需要。② 或者说政府回应通常被视为现代民主政治的一个基本指标，

---

① ［美］安东尼·唐斯：《官僚制内幕》，郭小聪等译，中国人民大学出版社2017年版。
② Frederickson, H., *The Spirit of Public Administration*, San Francisco: Jossey-Bass, 1997; Wholey, J. S. and Newcomer, K. E., "Clarifying Goals, Reporting Results", *New Directions for Evaluation*, Vol. 76, 1997, pp. 91–98; O'Flynn, J., "From New Public Management to Public Value: Paradigmatic Change and Managerial Implications", *The Australian Journal of Public Administration*, Vol. 66, 2007, pp. 353–366.

指政府针对"顾客"表达的诉求，通过一定的回应机制做出积极响应的互动过程，是政府责任性的体现。

但遗憾的是，在6个案例中，指向公众诉求的回应性价值仅出现在 HZS 和 ZZS 两个案例中，在21个价值中，占比为3.8%。与此同时，全部案例中都包含面向具有政策决议权和提供公共资源的上级政府的回应性，其占比为12%，排序位于第二。虽然这一研究结果与上述学者的观点大相径庭，但却与乔根森等学者提出的"与公共管理者和政治家的关系相关的价值"中的回应性价值含义相一致。

回应性价值的存在意味着在官僚体制内，作为理性经济人的下级政府，倾向于选择上级政府作为主要服务对象，将构建和维护与上级政府的关系视为重要的政治忠诚体现。究其原因：

一是等级权威结构和行政权转让的府际关系。一方面，官僚组织是一个等级制的权威组织，并在其内部发展出一个单一的正式的等级权威机构来承担行为协调、资源分配和组织沟通的职能。在这个单一的正式的等级权威机构中，上下级有明确的界限，尤其在权力、信息流控制、资源分配等方面。等级组织越垂直，越强调上级政府在整个行政系统中的核心地位。[①] 下级政府为了求得公共权力和公共资源的支持，回应上级政府、表达个人忠诚成为理性选择，并内化为官员的基本素质，从而形塑整个官僚组织文化。另一方面，我国是行政权转让模式的府际关系模式。在此模式中，资源和权力集中于上级政府，下级政府只能在上级政府授权的范围内行事，处于被控制的一方，是依赖性的。此时，作为执行角色的地方政府其价值预设就是通过"回应性"表达"政治忠诚"。

二是费斯勒（James W. Fesler）和凯特尔（Donald F. Kettl）指

---

① [美]安东尼·唐斯：《官僚制内幕》，郭小聪等译，中国人民大学出版社2017年版。

出，既然接受上级政府的转移支付，地方政府便具有了响应上级政府目标的义务和责任。① 因此，对于欠发达地区的地方政府而言，回应上级政府的价值偏好便是理所当然的行为。

三是正如地方政府绩效评价的价值协同形成机制所揭示的，控制价值通过统一性与多样化的矛盾、依赖上级政府、缺乏对上级政府的博弈能力和缺乏针对性的绩效评价体系等方面，强化回应性价值。由于回应性价值指向上级政府而非公众，在对上级政府期望回应的同时，完成履职和政治忠诚，此时责任得以强化和实现。为了进一步落实责任，控制得以加强。此时，在回应性、责任和控制之间形成相互增强的闭回路，从而将回应上级政府的需要设定为地方政府的行动逻辑。

因此，要改变此种情况，其路径是重新思考如何真正开放政府绩效评价这一政民互动场域，通过政府与公众的积极对话，重建两者间的联系，不仅超越封闭式绩效评价的藩篱，而且改变新公共管理范式下的公共服务购买者评价的掣肘。这就需要公众改变以往单纯的绩效信息供给者的角色，转变为绩效生产合作伙伴，与政府一同完成绩效治理。在绩效合作生产的过程中，公众的价值诉求可以实现表达，并有望被纳入整个绩效评价价值体系之中，从而实现创造公共价值的使命。②

（二）责任价值

建立公共责任机制、鼓励公共管理者承担更多的责任，这就需要一个有效的工具来对责任做出测量与判断。因此，作为新公共管

---

① [美]詹姆斯·W. 费斯勒、唐纳德·F. 凯特尔：《行政过程的政治——公共行政学新论》，陈振明译，中国人民大学出版社2020年版。

② 孙斐：《中国地方政府绩效评价的价值冲突管理——基于四川省资中县政府的质性研究》，《公共管理学报》2015年第3期；Moore, M., *Creating Public Value: Strategic Management in Government*, Cambridge: Harvard University Press, 1995。

理运动关键特征的绩效评价和绩效管理肩负起此项重任。① 绩效评价具有多种功能，其中重要的是增强对公众的责任。② 这就意味着，政府绩效评价不仅可以为上级政府提供责任，而且也可以为本辖区公众提供实现责任的方式。③ 总之，政府绩效评价是现代政府责任意识在制度层面的体现和延伸。

除了 ZZS 案例未提及责任价值之外，其余 5 个案例均不同程度地涉及责任价值。但值得注意的一点是，5 个案例中的责任价值更多地强调地方政府对上级政府的责任，具象化为岗位责任状、责任清单、目标责任书、绩效合同等形式，尤其是以绩效问责来落实责任价值。由于评价指标和考核任务是自上而下的传递，决定了绩效问责也是沿着等级结构自上而下的行使。因此，在地方政府绩效评价语境中，责任价值具有典型的主观构建色彩。从上级政府的角度而言，为了强化下级政府对于分解的评价指标和考核任务所肩负的责任，会采用必要的控制手段。当面对重要的评价指标时，还会额外增加控制的强度和方式，甚至如 HZS 案例所示，成立一个正局级常设绩效考评机构，组织、实施整个综合绩效评价工作。这是因为在官僚组织中，建立对工作绩效进行检查与报告的独立监控机构是作用最大且最普遍的控制机制之一。④

---

① Stewart, J. and Ranson, S., *Management for the Public Domain*, London: The Macmillan Press Ltd., 1994, pp. 211 – 223; Kettl, D. F., *The Global Public Management Revolution*, Washington: Brookings Institution Press, 2005; Moynihan, D. P., "Managing for Results in State Government: Evaluating a Decade of Reform", *Public Administration Review*, Vol. 66, 2006, pp. 77 – 89; Ammons, D. N. and Rivenbark, W. C., "Factors Influencing the Use of Performance Data to Improve Municipal Services: Evidence from the North Carolina Benchmarking Project", *Public Administration Review*, Vol. 68, 2008, pp. 304 – 318; Amirkhanyan, A. A., "Monitoring across Sectors: Examining the Effect of Nonprofit and For-Profit Contractor Ownership on Performance Monitoring in State and Local Contracts", *Public Administration Review*, Vol. 70, 2010, pp. 742 – 755.

② Sanger, M. B., "From Measurement to Management: Breaking through the Barriers to State and Local Performance", *Public Administration Review*, Vol. 68, 2008, pp. 70 – 85.

③ Berman, E. and Wang, X. H., "Performance Measurement in U. S. Counties: Capacity for Reform", *Public Administration Review*, Vol. 60, 2000, pp. 409 – 420.

④ ［美］安东尼·唐斯：《官僚制内幕》，郭小聪等译，中国人民大学出版社 2017 年版。

(三) 控制价值

自等级制的权威组织出现以来，控制作为一种重要管理手段便应运而生。到了韦伯的官僚制时代，控制已成为组织理论关心的热点话题。控制与等级制相伴而生，并在垂直考核模式下得以强化。

由协调递减定律可知，组织规模越大，在不同部门、不同个体行为之间进行协调的能力越差。为了实现部门间、个体间的统一行动，避免出现偏离组织既定目标的不合辙行为，上级政府将多样化的地方政府，进行去差别化处理，设计统一的绩效评价体系，即按照相同的绩效目标与标准、设计评价指标，制定评价办法与评价结果运用方式，使得每个部门每个人员成为统一的共同整体，以此实现无所不在的控制。[①] 此外，上级政府会通过层层签订绩效合同或责任状的形式，实现评价制度强制性的逐级传递，从而克服控制递减定律引发的组织规模越大、上层领导者对其组织行为的控制力就越弱的问题。

正因为如此，控制存在于全部案例之中，在21种价值中，其占比为12%，排序位于第二，属于重要价值的范畴。控制价值的存在意味着地方政府绩效评价具有明显的垂直考核模式特征，即使引入公众满意度评价，公众也仅仅参与政府绩效评价的数据收集环节，如在顾客满意度调查中填写问卷、接受访谈等。其意义是服务于政府部门内部效率的提升，特别是加强内部控制，即利用横向问责强化纵向问责，以便于政府官员监控公共服务质量，调配公共服务资源。

因此，部分地方政府绩效评价更多地着眼于内部控制，具有明显的"控制取向"特征，其本质是一种计划式绩效评价，并成为一种新的政治控制手段，即以垂直考核为载体，通过层层分解目标任

[①] [美] 戴维·奥斯本、彼得·普拉斯特里克:《政府改革手册：战略与工具》，谭功荣等译，中国人民大学出版社2004年版。

务和层层包干责任，以实现内控。①

要推动政府绩效评价从内部控制转向外部责任，首先，确立"以人民为中心"的基本价值定位，重塑公众在政府绩效评价中的主体地位。其次，明确政府在绩效评估中管理权、组织权与评价权的配置原则，尤其是构建政府与公众的权力分享机制。最后，构建公众参与政府绩效管理的知识共享机制，通过公共对话，在平衡由理性主导的专业知识，与开放的、个性化的和感性的经验知识的冲突的基础上，重建两者间的联系，实现对官僚理性知识壁垒的超越，从而有助于超越理性的虚无与感性的无知。② 在实现知识共享的过程中，政府与公众完成自身角色的重塑，即从竞争对手走向绩效生产合作伙伴。

三 价值协同形成的"中介和调节变量"

（一）价值协同形成的"中介变量"

统一性与多样化的矛盾、依赖上级政府、缺乏对上级政府的博弈能力和缺乏针对性的绩效评价体系，在控制价值、回应性价值与责任价值间的协同作用中发挥着"中介变量"的作用。它们彼此间并非相互独立，而是被置于一张相互关联的网络之中，呈现出一种内在逻辑链条。这就是说，其中任何一个环节出现断裂，整个价值协同作用将难以发生。

由于统一性与多样化的矛盾、依赖上级政府、缺乏对上级政府的博弈能力和缺乏针对性的绩效评价体系都存在于等级制的权威组织之中，这就为我们试图打破这种异化的价值协同作用过程提供了路径。

---

① 卓越、赵蕾：《公共部门绩效管理工具理性与价值理性的双导效应》，《兰州大学学报》2006 年第 5 期；周志忍：《公共组织绩效评估中国实践的回顾与反思》，《兰州大学学报》2007 年第 1 期。

② 孙斐、叶烽：《公众参与政府绩效管理的可持续性：一个系统性文献综述》，《行政论坛》2020 年第 1 期。

首先，赋予下级政府更大的自由裁量权。在等级制的权威组织中，如果官僚组织确实是单一的，则对各种行为、资源的控制权集中在上级政府手中。正是因为上级政府对重要的、稀缺的和不可替代的资源拥有控制权，从而创造了地方政府对其的依赖性。因此，一方面解构上级政府对绩效评价体系构建的话语权，即改变自上而下的评价路径和垂直模式。赋予地方政府在制定绩效目标与标准、选择与设计匹配的评价指标和评价办法等方面的话语权，从而消除统一性与多样化的矛盾。另一方面授予地方政府对完成既定绩效目标所需资源的控制权，不仅包括有形的资源，如人、财、物，而且还包括无形的资源，如绩效数据，以此减弱其对上级政府的依赖性。

其次，转变角色，并构建新的责任中心。一方面，上级政府不仅要改变传统公共行政时期的划桨角色，而且需要超越新公共管理范式下的掌舵角色，转变为服务和公共价值创造者的角色。一是通过出台国家层面的绩效评价与结果法案，确定绩效评价的合法性，为各地绩效评价的创新奠定基础。二是开展元评价分析，识别、判断和评价地方各级政府所开展的绩效评价活动，不仅给予及时指导，而且将成功的做法推广到其他地方政府，实现政府绩效的整体性提升。三是倡导绩效评价的创新者或再造者，并通过内外部授权构建绩效评价设计和方案的公共讨论空间，允许所有利益相关者都有机会，充分地参与整个绩效评价体系的构建。[①] 另一方面，将公共责任，即对公众的责任，重新设定为政府绩效评价的核心，具体是将公共责任的实现程度作为地方政府享有公共权力和公共资源多寡的判断依据。这不仅会重塑控制的主客体的关系，而且会改变控制的内容和方式——从命令与服从到回应与责任的转变。此时，地方政府逐渐转变为聆听式的政府，甚至有望成为西姆拉尔·金口中

---

① 张康之：《论政府行为模式从控制向引导的转变》，《北京行政学院学报》2012 年第 2 期。

的"民有政府"。

(二) 价值协同形成的"调节变量"

信息不对称和成本与可操作性在控制价值、回应性价值与责任价值间的协同作用中发挥着"调节变量"的作用。在绩效评价过程中，充斥着大量的信息不对称问题，它们在统一性与多样化的矛盾与缺乏针对性的绩效评价体系之间发挥着调节作用。

信息不对称不仅仅源自信息失真、信息渠道狭窄和沟通机制不畅等客观因素，而且也会因政府出于自我保护的考虑不愿公开信息。正如史蒂文·B. 弗拉茨（Stever B. Frates）指出的，对于公众而言，他们难以获取有关政府行为的准确、具体的价格信息，原因在于政府官员倾向于发展出一套模糊化所提供服务的成本和质量的行为方式。

信息不对称不仅会导致公众在政府绩效评价过程中的被动角色，而且会引发不切实际的绩效期望表达。一方面，因缺乏足够的绩效信息，难以形成关于政府绩效评价的完整知识，导致公众参与的目标限定在组织者设定的议程上，并且扩大了政府绩效评价专业性与参与大众性之间的张力；另一方面，因公众群体内个体"有限的理性动物""缺乏复杂计算的能力或意愿""任由情感影响判断""掌握较少信息"等局限性的放大，引发公众不切实际的绩效期望表达，从而降低公众评价的客观性和公正性。[①] 其结果是信息不对称激化统一的绩效评价体系与多样化的评价对象的矛盾，导致评价对象面对一个缺乏针对性的绩效评价体系。

对于绩效信息不对称的消解，在制度层面需要建立绩效信息的公开机制，阻断政府对绩效信息的刻意过滤与处理，确保绩效信息全面、客观地公开与发布，以实现公众对政府绩效管理全过程的监督和客观评判。与此同时，也增进公众与政府的对话，更好地做出

---

① 包国宪等：《政府绩效治理中的公民参与：绩效领导途径的分析》，《行政论坛》2017年第6期。

价值偏好性的选择，激发公众积极参与政府绩效评价的热情。在绩效评价过程中政府要准确、有效地收集和处理信息，这依赖于抽样技术、信息提取技术与信息分析技术的改进。此外，还可以通过新技术，如建立基于互联网技术的电子化政府，将信息及时、准确和有效地传递给公众，为政府与公众提供真正互动和对话的最佳机会。

统一的绩效评价体系构建不仅源于上级政府的控制意图，而且也会考虑绩效评价体系设计的成本和可操作性。尤其是成本与可操作性界定了政府绩效评价指标选择和设计的边界。

首先，政府绩效评价指标是用来测量政府绩效的一个特定数值或特性。这就要求所建立的评价指标体系具有可行性与可操作性，具体包括评价指标所涉及的数据易于收集、计算公式科学合理、评价过程简单、利于掌握和操作，也就是绩效数据或资料可获得、数据资料可量化。

其次，绩效评价体系应该具有成本意识，因为实施考评系统可能需要相当的成本，特别是在绩效数据收集和处理过程中。虽然开发一套全面、细化的评价指标来测量、评价工作的绩效是有益的，但是某些类型的指标会比其他类型的指标更耗费成本。比如与常规检查的记录数据方式相比，特殊目的的调查、检查和顾客反馈卡往往更耗费成本。因此在质量和成本之间有时必须相互妥协，尤其是为了增加评价指标的信效度时。为此，评价指标不宜过细和复杂。此外，选择或设计绩效考评数据管理系统也需具有成本效益。

四　价值协同引发的"因变量"

价值目标置换和价值冲突是价值协同的"因变量"。尽管绩效评价系统的设计意图是希望其对行为产生积极的影响，但是当价值目标置换出现时，它对绩效的影响就是负面的，并且不是一种偶然现象。正如赫克曼（Heckman）和史密斯（Smith）等学者指出的，政府部门往往忽略最应该服务的对象,反而将那些帮助其实现绩效指标的顾客视为主要的服务对象,以此实现既定的绩效目标。其结果是公众需求被政府官员的自身判断所代替,导致公众需求被上级领导可以观察的结果所置换。[①]

"价值协同"深深地嵌入复杂的价值结构之中,依赖于对价值间相近性、层级和因果关系的厘清,它不像价值竞争那样外显,且易于识别。价值竞争发生的前提是价值多元,价值多元源于各利益相关者持有不同的价值偏好。[②] 因此,在资源稀缺的情况下,各利益相关者期望通过政府绩效评价来实现自身所偏好的价值,便会出现增加一些价值的同时另一些价值势必会减少的现象。[③] 因此,增加价值所需的资源或者通过利益相关者间的有效对话便有望应对价值竞争引发的价值冲突问题。

但正如波兹曼等学者所言,众多价值似乎是以集群的形式呈现,在价值集群内部,各价值间可能存在相互依存、相互协作的关系。当价值间相互协作时,在它们的边界范围内构筑起某种"合力场"就有可能使得相互协作的价值得以强化,并激化隶属于不同价值集群的价值间的竞争,从而导致价值冲突。故此,由"价值协同"引发的价值冲突往往要比由价值竞争引发的价值冲突更难以识别和治理。这就需要更加细致、深入地审视各价值间的层级关系和因果关系,改变以往仅聚焦于具体价值元素间的竞争,转而更加兼顾价值集群内各价值元素间的合作效应。[④]

[①] 尚虎平:《政府绩效评估中"结果导向"的操作性偏误与矫治》,《政治学研究》2015年第3期。

[②] Spicer, M. W., "Value Conflict and Legal Reasoning in Public Administration", *Administrative Theory & Praxis*, Vol. 31, 2009, pp. 537–555; De Graaf, G., Huberts, L. and Smulders, R., "Coping with Public Value Conflicts", *Administration & Society*, Vol. 48, 2016, pp. 1101–1127.

[③] Grandy, C., "The 'Efficient' Public Administrator: Pareto and a Well-Rounded Approach to Public Administration", *Public Administration Review*, Vol. 69, 2009, pp. 1115–1123.

[④] 孙斐、赵晓军:《价值协同:一个新的地方政府绩效评价价值冲突成因》,《公共行政评论》2016年第2期。

本书选取6个地方政府绩效评价典型案例，运用跨案例研究和扎根理论，揭示出地方政府绩效评价的价值协同形成机制，并将其宏观、微观因素纳入一个整体性的分析框架之中。这不仅有望以地方政府绩效评价的价值协同形成机制为基础，发展出面向实践的价值冲突治理策略和工具箱，而且可以拓展地方政府绩效评价价值冲突成因的研究视角，从而为高绩效下的价值冲突提供一种全新的解释。

第六章

基于价值协同的价值冲突治理策略与工具箱

在地方政府绩效评价过程中，价值冲突不仅源于价值竞争，而且也会因异化的"价值协同"被引发。由"价值协同"引发的价值冲突往往要比由价值竞争引发的价值冲突更难以识别和治理。这就需要立足于对公共价值及其结构的再认识，尤其是在对价值集群内各价值元素间的合作效应再审视的基础上，发展出更具针对性的价值冲突治理策略与工具箱。

因此，单纯依赖基于资源或利益的价值冲突管理手段仅能治标。为了实现标本兼治，就需要发展出一套囊括资源、利益和共识的多重价值冲突治理策略集与工具箱，以实现对"价值协同"引发的价值冲突的化解。基于此，本书提出三种价值冲突治理策略及其治理工具。

第一节 基于公共资源的价值冲突治理

一方面，价值间的协同会激化隶属于不同价值集群的价值间的竞争，从而导致价值冲突，此价值冲突包括价值供求冲突。由于价值供求冲突外化为公共服务或公共产品的供求冲突，并且资源的可获得性在其中发挥着重要作用。另一方面，地方财力有限会增强其对上级政府的依赖性，从而弱化与上级政府的博弈能力。因此，基于公共资源的价值冲突治理策略可以实现对"价值协同"所引发的价值冲突的浅层治理。

基于公共资源的价值冲突治理策略旨在通过增加公共资源的可获得性，在短期内促成政府对某一或某些价值的供给，以此满足公众的价值需求。此种价值冲突治理策略并没有改变价值间固有的竞争关系或冲突本质，更多地着眼于消除诱发价值冲突的外在原因——资源稀缺。因为，格兰迪（Grandy）指出，在资源有限的情况下，在没有减少一些价值的前提下不可能实现另一些价值的增加。基于公共资源的价值冲突治理策略包括：增加资源的可获得性，合理界定部门职能职责的边界，防火墙、循环与渐进主义的混合使用等治理工具。

一 增加资源的可获得性

资源可获得性对于价值目标的实现具有重要意义，或者说公共资源作为公共价值创造或实现的投入要素，不仅构成了基本约束条件，而且公共资源的投入方向本身就包含着政府的注意力与价值偏好。因此，最为直接的化解方式是增加资源可获得性，从而减少或消除地方政府在竞争性价值间的两难选择。

首先，建立与既定价值目标相匹配的公共项目制。一方面，在此公共项目制中，预先准确测算实现此项价值目标所需的资源种类及数量，尤其是需要考虑价值实现过程中的外部不可控因素，如经济周期性或偶发性波动、特定政治事件、社会舆论导向等所造成的额外资源耗损；另一方面，改变一揽子资源分配方式，转向以承担的指标多寡和难易程度为依据，实施分类、精准的资源匹配模式。在资源匹配模式中，资源被划分成多种类型，不仅包括公共财政和人才等有形资源，而且也包括信息和技术保障条件等无形资源，甚至在特定情境下试错豁免权也是一种资源。与此同时，根据共享节余的原则，对指标完成好且有结余资金的地方政府，允许它们在其认为合适时进行开支，从而增加地方政府对于资源使用的话语权。

其次，建立基于多样化利益相关者的资源库。任何一项价值的实现，都要经历价值目标—战略目标—操作化目标—评价指标的过程。在此过程中，不仅涉及价值抉择的上级政府，而且还包括实施评价指标的评价对象和最终消费价值的公众。因此，地方政府可以基于360度绩效评价办法确定特定价值目标实现的利益相关者，采取差异化的策略和方法（正式合同和非正式的感情联络），获取不同利益相关者拥有的资源，形成资源库，避免单纯依赖上级政府的财政性拨款。比如通过与高校的合作，开展第三方评价，或者邀请专家参与评价指标、办法和评估等环节，利用外部智力资源，提升评价指标的信效度。也可以开展社会评价或满意度评价，积极利用公众基于消费式体验所获得的信息资源，以此矫正价值供给偏差，或者将公众视为绩效生产合作伙伴，共同完成评价指标、绩效标准、评价结果运用等的设计与制定，从而将公众分散化的时间、人力、智力等资源整合到整个绩效评价体系之中。

总之，资源库的建立不仅在于资源的简单储存，而是建立一套资源识别、分类、存储、更新、快速匹配的管理机制。比如将大数据、云计算运用于资源库的构建和日常管理中，提高资源库的利用效率与效益。

二 合理界定部门职能职责的边界

首先，地方政府各职能部门的管辖边界往往难以准确界定，导致责任交叉重叠、多头共管的现象，从而造成同一公共资源在重复管理的过程中被过度使用。其次，当职能部门面对统一的考核，并希望取得良好的绩效排名时，便会围绕评价指标的完成开展激烈的公共资料竞争，而激烈的竞争又会进一步影响公共资源的配置机制。[①] 最后，为了推进自身工作的顺利开展，各职能部门具有内在的动机将自己与其他部门合作的急难险重工作，纳入评价指标体系，从而导致整个绩效评价体系承载量过大，造成公共资源的浪费。

因此，合理界定部门职能职责的边界不仅可以保证各职能部门获得必要的公共资源支持，而且有助于增强公共资源的配置效率，实现政府部门整体价值供给能力的提升。

一方面，可以通过博弈分析，厘清各职能交叉部门的边界。在任何经济社会中，每个行动主体都有自身的利益诉求，并希望通过自己的某种行为获取利益最大化。[②] 在既定机构编制条件下，各职能交叉部门在职能的归属上存在着此消彼长的竞争关系。为了获得尽可能多的权力，以使本部门利益最大化，各个部门之间势必要开展博弈。因此，博弈分析有助于厘清各职能交叉部门的边界。

另一方面，通过权力清单和责任清单的建设，明确界定各部门划入、取消、划出、加强的职责；全面、具体、清晰、准确地界定各部门承担的主要职责，实现合理配置部门职能，这就为之后防火墙治理工具的使用提供了组织保障。

三 防火墙、循环与渐进主义的混合使用

一方面，价值的实现有赖于一定的组织资源投入，因此如何确保每一种竞争性价值都能够获得足够的资源支持就显得尤为重要；另一方面，各价值因所需资源的多寡、是否便于操作化和量化，以及是否符合上级政府的偏好等因素，在地方政府绩效评价价值体系中占据着不同的位置，从而呈现出某种价值易受到追捧、另一些价

[①] 孙斐：《中国地方政府绩效评价的价值冲突管理——基于四川省资中县政府的质性研究》，《公共管理学报》2015年第3期。

[②] 戴文标：《公共经济学导论》，上海人民出版社2002年版。

值被冷落，甚至出现工具性价值侵蚀目的性价值的现象。为此，可以通过防火墙（firewalls）、循环（cycling）与渐进主义（incrementalism）的混合使用实现两种或两种以上的竞争性价值。

首先，需要在竞争性价值间构建起防火墙，避免彼此间的资源竞争。防火墙是指通过委派不同的组织、行政机构或个人担任具有不同公共价值的职务，从而对所要追求的竞争性价值进行分工负责。[①] 此时，组织具备足够的人、财、物等资源以同时追求不同的公共价值，是一种组织级别的应对方式，具体可通过组织、机构、个人间的分工协作、多管齐下的方式，同时实现多种公共价值。总之，防火墙可以使得所有公共价值都受到必要的关注，并且每一个组织或部门甚至是个体都十分清楚将采取何种行动实现所肩负的公共价值。

其次，当组织因资源的稀缺性，只能在特定时期内实现一种公共价值时，为了确保多元公共价值的实现，便可以采取循环方式。循环是指依次关注不同的价值，以求多元价值的实现。这就是说被认为重要的某种价值在一段特定时间内是有限的，随着发展，其他价值会被重新考虑。此种方法可以有效地防止公共价值冲突产生的麻痹作用，从而为创新提供空间，并促进公共价值之间的平衡。

最后，因管理主义、行政权转让的府际关系或垂直考核模式等原因，某些公共价值被忽视或轻视。为了实现这些公共价值，便可以进行不断的解释、不断的强化及连续的关注，即采取渐进主义的方法。渐进主义是指慢慢地对一种特定的价值给予越来越多的关注，并给予资源支持，具体操作是以循序渐进的方式不断强化对某一特定价值的关注和支持。[②] 渐进主义的效果取决于渐进的幅度，

[①] Thacher, D. and Rein, M., "Managing Value Conflict in Public Policy", *Governance*, Vol. 17, 2004, pp. 457-463.

[②] Stewart, J., "Value Conflict and Policy Change", *Review of Policy Research*, Vol. 23, 2006, pp. 183-195.

不激进地宣扬某个价值，反而有利于新价值与原有价值间关系的构建，从而逐步调整价值结构，实现价值间的再平衡。

当组织稀缺性较为严重，公共价值间的竞争性或冲突性较强，且发生于地方政府绩效评价的不同环节或层次时，混合使用防火墙、循环与渐进主义要比单纯依赖于一种价值冲突治理工具更为有效。地方政府可以基于公共价值间的相近性、层级关系和因果关系，将政府绩效评价所要实现的多元公共价值划分为若干价值集群。一方面，在价值集群间实施防火墙，避免价值集群间的冲突；另一方面，在价值集群内，可以采取循环与渐进主义，以此确保每一个公共价值的实现。此时，价值冲突治理不再是同一时间、同一层面的单一治理过程，而是在了解价值结构特征的前提下，分层次、分阶段的整体式治理过程。

总之，基于公共资源的价值冲突治理策略对于浅层的、具体的、可明确界定的公共价值冲突较为有效，其成本较少，且易于操作。但值得注意的是，基于公共资源的价值冲突治理策略暗含着一种分配性博弈，其出发点和落脚点都是政府组织内部行为，危险在于可能会导致政府采取拆东墙补西墙的应急行为，再加之其专注于物质的解决方法，从而难以触及深层的价值冲突原因。

第二节 基于利益的价值冲突治理

随着地方政府绩效评价从内部管理行为演变为多元利益相关者的合作治理过程，价值冲突则更多地外显为不同利益相关者的利益之争。此时，基于公共资源的价值冲突治理策略适用性式微。因此，可以运用基于利益的价值冲突治理策略实现应对。

基于利益的价值冲突治理策略聚焦于政府绩效评价过程中不同利益相关者间的利益冲突，通过引导各利益相关者共同探索满足利益诉求的方式，构建起合作关系，以实现利益整合，从而应对冲突。① 其视角不再仅仅停留于政府组织内部，而是兼顾内外，具体治理工具包括：战略领导与效率领导的协同，构建完善的绩效评价体系，诡辩，创新与非正式手段。

一 战略领导与效率领导的协同

当政党或上级政府决定实现某种公共价值时，就需要把抽象化的公共价值转化为政府绩效管理战略，并以此设计或遴选与之相匹配的评价指标，制定绩效标准和评价办法。为了保证此过程的顺利进行，需要战略领导发挥作用。

战略领导承担着将价值领导过程中形成的公共价值植入政府绩效管理战略系统中（外部要求）的任务，从而保证公共资源与公共权力在进入政府绩效管理战略实施层面时符合既定的公共价值。与此同时，战略领导也要确定之前充满冲突的公共价值在进入政府绩效管理系统后，是一种相对稳定的状态，即实现公共价值间的平衡。

在政府绩效管理战略确定以后，如何有效地执行和实施便成为重要问题。这就需要效率领导将政府绩效战略系统与绩效执行系统进行对接，实现绩效战略向绩效指标和标准的转变，形成具体的绩效实施步骤和方法。

所谓效率领导，是指在政府的具体行政过程中将具象化的领导活动的各类要素，包括人、事、物、环境等进行统筹协调，追求领导活动实现最终高绩效产出的一种综合性、整合型绩效产出路径。②

由于效率领导对应的是具象化的公共价值，而这些公共价值的

---

① 孙斐：《中国地方政府绩效评价的价值冲突管理——基于四川省资中县政府的质性研究》，《公共管理学报》2015 年第 3 期。

② 包国宪、[美] 道格拉斯·摩根：《政府绩效管理学——以公共价值为基础的政府绩效治理理论与方法》，高等教育出版社 2020 年版。

直接表征就是社会需求，因此在公共价值基础之上所开展的效率领导活动本身就是对当前阶段公众最深切的利益诉求的回应和解决。

效率领导与战略领导并不是相互分离的，反而是相互依存的。一方面，战略领导是效率领导的前提基础；另一方面，战略领导所形成的政府绩效管理战略必须借助效率领导的作用，才有望具象化为可以实施的评价指标和绩效标准。因此，利益相关者期待的公共价值有赖于战略领导与效率领导的协同。两者的协同可以使绩效战略制定者与绩效实施者对所要实现的公共价值目标的理解不会出现偏差或出现执行不到位的情况。

二 构建完善的绩效评价体系

在地方政府绩效评价过程中，价值目标置换源于地方政府无力改变缺乏针对性的绩效评价体系。因此，构建完善的绩效评价体系有利于切断价值协同的中间链条。

首先，由于绩效评价指标体系是绩效评价体系的核心，因此要构建完善的绩效评价体系，首要工作是提升评价指标的信效度。绩效指标的信度是关于指标客观、准确和可靠程度的一种度量。当绩效指标由不同的独立的观察者（领导或公众）做出判断时，内部一致性的信度问题就必然出现。因此，一方面，可以通过培训评价者，尤其是内在差异较大的公众，使其能够更为客观、公正、无偏地看待评价对象的绩效。这不仅包括事前的短期培训，如了解评价对象的职能职责、评价原则和程序，更为重要的是在评价的过程中与评价对象建立起有效的互动式学习，就何为绩效，以及内在的判断标准达成共识。另一方面，精简评价流程、建立评价者的分类库，做到评价者与评价对象的精准匹配，至少保证评价者可以有效地感知评价对象的绩效。此外，保持在一定时期评价者的稳定性，以便于开展跨期比较。

绩效指标的效度关注的是合适程度的问题，即评价指标与评价对象的匹配程度。当评价指标只与评价对象的少许工作相关，或者受到无法控制的因素影响，做出高估或低估评价对象的工作绩效时，效度问题就出现了。因此，一是应基于评价对象的职能职责，运用关键绩效指标法设计指标，而不是一味地遵循上级领导的偏好；二是评价指标设计路径应由自上而下转变为自上而下与自下而上相结合，评价指标需分层且差异化赋权重，并且其权重应该具有区分度；三是建立评价指标的动态监测机制和调整机制，就不合时宜的评价指标及时进行删除或替换；四是在评价指标设计和预评价阶段，可以逐一进行评价指标的表面效度、一致性效度、相关性效度和预见性效度的检验。

其次，改变一刀切的评价方式，制定更具弹性的绩效评价方法。统一的评价办法并不一定带来公正的评价结果，反而会因评价对象的内在差异性，导致不公平，从而影响到评价对象对于绩效评价体系的认同度。一是改变以往单一的一次性考核为过程考核和结果考核的多阶段考核模式；二是在既定成本和技术能力的条件下赋予评价对象系数，消除统一排名的不公平，并分部门分职责进行考核；三是横向比较与纵向比较相结合，实现评价对象绩效结果的精准定位；四是基于绩效棱柱模型、平衡积分卡和关键绩效指标等发展出一个整合性的评价模型，以增强绩效评价办法的综合性；五是定量考核与定性考核相结合，不仅要客观、准确地进行绩效测量，而且也要开展基于消费式体验的满意度评价，以此兼顾到内外部利益相关者的权益；六是减少绩效评价组织者的主观扰动，形成良好的评价惯例。

最后，合理化绩效评价的外部要求对于绩效目标的确立十分重要。增强宏观政策的匹配性是合理化绩效评价外部要求的主要途径，具体可通过制定差异化的政策、给予地方政府基于辖区公众诉求修正政策的机会空间等来增强。

三 诡辩

当面对新的价值冲突时,学习其他地方政府的成功案例不失为一种有效的方式。因此,地方政府可以采用诡辩(casuistry)来治理政府绩效评价过程中涌现的公共价值冲突。

诡辩是指根据以往案例中的经验对每个特定价值做出决策,并根据这些案例为每个价值定制相应的回应策略。[①] 其操作方式是运用类比推理,即将一个案例与另一个案例比较得出可以借鉴的经验。诡辩的优点在于可以为特定的价值冲突找到定制的解决方案,并可以从案例中不断学习,但需要花费大量时间和精力,会给决策者带来巨大压力。因此,需要建立价值冲突治理的案例库。

首先,价值冲突治理案例库的建立,不应仅限于某个层级的政府或某个政府部门内部,而应该具有较强的开放性。案例库的开放性包括三个方面:一是案例来源的多元性,即不限于政府内部,高校、研究机构也都可以提供案例素材;二是案例库的构建,应该有多元主体参与,尤其是政府应与高校、研究机构合作,打造一个权威、科学并兼顾可操作性的案例库;三是借助云计算和人工智能技术,实现案例库数据的及时更新和管理。

其次,要想确保案例库的实时更新,就需要政府具备一定的学习能力,即能够从解决具体价值冲突的过程和结果中有效地总结经验,并制作出可供他人或日后借鉴的案例。因此,打造学习型组织便是一种有效方式。

四 创新与非正式手段

地方政府经常会遇到难以完成的评价指标、强劲的对手、难以满足利益诉求的公众、有限的公共资源和公共权力以及令人难以控

---

① Thacher, D. and Rein, M., "Managing Value Conflict in Public Policy", *Governance*, Vol. 17, 2004, pp. 457-486.

制的不断变化的环境。直面这一外部环境,并不是一件容易的事。此时,对于地方政府而言,创新成为一种克服困难的重要选择。要想实现创新,就需要在以下方面做出努力。

首先,驾驭环境,而不是被环境控制。地方政府可以与市场、社会团体联手,开发新的资源。一个创新型政府可以将市场和社会团体甚至是公众视为可以利用的渠道和可供开发的资源。这是因为市场和社会团体可以帮助他们降低由于似乎越来越苛刻的拨款条件而造成的对上级政府的依赖性。与此同时,地方政府与本地市场和社会团体的有效合作,可以使得自身的绩效结果更加符合本辖区民众的需求。

其次,将自主决策权下放到地方政府,甚至是基层一线,因为那里才是政府与外部世界接触的地方。如果创新就如莱文(Levin)和桑格(Sanger)所指出的那样,"运用新方法以充分利用旧材料",那么实现创新的方法之一,就是赋予地方政府或基层一线员工以自行重新组合利用"旧材料"的权力。一方面,需要打破依附官僚制所形成的权力控制习惯;另一方面,必须以规范的方式实施权力下放。

最后,改变领导作风,宽容失败。摒弃"好的领导就是权力集中且拥有严格的上下级关系"的观念,将基于官僚制的传统式领导转变为创新型领导,即把自己的工作视为一种为别人的成功创造条件的过程,并努力建设一种支持承担风险和新创意的组织文化。既然是创新就不可避免失败的风险,那么领导者的工作之一就是清晰地传递出这样的信号,即错误不仅是可以容忍的,而且还是受鼓励的。允许失败,可以通过多种方式体现出来——设立允许合理的失败比例、发放特许批条、为最不可能实现的想法设立奖项等。

地方政府在面对急难险重的绩效评价任务时,可能会采取非正式手段,比如动用特殊关系或金钱,尤其是在社会稳定一票否决式的考核下,为了解决利益冲突,地方政府会倾向于给予利益诉求方特殊待遇。这正如韦伯所言，在很多情况下达到"好"的目的，一定是一个人必须愿意付出道德上不可靠的手段或至少是危险的代价——而且还面临着可能产生的恶果。因此，非正式手段应被视为一种极个别情况下的非常规操作，使用的前提是将其规制于法律规则的框架之内。

总之，基于利益的价值冲突治理策略对于较深层的、具体的、可明确界定的公共价值冲突较为有效，其成本与操作适中。但正如罗斯曼（Rothman）等学者指出的，基于利益的冲突化解方式局限在于将利益视为至高无上的，而不对利益进行更深层次的分析。① 此道理同样适用于基于利益的价值冲突管理策略，因为它不足以重新构建行为主体间的互动关系及其过程。② 其结果是无法重新构建新的公共价值结构。

第三节 基于共识的价值冲突治理

"价值协同"深深地嵌入复杂的价值结构之中，依赖于对价值间相近性、层级和因果关系的厘清。这就决定了基于公共资源和利益的价值冲突治理策略无法触及深层的、抽象的、复杂的和难以界定的价值冲突。因此，只能对"价值协同"引发的价值冲突起到治标的作用。要想实现治本，就需要基于共识的价值冲突治理策略。

基于共识的价值冲突治理立足于价值间关系的基础上，将价值冲突视为生命中一个有机的组成部分，并促使价值冲突各方从价值冲突中学习，共同开发出解决价值冲突的方案。它并不创造"结

---

① Rothman, J. and Olson, M., "From Interests to Identities: Towards a New Emphasis in Interactive Conflict Resolution", *Journal of Peace Reseach*, Vol. 38, 2001, pp. 289 – 305.

② 孙斐：《中国地方政府绩效评价的价值冲突管理——基于四川省资中县政府的质性研究》，《公共管理学报》2015 年第 3 期。

束"价值冲突的幻象,而是促进一种持续性的互动式对话,形成价值共识,从而最终应对价值冲突。其治理工具包括:重构价值结构、价值领导和构建公共价值创造的合作伙伴关系。

一 重构价值结构

价值协同根植于特定的价值结构之中,是价值间的共谋行为。因此,重构新的价值结构便可以有效地降低价值间的协同作用效果或者阻断价值间的作用关系,以此实现对价值协同引发的价值冲突的治理。

首先,在不改变原有价值结构组成元素的前提下,对各价值元素重新进行价值优先权的排序,即重构价值间的层级关系。具体做法:一是可以降低参与异化价值协同的价值的权重,使其与其他价值相比处于劣势地位。对于本书而言,就是将回应性价值和控制价值的权重由原先的12%降低到与廉洁、法律规则、倾听民意等价值一样,甚至比它们更低。这样即使它们之间发生"协同作用",也不至于造成严重、不可控的价值冲突。二是基于价值集群的概念,增强那些与参与价值协同的价值没有相近性关系的价值的权重,使其成为整个政府绩效评价的核心价值目标,从而发挥对价值协同参与者的抑制作用。比如提高公众满意、透明与公众参与等非任务性价值在整个价值结构的地位,使其在与控制、责任和回应性(上级)等任务型价值的角逐中,获得优势,从而不断促使价值结构的重塑。

其次,引入新的价值或将原有价值结构中的某个或某些价值剔除。这种做法对于原有价值间层级关系的作用甚微,主要旨在改变已有价值间的相近性和因果关系。一方面,当新的价值被纳入原有的价值结构中时,便会与已有价值建立起新的因果关系,要么作为新的工具性价值,促成其他价值的实现;要么作为目的性价值,依赖于其他价值。此时,价值间的因果关系得以重塑。与此同时,新加入的价值也会因与已有价值之间关系紧密，成为新的节点价值。由于节点价值的性质对于价值结构的特征发挥着至关重要的作用，因此，新的价值通过改变价值间的相近性，从而实现对原有价值结构的重构。另一方面，将原有价值结构中的某个或某些价值剔除，尤其是将参与价值协同的价值剔除，直接瓦解价值协同引发价值冲突的根基。

总之，无论是重新排序已有价值，还是引入新的价值或剔除某个或某些价值，都有赖于对原有价值结构特征的理解，即对价值间相近性、层级和因果关系的认识。因此，运用新的价值识别工具（认知测绘、Q-方法），或发展新的价值间关系（特别是因果关系）的测量工具和判断准则就显得尤为重要。这就需要地方政府加强与高校等研究机构的合作。

二 价值领导

政府绩效评价实现何种公共价值目标，以及如何在多元公共价值间做出排序与平衡，从而建构起一个相对稳定的政府绩效评价公共价值结构，就需要发挥价值领导的作用。价值领导是一种识别、选择公共价值，并对公共价值进行排序以及再平衡的领导力。[1]

首先，价值领导对社会价值偏好进行识别和选择，从而保证政府绩效评价追求的公共价值与公众的价值诉求相一致。不同的社会阶层和利益群体持有不同的价值偏好，而政府无法对碎片化且充满冲突的社会价值做出回应。此时就需要价值领导找到一种行之有效的方式来整合不同的价值偏好，其本质是从社会价值中寻找到筛选公共价值的方式和方法，并能够平衡各种利益主体的价值诉求。

其次，价值领导对进入政府绩效评价系统中的公共价值进行优先权的排序，并对存在潜在冲突的公共价值实施再平衡。一方面，

---

[1] 包国宪、[美] 道格拉斯·摩根：《政府绩效管理学——以公共价值为基础的政府绩效治理理论与方法》，高等教育出版社 2020 年版。

由于每一个进入政府绩效评价系统中的公共价值并不具有相同的地位，因此面对既定的公共资源和公共权力时，需要在多元且冲突的公共价值间做出价值优先权的排序，从而帮助政府确定何为关键性的评价指标以及如何赋权重；另一方面，需要对潜在冲突的公共价值做出再平衡，即在审视公共价值间相近性、层次和因果关系的基础上，将不同的公共价值置于适当的位置上，从而构建起一个相对稳定、平衡，并具内在张力的价值结构。此时，价值领导扮演着一个审查员的角色，对作为价值载体的评价指标进行数量和权重的再分配，从而起到平衡价值关系的作用。

最后，价值领导会因所隶属的行政层级呈现出差异性。这就是说，不同政府的边界决定了价值领导的内容和层次。就中央政府而言，价值领导面对的是整体社会发展的主要矛盾所产生的价值冲突；对地方政府而言，价值领导面临的是一个地区具体发展所需要解决的主要矛盾。因此，应该针对所在的行政层次，设定价值领导的表现形式和功能内容。

总之，要想发挥价值领导的作用，一是促使政治家团体具备全面关注和了解社会偏好的可能；二是建立公众价值诉求的表达机制。

三　构建公共价值创造的合作伙伴关系

无论是重构新的价值结构，还是发挥价值领导作用，都意味着各利益相关者就地方政府绩效评价所实现的公共价值目标达成共识。这就需要在利益相关者间构建起公共价值创造的合作伙伴关系。此时，地方政府绩效评价所追求的公共价值目标既不是上级政府依赖垂直考核模式自上而下植入的，也不是单一源自公众的价值偏好，而是在利益相关者构建起公共价值创造的合作伙伴关系的基础上，所达成的价值共识。公共价值创造合作伙伴关系的构建不仅需要改变以往政府内部命令—服从的垂直关系，而且要改变供给—

消费的政民互动关系。

一是上下级关系的构建不再以权力—任务为中心，而是以公共价值的创造作为行使公共权力和运用公共资源的出发点和落脚点。谁对于公共价值实现越重要，谁就越具有话语权。此时，便可以将上级政府或政治精英提出的具有前瞻性的公共价值与政府既有的公共价值生产能力建立起关联，从此公共价值目标不再是乌托邦式的景象，而是具有实现路径、可操作性的评价指标和绩效标准。

二是政民关系不再限于公共价值的消费环节，而应该转向公共价值的创造过程。摩尔将公共价值视为公众对政府期望的集合，或者说公共价值是相对于公众的主观满足感而言的，而不是决策者想当然地认为对公众或对自己最好的东西。[①] 因此，公共价值创造既离不开政府也离不开公众。这就需要政府与公众建立以公共价值创造为导向的合作伙伴关系。

首先，地方政府需要思考如何重新开放公共空间，通过公共对话，在平衡由理性主导的专业知识，与开放的、个性化的和感性的经验知识的冲突的基础上，重建两者间的联系，对何为我们需要的价值形成共同理解。与此同时，地方政府需要建立诉求表达机制，学会倾听公众的声音，成为"聆听式的官僚"。理解和尊重公众关于政府绩效评价价值目标的洞见、视角。此外，按照"公众优先"原则，不断地按照普通公众的视角对自身的工作寻求新的解释。

其次，帮助公众成为合格的公共价值创造合作伙伴，而不是"搅局者"。一是，通过持续开展满意度评价，培训公众的参与意识与参与能力。一方面，增强公众解读高度格式化、专业化的知识的能力，以支撑有效参与政府绩效评价的全过程；另一方面，帮助公众把内隐的、情感化的、个性化的价值诉求转化为格式化和易编码的知识以供政府识别和利用。二是消解绩效信息赤字与不对称，在

[①] 何艳玲：《公共价值管理：一个新的公共行政学范式》，《政治学研究》2009 年第 6 期。

制度层面需要建立绩效信息的公开机制，阻断政府对绩效信息的刻意过滤与处理，确保绩效信息全面、客观地公开与发布，以实现公众对政府绩效评价全过程的监督和客观评判。在技术层面，可以通过建立基于互联网技术的电子化政府，将信息及时、准确和有效地传递给公众，为政府与公众提供真正互动和对话的机会。

第四节 讨论与小结

基于公共资源的价值冲突治理策略、基于利益的价值冲突治理策略和基于共识的价值冲突治理策略有其各自的适用条件和具体的治理工具，共同构成了地方政府绩效评价的价值冲突治理策略集（见表6—1）。

表6—1　三种价值冲突治理策略的主要特征比较

	基于公共资源的价值冲突治理	基于利益的价值冲突治理	基于共识的价值冲突治理
价值冲突的层次	浅层	中层	深层
价值冲突的明确程度	具体的、可明确界定的	具体的、可明确界定的	抽象的、复杂的和难于界定的
渴望的结果	以有形的资源来界定	以有形的资源和利益来界定	无形的，且难于确认
成本及时间	较少	适中	较多
参与主体	政府内部主体	政府内部主体与较少的外部主体	内外部主体，且呈现出复杂的治理网络结构
主体间的关系	层级关系	层级关系与供求关系	绩效生产合作伙伴关系
价值冲突的治理逻辑	分配性博弈	分配性博弈或局部正和博弈	正和博弈

续表

	基于公共资源的价值冲突治理	基于利益的价值冲突治理	基于共识的价值冲突治理
实现手段	·增加资源的可获得性 ·合理界定部门职能职责的边界 ·防火墙、循环与渐进主义的混合使用	·战略领导与效率领导的协同 ·构建完善的绩效评价体系 ·诡辩 ·创新与非正式手段	·重构价值结构 ·价值领导 ·构建公共价值创造的合作伙伴关系

地方政府可根据所面对的价值冲突类型和复杂程度，既可以选择单一的价值冲突治理策略，也可以混合使用。其混合使用，可以遵循罗斯曼的 ARIA 框架。在对抗表达阶段，可以运用基于公共资源和利益的价值冲突治理策略来应对围绕资源和利益开展的竞争；在共鸣和议程设定阶段，可以使用基于共识的价值冲突治理策略，使得各利益相关者在充分表达价值诉求的基础上，展开更加深入的对话，以此形成价值共识。在此过程中，逐渐开始承认和接受彼此的价值偏好，并就如何治理价值冲突开展合作探索，共同制定新的解决方案。

目前基于利益的价值冲突治理策略是较为常用的策略，但随着不确定性和复杂性的增加，管理地方政府绩效评价的价值冲突已不单是政府的责任，更需要所有利益相关者以绩效生产合作伙伴的身份共同探索治理方案。因此，未来基于共识的价值冲突治理策略将会获得更多的关注。

本书发展出的价值冲突治理策略集与撒切尔和斯图尔特等学者提出的价值冲突管理战略相比而言，是一个具有层次且包含具体实现手段的治理策略集，不仅关注到了各价值冲突治理策略的适用条件和功能，而且明确了各价值冲突治理策略应对的价值冲突类型和所处的价值冲突化解阶段，这就为实践者选择针对性的价值冲突治理策略提供了一份说明书,从而增强了治理价值冲突的能力与现实效果。同时,本书中的价值冲突治理策略包含了效率领导、战略领导和价值领导,为包国宪等学者提出的绩效协同领导系统提供了经验证据。此外,本书提出的三种价值冲突治理策略突破了以往国内学者对价值冲突管理的感性认识,这便为后续开展类似研究主题的实证研究提供了一个机会窗口。

第七章

研究结论与展望

本书以地方政府绩效评价为研究对象，混合运用多案例研究、扎根理论、内容分析法和社会网络分析法，对价值选择、分类与结构，价值冲突表现，以及价值协同形成机制逐一进行深入分析，并在此基础上，提出价值冲突治理策略集及其治理工具。这不仅有望为消解高绩效下的价值冲突提供现实可能性，而且可拓展地方政府绩效评价价值冲突成因的研究视角。

第一节 研究结论与创新

一 主要结论

价值协同深深地嵌入复杂的价值结构之中，要想揭示出地方政府绩效评价的价值协同形成机制，就需要对价值选择、分类与结构，以及价值冲突表现展开分析。因为，它们是我们理解价值协同的前提基础。在此研究过程中，本书获得如下四个方面的研究结论。

（一）地方政府绩效评价的价值结构三角模型

地方政府绩效评价所选择的价值元素，并不是单一的，而是多元的，不仅包括效率、效益、回应性等传统公共行政价值，而且涵盖20世纪80年代中期以来涌现的新价值，如质量、责任、创新和可持续性。与此同时，还囊括摩尔、登哈特和姆维塔等学者所倡导的民主价值，如公共利益、公众满意、公众参与和透明等。这些多元价值以集群形式聚合成与政府组织对社会贡献相关的价值、与公务员行为相关的价值、与政府组织运行相关的价值、与上级政府互动相关的价值、与外部环境互动相关的价值、与公众互动相关的价值等价值类型。在此基础上，发展出一个以职能—使命为核心、以命令—忠诚为基础、以运行—发展为保障的价值结构三角模型。

（二）地方政府绩效评价的价值冲突表现为价值取向冲突和价值供求冲突

地方政府绩效评价的价值冲突不仅表现为价值取向冲突，而且表现为价值供求冲突。价值取向冲突多发生于不可兼容和不可通约的价值间，体现为一种零和型冲突，并且是与共识主导的公共价值相联系的；价值供求冲突具有明显的使用价值特征，属于结果主导的公共价值。从价值冲突的频次和分布两个维度而言，在价值取向冲突中，经济发展与可持续性冲突、经济发展与社会稳定冲突、效率与效益冲突属于固有的价值冲突。与此同时，价值取向冲突呈现出特定的网络结构特征，其中效率、法律规则、经济发展、创新和透明最容易与其他价值发生冲突，而且冲突的价值间存在闭回路现象，即存在着三元、四元甚至是多元价值冲突的问题。

（三）地方政府绩效评价的价值协同模型

首先，宏观政策与地方现状的偏差、多样化的评价对象、地方财力有限和官僚内部运行逻辑是价值协同形成的现实土壤，即"情境变量"。其次，回应性价值、责任价值和控制价值间的合作效应是诱发价值协同的"元凶"，扮演着"自变量"的角色。再次，统一性与多样化的矛盾、依赖上级政府、缺乏对上级政府的博弈能力、缺乏针对性的绩效评价体系、信息不对称和成本与可操作性在控制价值、回应性价值与责任价值间的协同作用中发挥着"中介或调节变量"的作用。最后，价值目标置换和价值冲突是价值协同的"因变量"。至此，本书在揭示出地方政府绩效评价价值协同形成机制的基础上，发展出一个价值协同模型。

（四）地方政府绩效评价的价值冲突治理策略集及其治理工具

为了实现对价值协同引发的价值冲突的应对，本书发展出一套囊括资源、利益和共识的多重价值冲突治理策略集与治理工具箱。基于公共资源的价值冲突治理策略，其治理工具包括增加资源的可获得性，合理界定部门职能职责的边界，防火墙、循环与渐进主义的混合使用；基于利益的价值冲突治理策略，其治理工具包括战略领导与效率领导的协同，构建完善的绩效评价体系，诡辩，创新与非正式手段；基于共识的价值冲突治理策略，其治理工具包括重构价值结构，价值领导和构建公共价值创造的合作伙伴关系。三种价值冲突治理策略共同构成了地方政府绩效评价的价值冲突治理策略集。地方政府根据所面对的价值冲突类型和复杂程度，既可以选择单一的价值冲突治理策略，也可以混合使用。

二 重要创新点

（一）地方政府绩效评价的价值协同模型——拓展地方政府绩效评价价值冲突成因的研究视角

已有文献以价值竞争为前提预设，探究地方政府绩效评价价值冲突成因，缺乏对价值间合作行为的关注，从而无法正确理解价值间的协同关系。本书改变这一分析视角，着力从价值合作出发，聚焦于价值集群内部价值间的相互关系，运用跨案例研究和扎根理论，揭示出地方政府绩效评价的价值协同形成机制，并将其宏观、微观因素纳入一个整体性的分析框架之中。这一研究发现不仅有助于绘制出地方政府绩效评价价值冲突成因的全景图，而且可以拓展地方政府绩效评价价值冲突成因的研究视角，从而为高绩效下的价值冲突提供一种全新的解释。

（二）地方政府绩效评价的价值冲突网络——超越二元价值冲突的分析范式

在 21 世纪初，大部分研究者关注过程价值与结果价值之间的两极性冲突。这似乎意味着在公共管理过程中，价值冲突仅表现为两两冲突。本书立足于地方政府绩效评价语境，运用社会网络分析法，探究价值冲突的结构特征，呈现出价值冲突网络，不仅指出效率、法律规则、经济发展、创新和透明最容易与其他价值发生冲突，而且发现冲突的价值间存在闭回路现象，即存在着三元、四元甚至是多元价值冲突的链式特征，在此基础上识别出价值冲突网络中的节点价值、中介价值和关键价值。这一研究发现促使我们基于复杂网络的概念，即超越二元价值冲突的分析范式，重新思考和理解价值冲突的本质与表现。

第二节　未来展望

针对各章研究的不足，未来有关地方政府绩效评价的价值协同研究仍有待系统化和进一步深入。

首先，尝试使用 Q-方法或认知测绘，甚至基于调查问题，在大样本的基础上，识别出我国地方政府绩效评价的价值选择内容，并确定一个具有普遍适用性的价值标准，不但可为后续探究价值结构和理解价值冲突的范围与本质奠定基础，而且更可为设计相应的评价维度提供坚实的理论依据。

其次，理解公共价值结构是开启价值冲突研究的钥匙。在厘清公共价值间层级关系的基础上，可以借鉴安德森等学者探讨价值相关性的方法，通过共现分析构建价值词频共现矩阵与相关矩阵，实现对公共价值间相近性的探讨；同时，开发检验价值间因果关系的量化分析工具，从而更好地理解在特定价值因果关系基础上形成的独特价值结构及其功能，比如运用社会网络分析法和时间轴分析。

再次，超越单纯地关注二元价值间的冲突，运用复杂网络的概念，尤其是借助社会网络分析法，探究价值冲突的结构特征和价值冲突的方向性，从而更好地理解价值冲突的本质、表现形式、演化逻辑与路径。

最后，虽然本书基于多案例分析发展出了地方政府绩效评价的价值协同模型，但限于整个模型的复杂性，难以用检验有限变量关系的量化研究进行检验。为此，一方面，未来有待研究工具的创新，在大样本下，检验本书所提出的研究命题，以此发展出更具普适性的研究结论；另一方面，通过与地方政府的项目合作，基于地方政府绩效评价的价值协同模型设计评价指标体系，并将本书提出的基于价值协同的价值冲突治理策略与治理工具箱运用于实际操作之中，在实践试点检验的基础上，推动当前我国地方政府绩效评价价值冲突治理机制的完善。

附　　录

附录1：保密承诺书

尊敬的受访者：

　　您好！衷心感谢您接受我的访谈，本访谈是为国家社会科学基金青年项目"地方政府绩效评价的价值协同研究"（16CGL049）而设计，目的是以中国地方政府绩效评价为研究对象，探究在政府绩效评价的过程中存在的价值冲突及其治理策略，以在丰富政府绩效评价价值冲突治理理论的基础上，指导我国地方政府绩效评价的价值冲突治理实践。

　　希望您能就地方政府绩效评价的价值选择、价值冲突表现、价值冲突成因和价值冲突治理等主题，与我进行深入的沟通和交流，以便我顺利完成该课题的研究！谢谢！

　　作为一项规范的案例研究，我希望能够对访谈过程进行全程录音以便节省访谈时间，并利于资料的整理。如您认为不便，您可以在访谈中的任何时候关闭录音设备，甚至拒绝录音，我将充分尊重您的隐私权。如您需要，我将把访谈录音文件提供给您备份。

　　我向您郑重承诺：我将恪守学术研究的道德规范，不将访谈的任何内容和信息（包括访谈录音及其整理文件）泄露给第三方或用于除本项目研究之外的任何用途。在本项目的最终成果中不会出现任何有关受访者的个人信息或能够使人联想到受访者的任何暗示，请您放心。

我以学者的身份，认真而郑重地对您做出以上承诺。如有违反我愿承担法律责任。

再次感谢您对我研究的支持和帮助，祝您健康！愉快！

访问者：兰州大学管理学院（本人签名）

访问者单位：兰州大学中国地方政府绩效管理中心

电话：138＊＊＊＊＊663

E-mail：sun＊＊＊＊＊＊@lzu.edu.cn

附录2：受访者信息登记表

No：

姓名		性别		年龄	
职务或岗位				文化程度	
工作单位				E-mail	
通讯地址				电话	

是否接受访谈录音：是 [ ]　　否 [ ]

是否需要访谈录音文件：是 [ ]　　否 [ ]

附录3：主要文件资料目录

编号	时间	文件资料名称	隶属案例
1	2001	《资中县2001年综合目标考核实施办法》	资中县（ZZX）
2	2002	《资中县2002年综合目标考核实施办法》	资中县（ZZX）
3	2003	《资中县2003年综合目标考核实施办法》	资中县（ZZX）
4	2004	《资中县2004年综合目标考核实施办法》	资中县（ZZX）
5	2005	《资中县2005年综合目标考核实施办法》	资中县（ZZX）

续表

编号	时间	文件资料名称	隶属案例
6	2006	《资中县2006年综合目标考核实施办法》	资中县（ZZX）
7	2007	《资中县2007年综合目标考核实施办法》	资中县（ZZX）
8	2008	《资中县2008年综合目标考核实施办法》	资中县（ZZX）
9	2008	《资中县目标管理委员会关于分解下达2008年度市委保证目标任务的通知》	资中县（ZZX）
10	2008	《资中县目标管理委员会关于调整部分县级部门职能目标中行政效能建设工作目标计分细则的通知》	资中县（ZZX）
11	2008	《中共资中县目标管理办公室关于报送2008年度保证目标半年执行情况的通知》	资中县（ZZX）
12	2009	《资中县2008年综合目标考核实施办法》	资中县（ZZX）
13	2010	《资中县2010年综合目标考核实施办法》	资中县（ZZX）
14	2011	《资中县2011年综合目标考核实施办法》	资中县（ZZX）
15	2012	《资中县2012年综合目标管理工作实施办法》	资中县（ZZX）
16	2012	《2012年度机关内部综合考核实施意见》	资中县（ZZX）
17	2013	《资中县2013年综合目标管理工作实施办法》	资中县（ZZX）
18	2014	《资中县2014年综合目标管理工作实施办法》	资中县（ZZX）
19	2015	《2015年省政府下达内江市目标管理指标》	资中县（ZZX）
20	2015	《关于开展2015年公务员（参公人员）年度考核工作的通知》	资中县（ZZX）
21	2015	《2015年绩效目标考核任务分解通知》	资中县（ZZX）
22	2016	《2016年综合目标绩效考核办法》	资中县（ZZX）
23	2017	《2017年度综合目标绩效考核办法》	资中县（ZZX）
24	2006	《市委办公厅市政府办公厅关于开展2006年度市直单位综合考评的通知》	杭州市（HZS）
25	2006	《2006年度市直单位社会评价工作实施方案》	杭州市（HZS）
26	2006	《2006年度市直单位领导考评工作实施方案》	杭州市（HZS）
27	2006	《2006年度市直单位目标考核工作实施方案》	杭州市（HZS）
28	2006	《关于对市直单位2006年度工作目标完成情况进行检查考核的通知》	杭州市（HZS）

续表

编号	时间	文件资料名称	隶属案例
29	2006	《杭州市综合考评委员会办公室关于对市直单位2006年度工作目标进展情况进行抽查的通知》	杭州市（HZS）
30	2006	《关于申报2006年度创新目标的通知》	杭州市（HZS）
31	2006	《关于市直单位2006年度创新目标申报验收有关事项的通知》	杭州市（HZS）
32	2006	《关于对2006年度市直单位创新目标进行绩效评估的通知》	杭州市（HZS）
33	2007	《市委办公厅市政府办公厅关于实施2007年度市直单位综合考评的通知》	杭州市（HZS）
34	2007	《2007年度市直单位社会评价工作实施方案》	杭州市（HZS）
35	2007	《2007年度市直单位领导考评工作实施方案》	杭州市（HZS）
36	2007	《关于制定上报2007年度市直单位工作目标的通知》	杭州市（HZS）
37	2007	《关于下达2007年度杭州市市直单位工作目标的通知》	杭州市（HZS）
38	2007	《关于对市直单位2007年度工作目标进展情况开展检查的通知》	杭州市（HZS）
39	2007	《关于对市直单位2007年度工作目标进展情况进行抽查的通知》	杭州市（HZS）
40	2007	《杭州市人民政府办公厅关于印发市政府为民办实事项目绩效考核办法的通知》	杭州市（HZS）
41	2007	《关于对市直单位2007年度工作目标完成情况进行检查考核的通知》	杭州市（HZS）
42	2007	《关于对2007年度市政府为民办实事项目进行绩效评估的通知》	杭州市（HZS）
43	2007	《关于认真搞好2007年度社会评价意见整改工作的通知》	杭州市（HZS）
44	2007	《2007年度杭州市市直单位综合考评社会评价意见报告》	杭州市（HZS）

续表

编号	时间	文件资料名称	隶属案例
45	2007	《关于印发〈杭州市市直单位创新创优目标绩效考核办法（试行）〉及申报2007年度创新创优目标的通知》	杭州市（HZS）
46	2007	《杭州市市直单位创新创优目标绩效考核办法（试行）》	杭州市（HZS）
47	2007	《关于下达2007年度杭州市市直单位第一批创新创优目标的通知》	杭州市（HZS）
48	2007	《关于下达2007年度杭州市市直单位第二批创新创优目标的通知》	杭州市（HZS）
49	2007	《关于印发〈杭州市市直单位2007年度创新创优目标绩效考核实施细则〉的通知》	杭州市（HZS）
50	2007	《关于市直单位2007年度创新创优目标专家评估有关事项的通知》	杭州市（HZS）
51	2008	《市委办公厅市政府办公厅关于实施2008年度市直单位综合考评的通知》	杭州市（HZS）
52	2008	《2008年度市直单位目标考核工作实施方案》	杭州市（HZS）
53	2008	《2008年度市直单位社会评价工作实施方案》	杭州市（HZS）
54	2008	《2008年度市直单位领导考评工作实施方案》	杭州市（HZS）
55	2008	《关于制定上报2008年度市直单位工作目标的通知》	杭州市（HZS）
56	2008	《关于对市直单位2008年度工作目标进展情况开展检查的通知》	杭州市（HZS）
57	2008	《关于对市直单位2008年度工作目标进展情况进行抽查的通知》	杭州市（HZS）
58	2008	《关于对2008年市政府为民办实事项目进行绩效考核的通知》	杭州市（HZS）
59	2008	《关于对市直单位2008年度工作目标完成情况进行检查考核的通知》	杭州市（HZS）
60	2008	《关于公布2008年杭州市市直单位社会评价意见重点整改目标的公告》	杭州市（HZS）

续表

编号	时间	文件资料名称	隶属案例
61	2008	《关于2008年社会评价意见整改工作专项目标考核有关事项的通知》	杭州市（HZS）
62	2008	《关于认真搞好2007年度社会评价意见整改工作的通知》	杭州市（HZS）
63	2008	《2008年度杭州市市直单位综合考评社会评价意见报告》	杭州市（HZS）
64	2008	《关于申报2008年度市直单位创新创优目标有关事项的通知》	杭州市（HZS）
65	2008	《关于下达2008年度杭州市市直单位创新创优目标的通知》	杭州市（HZS）
66	2008	《关于下达2008年度杭州市市直单位第二批创新创优目标的通知》	杭州市（HZS）
67	2008	《关于印发〈杭州市市直单位2008年度创新创优目标绩效考核实施细则〉的通知》	杭州市（HZS）
68	2008	《关于市直单位2008年度创新创优目标专家评估有关事项的通知》	杭州市（HZS）
69	2008	《中共杭州市委杭州市人民政府关于对区、县（市）实行综合考核评价的意见（试行）》	杭州市（HZS）
70	2008	《关于统一组织开展年终集中检查考核的通知》	杭州市（HZS）
71	2009	《市委办公厅市政府办公厅关于实施2009年度市直单位综合考评的通知》	杭州市（HZS）
72	2009	《市委办公厅市政府办公厅关于实施2009年度区、县（市）综合考评的通知》	杭州市（HZS）
73	2009	《2009年度市直单位目标考核工作实施方案》	杭州市（HZS）
74	2009	《2009年度市直单位社会评价工作实施方案》	杭州市（HZS）
75	2009	《2009年度市直单位领导考评工作实施方案》	杭州市（HZS）
76	2009	《关于制定上报2009年度市直单位工作目标的通知》	杭州市（HZS）
77	2009	《关于下达2009年度杭州市市直单位工作目标的通知》	杭州市（HZS）

续表

编号	时间	文件资料名称	隶属案例
78	2009	《关于对市直单位 2009 年度工作目标进展情况开展检查的通知》	杭州市（HZS）
79	2009	《关于对市直单位 2009 年度工作目标完成情况进行检查考核的通知》	杭州市（HZS）
80	2009	《2009 年度市政府为民办实事项目进展情况通报》	杭州市（HZS）
81	2009	《市委办公厅市政府办公厅关于严格控制年终各类检查考核加强协调管理的通知》	杭州市（HZS）
82	2009	《关于对 2009 年度市政府为民办实事项目进行绩效考核的通知》	杭州市（HZS）
83	2009	《关于对 2009 年杭州市市直单位向社会公开承诺的社会评价意见重点整改目标完成情况进行公示的公告》	杭州市（HZS）
84	2009	《2009 年度杭州市市直单位综合考评社会评价意见报告》	杭州市（HZS）
85	2009	《关于 2009 年度市直单位创新创优目标申报立项有关事宜的通知》	杭州市（HZS）
86	2009	《关于下达 2009 年度杭州市市直单位创新创优目标的通知》	杭州市（HZS）
87	2009	《关于下达 2009 年度杭州市市直单位第二批创新创优目标的通知》	杭州市（HZS）
88	2009	《关于印发〈杭州市市直单位 2009 年度创新创优目标绩效考核实施细则〉的通知》	杭州市（HZS）
89	2009	《2009 年度市直单位创新创优目标绩效考核专家评估得分公告》	杭州市（HZS）
90	2009	《2009 年度区、县（市）综合考评工作实施方案》	杭州市（HZS）
91	2009	《关于制定 2009 年度区、县（市）工作目标有关事项的通知》	杭州市（HZS）
92	2009	《关于下达 2008 年度区、县（市）社会评价意见做好 2009 年社会评价意见整改工作的通知》	杭州市（HZS）

续表

编号	时间	文件资料名称	隶属案例
93	2009	《市委办公厅市政府办公厅关于严格控制年终各类检查考核加强协调管理的通知》	杭州市（HZS）
94	2010	《市委办公厅市政府办公厅关于实施2010年度市直单位综合考评的通知》	杭州市（HZS）
95	2010	《市委办公厅市政府办公厅关于实施2010年度区、县（市）综合考评的通知》	杭州市（HZS）
96	2010	《2010年度市直单位目标考核工作实施方案》	杭州市（HZS）
97	2010	《2010年度市直单位社会评价工作实施方案》	杭州市（HZS）
98	2010	《2010年度市直单位领导考评工作实施方案》	杭州市（HZS）
99	2010	《杭州市市直单位绩效考核目标考核办法（试行）》	杭州市（HZS）
100	2010	《关于2010年社会评价意见整改工作专项目标考核有关事项的通知》	杭州市（HZS）
101	2010	《市委办公厅市政府办公厅关于严肃综合考评社会评价工作纪律的通知》	杭州市（HZS）
102	2010	《2010年度杭州市市直单位综合考评社会评价意见报告》	杭州市（HZS）
103	2010	《2010年度杭州市市直单位综合考评社会评价意见报告》	杭州市（HZS）
104	2010	《关于2010年度市直单位创新创优目标申报立项有关事宜的通知》	杭州市（HZS）
105	2010	《关于下达2010年度杭州市市直单位创新创优目标的通知》	杭州市（HZS）
106	2010	《关于下达2010年度杭州市市直单位第二批创新创优目标的通知》	杭州市（HZS）
107	2010	《关于印发〈杭州市市直单位2010年度创新创优目标绩效考核实施细则〉的通知》	杭州市（HZS）
108	2010	《关于市直单位2010年度创新创优目标专家评估有关事项的通知》	杭州市（HZS）

续表

编号	时间	文件资料名称	隶属案例
109	2010	《2010年度区、县（市）综合考核评价实施方案》	杭州市（HZS）
110	2010	《关于制定2010年度区、县（市）工作目标有关事项的通知》	杭州市（HZS）
111	2010	《关于下达2009年度区、县（市）社会评价意见和制定2010年整改目标的通知》	杭州市（HZS）
112	2010	《市委办公厅市政府办公厅关于严肃综合考评社会评价工作纪律的通知》	杭州市（HZS）
113	2010	《关于开展2010年度区、县（市）综合考评年终集中检查考核的通知》	杭州市（HZS）
114	2010	《关于要求报送2010年度区、县（市）综合考评相关目标考核结果的通知》	杭州市（HZS）
115	2011	《市委办公厅市政府办公厅关于实施2011年度市直单位综合考评的通知》	杭州市（HZS）
116	2011	《2011年度市直单位目标考核工作实施方案》	杭州市（HZS）
117	2011	《2011年度市直单位社会评价工作实施方案》	杭州市（HZS）
118	2011	《2011年度市直单位领导考评工作实施方案》	杭州市（HZS）
119	2011	《关于下达2011年度杭州市市直单位工作目标（一、二类）的通知》	杭州市（HZS）
120	2011	《关于印发2011年度杭州市市直单位二类（专项）、三类和共性目标考核办法的通知》	杭州市（HZS）
121	2011	《关于下达2010年度社会评价意见和制定2011年整改目标的通知》	杭州市（HZS）
122	2011	《关于对2011年市直单位社会评价意见整改工作进行督查的通知》	杭州市（HZS）
123	2011	《关于报送2011年市直单位社会评价意见重点整改目标完成情况的通知》	杭州市（HZS）
124	2011	《2011年度杭州市市直单位综合考评社会评价意见报告》	杭州市（HZS）
125	2011	《关于2011年度市直单位创新创优目标申报立项有关事宜的通知》	杭州市（HZS）

续表

编号	时间	文件资料名称	隶属案例
126	2011	《关于下达 2011 年度杭州市市直单位创新创优目标的通知》	杭州市（HZS）
127	2011	《关于下达 2011 年度杭州市市直单位第二批创新创优目标的通知》	杭州市（HZS）
128	2011	《关于印发〈杭州市市直单位 2011 年度创新创优目标绩效考核实施细则〉的通知》	杭州市（HZS）
129	2011	《2011 年度区、县（市）综合考核评价实施方案》	杭州市（HZS）
130	2011	《关于制定 2011 年度区、县（市）综合考评工作目标有关事项的通知》	杭州市（HZS）
131	2011	《关于下达 2010 年度区、县（市）社会评价意见和制定 2011 年整改目标的通知》	杭州市（HZS）
132	2011	《关于开展年终各类检查考核调查加强协调管理的通知》	杭州市（HZS）
133	2011	《关于要求报送 2011 年度区、县（市）综合考评相关目标考核结果的通知》	杭州市（HZS）
134	2011	《关于开展 2011 年度区、县（市）综合考评年终集中检查考核的通知》	杭州市（HZS）
135	2012	《市委办公厅市政府办公厅关于实施 2012 年度市直单位综合考评的通知》	杭州市（HZS）
136	2012	《2012 年度市直单位目标考核工作实施方案》	杭州市（HZS）
137	2012	《2012 年度市直单位社会评价工作实施方案》	杭州市（HZS）
138	2012	《2012 年度市直单位领导考评工作实施方案》	杭州市（HZS）
139	2012	《关于制定上报 2012 年度市直单位绩效考核目标的通知》	杭州市（HZS）
140	2012	《关于下达 2012 年度杭州市市直单位绩效考核目标的通知》	杭州市（HZS）
141	2012	《关于对市直单位 2012 年度绩效考核目标进展情况开展检查的通知》	杭州市（HZS）
142	2012	《关于印发 2012 年度杭州市市直单位专项目标考核办法的通知》	杭州市（HZS）

续表

编号	时间	文件资料名称	隶属案例
143	2012	《关于印发〈杭州市市直单位2012年度提升服务质量项目绩效考核实施细则〉的通知》	杭州市（HZS）
144	2012	《关于下达2011年度社会评价意见和制定2012年整改目标的通知》	杭州市（HZS）
145	2012	《关于报送2012年市直单位社会评价意见整改完成情况的通知》	杭州市（HZS）
146	2012	《2012年度杭州市市直单位综合考评社会评价意见报告》	杭州市（HZS）
147	2012	《关于印发〈杭州市政府创新指南〉的通知》	杭州市（HZS）
148	2012	《关于印发〈杭州市市直单位2012年度创新创优目标绩效考核实施细则〉的通知》	杭州市（HZS）
149	2012	《关于市直单位2012年度创新创优目标绩效考核专家评估有关事项的通知》	杭州市（HZS）
150	2012	《2012年度区、县（市）综合考核评价实施方案》	杭州市（HZS）
151	2012	《关于下达2011年度区、县（市）社会评价意见和制定2012年整改目标的通知》	杭州市（HZS）
152	2012	《关于制定2012年度区、县（市）综合考评专项考核目标有关事项的通知》	杭州市（HZS）
153	2012	《关于制定2012年度区、县（市）综合考评工作目标有关事项的通知》	杭州市（HZS）
154	2012	《关于开展2012年度区、县（市）综合考评年终集中检查考核的通知》	杭州市（HZS）
155	2012	《关于要求报送2012年度区、县（市）综合考评相关目标考核结果的通知》	杭州市（HZS）
156	2013	《关于印发2013年度区、县（市）和市直单位综合考评实施办法的通知》	杭州市（HZS）
157	2013	《2013年度市直单位目标考核工作实施方案》	杭州市（HZS）
158	2013	《2013年度市直单位社会评价工作实施方案》	杭州市（HZS）
159	2013	《2013年度市直单位领导考评工作实施方案》	杭州市（HZS）

续表

编号	时间	文件资料名称	隶属案例
160	2013	《关于制定2013年度市直单位绩效考核目标的通知》	杭州市（HZS）
161	2013	《关于下达2013年度杭州市市直单位绩效考核目标的通知》	杭州市（HZS）
162	2013	《关于对2013年度市政府为民办实事项目进行绩效考核的通知》	杭州市（HZS）
163	2013	《关于对2013年度市直单位目标完成情况进行检查考核的通知》	杭州市（HZS）
164	2013	《关于下达2012年度社会评价意见及做好2013年意见整改工作的通知》	杭州市（HZS）
165	2013	《关于报送自查意见及制定整改目标的通知》	杭州市（HZS）
166	2013	《关于做好2013年市考评办跟踪督办社会评价意见整改目标有关事项的通知》	杭州市（HZS）
167	2013	《关于报送2013年市直单位社会评价意见整改目标完成情况的通知》	杭州市（HZS）
168	2013	《关于2013年度市直单位创新创优项目申报和绩效评估有关事宜的通知》	杭州市（HZS）
169	2013	《关于2013年度市直单位创新创优项目综合评估有关事项的通知》	杭州市（HZS）
170	2013	《2013年度区、县（市）综合考核评价实施方案》	杭州市（HZS）
171	2013	《关于下达2012年度区、县（市）社会评价意见和制定2013年整改目标的通知》	杭州市（HZS）
172	2013	《关于制定2013年度区、县（市）综合考评工作目标有关事项的通知》	杭州市（HZS）
173	2013	《关于制定2013年度区、县（市）工作目标和特色创新目标有关事项的通知》	杭州市（HZS）
174	2013	《关于开展2013年度区、县（市）综合考评年终集中检查考核的通知》	杭州市（HZS）
175	2014	《关于印发2014年度区、县（市）和市直单位综合考评实施办法的通知》	杭州市（HZS）

续表

编号	时间	文件资料名称	隶属案例
176	2014	《2014年度市直单位目标考核工作实施方案》	杭州市（HZS）
177	2014	《2014年度市直单位社会评价工作实施方案》	杭州市（HZS）
178	2014	《2014年度市直单位领导考评工作实施方案》	杭州市（HZS）
179	2014	《关于制定2014年度市直单位绩效考核目标的通知》	杭州市（HZS）
180	2014	《杭州市市直单位综合考评专项目标管理办法（试行）》	杭州市（HZS）
181	2014	《关于印发2014年度杭州市市直单位综合考评专项目标考核办法的通知》	杭州市（HZS）
182	2014	《关于对2014年度市政府为民办实事项目进行绩效考核的通知》	杭州市（HZS）
183	2014	《关于做好2014年市考评办跟踪督办社会评价意见整改目标有关事项的通知》	杭州市（HZS）
184	2014	《关于下达2013年度社会评价意见及做好2014年意见整改工作的通知》	杭州市（HZS）
185	2014	《关于报送2014年市直单位社会评价意见整改目标完成情况的通知》	杭州市（HZS）
186	2014	《2014年度杭州市市直单位综合考评社会评价意见报告》	杭州市（HZS）
187	2014	《关于印发〈杭州市市直单位创新创优目标绩效考核办法〉及申报2014年度创新创优项目的通知》	杭州市（HZS）
188	2014	《关于下达2014年度杭州市市直单位首批创新创优目标的通知》	杭州市（HZS）
189	2014	《关于下达2014年度杭州市市直单位第二批创新创优目标的通知》	杭州市（HZS）
190	2014	《关于印发〈杭州市市直单位2014年度创新创优目标绩效考核实施细则〉的通知》	杭州市（HZS）
191	2014	《关于2014年度市直单位创新创优项目综合评估有关事项的通知》	杭州市（HZS）

续表

编号	时间	文件资料名称	隶属案例
192	2014	《2014年度市直单位创新创优项目综合评估得分公告》	杭州市（HZS）
193	2014	《2014年度区、县（市）综合考核评价实施方案》	杭州市（HZS）
194	2014	《关于下达2013年度区、县（市）社会评价意见及做好2014年意见整改工作的通知》	杭州市（HZS）
195	2014	《关于制定2014年度区、县（市）综合考评专项目标有关事项的通知》	杭州市（HZS）
196	2014	《关于制定2014年度区、县（市）工作目标和特色创新目标有关事项的通知》	杭州市（HZS）
197	2014	《关于开展2014年度区、县（市）综合考评年终集中检查考核的通知》	杭州市（HZS）
198	2014	《关于要求报送2014年度区、县（市）综合考评相关目标考核结果的通知》	杭州市（HZS）
199	2015	《市委办公厅市政府办公厅关于实施2015年度综合考评的通知》	杭州市（HZS）
200	2015	《2015年度市直单位目标考核工作实施方案》	杭州市（HZS）
201	2015	《2015年度市直单位社会评价工作实施方案》	杭州市（HZS）
202	2015	《2015年度市直单位领导考评工作实施方案》	杭州市（HZS）
203	2015	《关于制定2015年度市直单位绩效考核目标的通知》	杭州市（HZS）
204	2015	《关于下达2015年度杭州市市直单位绩效考核目标的通知》	杭州市（HZS）
205	2015	《关于印发2015年度杭州市市直单位综合考评专项目标考核办法的通知》	杭州市（HZS）
206	2015	《关于对市直单位2015年度绩效考核目标进展情况开展中期检查评估的通知》	杭州市（HZS）
207	2015	《关于对市直单位2015年度绩效考核目标进展情况进行抽查的通知》	杭州市（HZS）
208	2015	《关于对2015年度市政府为民办实事项目进行绩效考核的通知》	杭州市（HZS）

续表

编号	时间	文件资料名称	隶属案例
209	2015	《关于对2015年度市直单位目标完成情况进行检查考核的通知》	杭州市（HZS）
210	2015	《关于下达2014年度社会评价意见及做好2015年社会评价意见整改工作的通知》	杭州市（HZS）
211	2015	《关于做好2015年市考评办跟踪督办社会评价意见整改目标落实有关事项通知》	杭州市（HZS）
212	2015	《关于报送2015年度市直各单位主要工作职责及工作亮点的通知》	杭州市（HZS）
213	2015	《关于报送2015年市直单位社会评价意见整改目标完成情况的通知》	杭州市（HZS）
214	2015	《关于召开2015年市考评办跟踪督办社会评价意见整改情况述评会的通知》	杭州市（HZS）
215	2015	《2015年度杭州市市直单位综合考评社会评价意见报告》	杭州市（HZS）
216	2015	《关于申报2015年度市直单位创新创优目标有关事项的通知》	杭州市（HZS）
217	2015	《关于印发〈杭州市市直单位2015年度创新创优目标绩效考核实施细则〉的通知》	杭州市（HZS）
218	2015	《关于2015年度市直单位创新创优项目综合评估有关事项的通知》	杭州市（HZS）
219	2015	《2015年度市直单位创新创优项目综合评估得分公告》	杭州市（HZS）
220	2015	《关于下达2015年度杭州市市直单位首批创新创优目标的通知》	杭州市（HZS）
221	2015	《关于下达2015年度杭州市市直单位第二批创新创优目标的通知》	杭州市（HZS）
222	2015	《2015年度区、县（市）综合考评实施方案》	杭州市（HZS）
223	2015	《关于制定2015年度区、县（市）工作目标和特色创新目标有关事项的通知》	杭州市（HZS）
224	2015	《关于制定2015年度区、县（市）综合考评专项目标有关事项的通知》	杭州市（HZS）

续表

编号	时间	文件资料名称	隶属案例
225	2015	《关于下达2014年度区、县（市）社会评价意见及做好2015年意见整改工作的通知》	杭州市（HZS）
226	2015	《关于开展2015年度区、县（市）综合考评年终集中检查考核的通知》	杭州市（HZS）
227	2016	《市委办公厅市政府办公厅关于实施2016年度综合考评的通知》	杭州市（HZS）
228	2016	《2016年度市直单位目标考核工作实施方案》	杭州市（HZS）
229	2016	《2016年度市直单位社会评价工作实施方案》	杭州市（HZS）
230	2016	《2016年度市直单位领导考评工作实施方案》	杭州市（HZS）
231	2016	《关于下达2016年度杭州市市直单位绩效考核目标的通知》	杭州市（HZS）
232	2016	《关于印发2016年度杭州市市直单位综合考评专项目标考核办法的通知》	杭州市（HZS）
233	2016	《关于对2016年度市政府为民办实事项目进行绩效考核的通知》	杭州市（HZS）
234	2016	《关于对2016年度市直单位目标完成情况进行检查考核的通知》	杭州市（HZS）
235	2016	《关于下达2015年度社会评价意见及做好2016年社会评价意见整改工作的通知》	杭州市（HZS）
236	2016	《关于做好2016年市考评办跟踪督办社会评价意见整改工作有关事项的通知》	杭州市（HZS）
237	2016	《2016年度杭州市市直单位综合考评社会评价意见报告》	杭州市（HZS）
238	2016	《关于申报2016年度市直单位创新创优目标有关事项的通知》	杭州市（HZS）
239	2016	《关于下达2016年度杭州市市直单位首批创新创优目标的通知》	杭州市（HZS）
240	2016	《关于下达2016年度杭州市市直单位第二批创新创优目标的通知》	杭州市（HZS）

续表

编号	时间	文件资料名称	隶属案例
241	2016	《关于印发〈杭州市市直单位2016年度创新创优目标绩效考核实施细则〉的通知》	杭州市（HZS）
242	2016	《2016年度区、县（市）综合考核评价实施方案》	杭州市（HZS）
243	2016	《关于下达2015年度区、县（市）社会评价意见及做好2016年意见整改工作的通知》	杭州市（HZS）
244	2016	《关于开展2016年度区、县（市）综合考评年终集中检查考核的通知》	杭州市（HZS）
245	2016	《杭州市绩效管理条例》	杭州市（HZS）
246	2017	《关于下达2016年度社会评价意见及做好2017年社会评价意见整改工作的通知》	杭州市（HZS）
247	2017	《市委办公厅市政府办公厅关于实施2017年度综合考评的通知》	杭州市（HZS）
248	2017	《2017年度市直单位目标考核工作实施方案》	杭州市（HZS）
249	2017	《2017年度市直单位社会评价工作实施方案》	杭州市（HZS）
250	2017	《2017年度市直单位领导考评工作实施方案》	杭州市（HZS）
251	2017	《关于对2017年度市直单位目标完成情况进行检查考核的通知》	杭州市（HZS）
252	2017	《关于报送2017年度区、县（市）综合考评相关目标考核结果的通知》	杭州市（HZS）
253	2017	《关于对2017年度市政府为民办实事项目进行绩效考核的通知》	杭州市（HZS）
254	2017	《关于做好2017年度市直单位绩效测度目标相关考核工作的通知》	杭州市（HZS）
255	2017	《关于下达2017年度杭州市市直单位绩效考核目标的通知》	杭州市（HZS）
256	2017	《2017年度杭州市综合考评社会评价意见报告》	杭州市（HZS）
257	2017	《关于报送2017年市直单位社会评价意见整改目标完成情况的通知》	杭州市（HZS）
258	2017	《关于做好2017年市考评办跟踪督办社会评价意见整改工作有关事项的通知》	杭州市（HZS）

续表

编号	时间	文件资料名称	隶属案例
259	2017	《关于下达2017年度杭州市市直单位第二批创新创优目标的通知》	杭州市（HZS）
260	2017	《关于下达2017年度杭州市市直单位首批创新创优目标的通知》	杭州市（HZS）
261	2017	《关于申报2017年度市直单位创新创优目标有关事项的通知》	杭州市（HZS）
262	2017	《2017年度区、县（市）综合考评实施方案》	杭州市（HZS）
263	2018	《2018年度市直单位目标考核工作实施方案》	杭州市（HZS）
264	2018	《2018年度市直单位社会评价工作实施方案》	杭州市（HZS）
265	2018	《2018年度市直单位领导考评工作实施方案》	杭州市（HZS）
266	2018	《关于续发部分周期评估考核项目许可证（第三批）考核项目许可证的通知》	杭州市（HZS）
267	2018	《关于做好2018年度市直单位绩效测度目标相关考核工作的通知》	杭州市（HZS）
268	2018	《关于下达2018年度市直单位创新创优目标和印发〈杭州市市直单位2018年度创新创优目标绩效考核实施细则〉的通知》	杭州市（HZS）
269	2018	《关于对市直单位2018年度绩效考核目标进展情况开展中期检查的通知》	杭州市（HZS）
270	2018	《关于印发2018年度杭州市市直单位综合考评专项目标考核办法的通知》	杭州市（HZS）
271	2018	《关于下达2018年度杭州市市直单位绩效考核目标的通知》	杭州市（HZS）
272	2018	《关于对市直单位考核项目进行绩效评估的通知》	杭州市（HZS）
273	2018	《关于对2018年度市直单位绩效考核目标进行核实确认的通知》	杭州市（HZS）

续表

编号	时间	文件资料名称	隶属案例
274	2018	《关于制定 2018 年度市直单位绩效考核目标的通知》	杭州市（HZS）
275	2018	《关于下达 2017 年度社会评价意见及做好 2018 年社会评价意见整改工作的通知》	杭州市（HZS）
276	2018	《关于进一步做好社会评价意见整改工作有关事项的通知》	杭州市（HZS）
277	2018	《关于做好 2018 年市考评办跟踪督办社会评价意见整改工作有关事项的通知》	杭州市（HZS）
278	2018	《关于报送 2018 年市直单位社会评价意见整改目标完成情况的通知》	杭州市（HZS）
279	2018	《2018 年杭州市直单位综合考评社会评价意见报告》	杭州市（HZS）
280	2018	《关于 2018 年度市直单位创新创优项目综合评估有关事项的通知》	杭州市（HZS）
281	2018	《关于下达 2018 年度市直单位创新创优目标和印发〈杭州市市直单位 2018 年度创新创优目标绩效考核实施细则〉的通知》	杭州市（HZS）
282	2018	《关于申报 2018 年度市直单位创新创优目标有关事项的通知》	杭州市（HZS）
283	2018	《2018 年度区、县（市）综合考评实施方案》	杭州市（HZS）
284	2018	《关于 2018 年度区、县（市）综合考评特色创新项目专家评估有关事项的通知》	杭州市（HZS）
285	2018	《关于征集区、县（市）综合考评高质量发展指标的通知》	杭州市（HZS）
286	2018	《关于申报 2018 年度区、县（市）特色创新项目有关事项的通知》	杭州市（HZS）
287	2018	《关于制定 2018 年度区、县（市）综合考评专项目标有关事项的通知》	杭州市（HZS）
288	2018	《关于下达 2017 年度区、县（市）社会评价意见及做好 2018 年意见整改工作的通知》	杭州市（HZS）

续表

编号	时间	文件资料名称	隶属案例
289	2006	《广州市政府部门财政支出绩效评价办法（试行）》	广州市（GZS）
290	2010	《广州市预算绩效管理办法》	广州市（GZS）
291	2016	《关于2017年度全过程预算绩效目标管理实施方案的通知》	广州市（GZS）
292	2020	《广州市番禺区预算绩效运行监控办法》	广州市（GZS）
293	2007	《武汉市公务员考核实施意见（试行）》	武汉市东西湖区（DXH）
294	2008	《武汉市2008年度行政执法评议考核方案》	武汉市东西湖区（DXH）
295	2012	《武汉市政务服务中心绩效考评办法（试行）》	武汉市东西湖区（DXH）
296	2013	《武汉市绩效管理和党政领导班子及领导干部综合考核评价实施办法》	武汉市东西湖区（DXH）
297	2013	《武汉市绩效管理和年度考评实施细则（试行）》	武汉市东西湖区（DXH）
298	2014	《武汉市绩效管理和党政领导班子及领导干部综合考核评价实施细则（试行）》	武汉市东西湖区（DXH）
299	2014	《关于做好2014年市直单位绩效管理年度考评专家集中评审工作的通知》	武汉市东西湖区（DXH）
300	2014	《关于开展2014年全市绩效管理社会评价工作的通知》	武汉市东西湖区（DXH）
301	2014	《关于做好2014年绩效管理年度考评工作的通知》	武汉市东西湖区（DXH）
302	2015	《关于制定2015年绩效管理目标任务考评计分办法的通知》	武汉市东西湖区（DXH）
303	2015	《武汉市绩效管理考评计分办法（试行）》	武汉市东西湖区（DXH）
304	2016	《武汉市绩效管理和党政领导班子及领导干部综合考核评价实施办法》	武汉市东西湖区（DXH）
305	2012	《关于做好2012年度公务员考核工作有关事项的通知》	兰州市（LZS）
306	2012	《兰州市效能风暴行动考核办法（试行）》	兰州市（LZS）
307	2013	《关于印发2013年度单项目标责任考核办法的通知》	兰州市（LZS）

续表

编号	时间	文件资料名称	隶属案例
308	2014	《兰州市2014年依法行政目标责任量化考核实施方案》	兰州市（LZS）
309	2015	《兰州市人民政府目标管理综合考核评价办法》	兰州市（LZS）
310	2017	《兰州市贯彻落实新发展理念目标责任考核办法（试行）》	兰州市（LZS）
311	2018	《2018年度目标管理绩效考核办法》	兰州市（LZS）
312	2011	《郑州市县（市）区和市直单位绩效考核暂行办法》	郑州市（ZZS）
313	2012	《郑州市2012年度依法行政工作责任目标评议考核实施方案》	郑州市（ZZS）
314	2012	《郑州市人民政府办公厅关于郑州市市直事业单位实施绩效工资的意见》	郑州市（ZZS）
315	2013	《郑州市2013年度政府目标管理工作方案》	郑州市（ZZS）
316	2015	《郑州市依法行政考核方案（2015）》	郑州市（ZZS）
317	2015	《郑州市人民政府关于2015年度依法行政考核情况的通报》	郑州市（ZZS）

附录4：价值选择与价值类型的开放式编码及范畴化

范畴	原始资料（初始概念）
质量	ZZX05 今年我们搞作风效能建设，搞作风效能年，针对干部作风存在的问题实施考核。（作风效能建设） HZS02 通过这个综合考评改善了部门的作风。（综合考评改善部门作风） HZS07 职风建设，实际上涉及考评的问题。平时主要考评这个制定的细则、规定、要求、标准的落实。（职风建设评价） HZS04 在服务质量提升方面，包括给我们下达的一些目标任务，我们都是全部完成的。（服务质量提升的目标任务）

续表

范畴	原始资料（初始概念）
质量	HZS20 这个挑战指标，在目标制定的时候，我们这几年目标考核有两个维度，一个是完成程度，还有一个叫绩效测度。绩效测度就是那个完成得好不好。（挑战指标） HZS12 目标考核，这两年又难起来了。它是设置了挑战指标，因此绩效考核指标又难起来了。（目标考核因增加挑战指标压力变大） HZS20 社会评价是反映你的公共服务好不好的问题，也就是质量的问题。（社会评价旨在考核公共服务质量） HZS10 在制定考核目标的时候，考评办会让你把前三年同类的数字都提供给它，作为它制定目标的依据。它要看制定得科不科学、合不合理。你把前三年完成的数据和你今年报的数据都报给它，然后有一些指标，它还要求你提供国内同类城市相同做法的情况。（设置考评目标需要提供前三年相关数据） HZS18 当时主要是解决"四难"作风问题，即"门难进、脸难看、话难听、事难办"。这个活动影响还是很大的，而且从我们绩效管理的角度来说，它是第一次引入外部评价，来推动政府绩效。（解决"四难"作风问题） HZS17 考核的首要目的就是服务社会，你通过考核提高工作积极性，不就是为了更好地服务社会吗？（考核就是为了更好地服务人民群众） HZS18 现在增加一个绩效程度，就是要看你完成任务的质量的好坏。社会公众，特别是服务对象的认可度、满意度，这个是新加的指标。（绩效程度型指标事关质量） HZS12 考核是2005年开始转变的，变为创一流业绩、让人民越来越满意，以前就是让人民评判。（创一流业绩） GZS08 希望通过这个绩效考核能够达到一些目的，比如说更好地改进政府服务工作。（改进政府服务） GZS01 考核各方面的服务配套和便利性。这几年在这个方面，还是做得比较多的。（服务的便利性） ZZS02 考核质量的话，但质量的界定比较模糊，而且不同工作的质量很难有一个统一的标准。……公共服务的质量，你说要考核的话，还是很难的。公共服务质量调查或者评价，工作量肯定相对大一些。（质量考核标准难统一、公共服务质量难以考核、服务质量调查工作量大） ZZS07 现在的绩效考核应该更侧重于怎么改善群众生活质量，如设计每个人都会面对的一个生活质量指标。（绩效考核应侧重于改善群众生活质量） ZZS02 对服务事项做一个评价的话，你不只要跟工作人员接触，还要跟服务对象进行接触。（服务质量评价主体不仅包括工作人员还需要服务对象）

续表

范畴	原始资料（初始概念）
政治忠诚	LZS03 这方面还是没有什么量化的指标，就比如说，给你一个选项，里面写着坚定理想信念、政治立场、严守政治纪律，政治规矩，践行社会主义核心价值观，后面一个打分栏。（政治立场、政治纪律、政治规矩） LZS05 回应是忠诚的话，就是服从，也确实是反映了政治忠诚的一个方面。（回应是服从且表达政治忠诚）
责任	ZZX09 第一还是要考核各级政府、各监管部门健全落实食品药品安全责任制。（考核旨在健全责任制） ZZX06 一些重点项目的推进，就是通过这个目标考核，明确主要领导、明确协同配合领导、明确牵头主要部门的责任，也明确相关的一些协同配合部门的责任。（明确领导间和部门间的责任） HZS18 我们的绩效管理条例还设置问责，这种肯定都是负向性评价。（绩效管理条例设置问责） HZS10 每一条社会评价意见梳理之后，全部分解到相关的责任处室和部门，明确责任处室和责任人。（分解意见并落实责任） HZS12 每个职能部门也设立一个联系人，使这个工作能够落实下去，责任到位。（部门设立联系人以便于落实责任） GZS07 责任考核，应该说不是哪个公务员的责任问题，而是一个整体任务。（责任隶属于集体而非个人） GZS02 如果公务员是一种职业，就要有合同意识，尽职履责是最起码的。（契约责任） GZS10 有一些考核指标明确是问责到个人，就是问责当事人，尤其是主要领导。问责到个人的方式是跟我们的社情、国情是符合的。（绩效问责主要针对领导、绩效问责个人符合国情） DXH02 对我们这种基层办事员来说，绩效问责压力也是蹭蹭的，并且是自上而下达的。（绩效问责压力持续加大、绩效问责自上而下的传递） DXH05 岗位责任状，像运作台账、责任清单，基本上都陆陆续续地延伸到每个人的头上。（岗位责任状、责任清单、责任到人） LZS02 比如说，年初市政办公厅制定了一些指标，拥堵指数要下降到某个程度。年终发现拥堵得更厉害了，这个指标肯定就没有完成，然后我们的领导要被问责。（对未完成绩效指标的领导实施问责） LZS07 一般就是基于年初工作计划制定绩效目标，签订目标责任书。（目标责任书）

续表

范畴	原始资料（初始概念）
信任	HZS17 这个综合考评就是提高政府在老百姓当中的形象。（综合考评提高政府形象） HZS16 社会评价意见就是公众参与的一个方面。社会关注了，且参与了的话，那么整个社会对这个考评就有一个认可度。（社会评价促成社会对考评的认可）
效益	ZZX02 效益性指标，比如工业完成的利润率。（效益性指标） ZZX05 保障性工作是不会下具体任务的，其考核是一种效果评价。（效果评价） HZS16 社会评价意见整改结果最后与社会评价得分挂起钩来。（社会评价意见整改结果与社会评价相挂钩） HZS12 有一点是可以肯定的，推进中心工作的效果、成效是非常明显的，包括我们自己内部的考评。（工作效果） HZS07 考核不仅仅是推动工作，我个人感觉对社会效益也很有帮助。（社会效益） GZS04 在一个区域或是在某个派出所管辖的区域，民众受骗情况得到一个缓解或者降低，这就是绩效。这种降低或者是控制得好的话就是我们绩效的一个体现。（绩效体现为效益） DXH02 细化满意度，这样肯定是有用的，还能反映社会效益。（细化满意度反映社会效益） DXH01 就是所做的这些工作，最后产生了一些什么样的成绩。因为我们人社部门主要是一个民生部门，就是整个工作对服务对象带来了哪些可以获得的收益。（服务对象受益） ZZS06 效益作为公共价值，牵动的面很多，可能会受好多环境因素的影响，并且效益一般有一定的滞后性。（效益受到多种因素影响、效益具有滞后性） ZZS05 如果公众真正地对我们政府绩效进行打分的话，它就是效果的一个评判。（公众是对效果的评价）
效率	ZZX29 如果超额完成了考核，那我们给予超额回报，鼓励他更高效地工作，超额完成工作。（加大绩效激励促进高效工作） ZZX05 让他们有效率地工作，解决他们执行力的问题，绩效考核是一种方式。（绩效考核提高工作效率） HZS03 以前政府督查室弄，现在专门成立了一个机构，就是专门做绩效考评这事的。（专门机构实施绩效评价） GZS03 因为部分公务员追求数据和效率。（效率） GZS04 一些执法岗位，如果是对他们的效率进行考核，我觉得应该要比较细化，而且要分类。比较系统地做才达到预期的效果。（细化分类考核体系有助于效率考核）

续表

范畴	原始资料（初始概念）
效率	GZS02 讲效率而言，窗口部门是有明确要求的。（效率有明确要求） DXH04 追求效率肯定是一些职能部门，比如建设部门、交通部门。他们立马就要办的这些东西，他们肯定要注重效率。（职能部门更加追求效率） DXH07 政府在做出决策的时候，更多考虑的是这个决策效率的影响与否，而不是社会的民主参与度这方面。（优先考核决策效率） DXH07 绩效考核所谓的效率，在我的看法中，效率越高，就代表着发展的速度越快。（效率等同于发展速度） DXH01 对于政府而言，我个人理解的绩效应该包括两个方面。第一个应该是它的一个效率，就是它在具体的、日常的执行和运转过程中的一个办事的效率。（绩效是效率） ZZS02 效率这个东西的话，如你今天办理了多少个案件，查处了多少个案件。效率的考核很明显，就是一个比例、一个数字。……因为效率是比较直观的。（效率可量化易考核、效率比较直观）
透明	ZZX20 考核还有行政政务公开这一块，比如办事透明，涉及行政许可，通过这种考核促进我们的政务公开。（办事透明、政务公开） ZZX03 就老百姓来说，现在更希望透明政府，不然觉得政府公信力不足。（透明政府） HZS16 我们再从整改举措里面选择一些比较有代表性的，能够涵盖比较多的意见的内容作为当年的重点整改目标。这个重点整改目标要上报给考评办，考评办会在杭州考评栏和《杭州日报》上进行公示，让老百姓知道哪个部门，今年重点整改哪些问题。（重点整改目标向社会公示） HZS09 重点整改目标有半年度和全年的一个公开，我们自己网上也有公开，设了一个专门的绩效评估公开栏目。（自行设置绩效评估公开栏目） HZS20 绩效目标制定有一些可能还吃不准的内容，我们会交给分管领导确定。然后，再反馈回去由各个单位核实确认，核实确认以后我们会在网站上公示。（网站公示） HZS18 这个社会评价意见报告通过报纸、网站进行公布。一个是向老百姓交代上一年的整改情况，再一个就是说明今年的社会评价意见的基本情况。（社会评价意见报告向公众发布） HZS18 把我们的价值理念概括为四大点："开放、民主、责任、绩效"，这是我们的四大理念。（开放）

续表

范畴	原始资料（初始概念）
透明	HZS03 我们每年都要做整改计划，然后年终要有整改报告，都要上传到外网。（整改计划在外网公示） GZS10 涉及全社会公众普遍利益的，我觉得这个应该尽量地公开和透明。（越是涉及公众普遍利益越需要透明） GZS04 所以我是主张，一些办事流程，服务性的工作，是要公开透明的。还有政府的一些开支方面，也应该越透明越好。（服务性和开支类业务需要透明） DXH07 透明度是这样的，现在不是有政务公开制度嘛。（政务公开制度） DXH04 按照我们办事的心理来说，我们其实是不太愿意把很多事情给公布出来的。因为一旦对社会公开之后，增加你的工作量，别人也不会太理解。（透明存在增加工作量和误解的风险） DXH02 比如说针对各个部门的年度绩效考核，它是一定范围内公开。（年度绩效考核一定范围公开） DXH02 考核结果其实是各个部门单独发的，不会把各个部门的考核指标结果全都公开，让每个部门都能看见。（内部考核结果非全面公开） DXH01 考核结果就是省政府，它一年一度的考核确实会公布。（考核结果公布） DXH04 一般公开的东西都是一些大家能认可的。（大家认可的再公开） LZS03 透明就是考核政务公开，是一种单项考核。（单项考核政务公开） LZS07 就像我刚才讲的，任何东西透明了，老百姓也不一定满意。（透明不一定带来公众满意度的提升） ZZS08 我们都有宣传任务，现在基层公开挺好，公开意识是有的，都是按照我们对这个宣传的考核。（信息公开考核） ZZS06 有些东西，政府是必须公开的。有些东西，政府有些时候完全公开了，反而会引起一些歧义啊，打个比方就公安局交警支队，今年处罚了多少个电子违章，反而造成的印象是你们就是为了罚款。一些数字的公开、透明，我感觉有时候也不太合适。（完全公开信息引发负面效应、公开原始数据引发曲解） ZZS03 就老百姓来说，现在更希望透明政府，不然觉得政府公信力不足。（透明政府具有公信力）

续表

范畴	原始资料（初始概念）
社会稳定	ZZX27 保证目标对各个部门是统一的，党建工作、社会稳定、综合性目标等。（社会稳定） ZZX11 稳定是第一责任，而且政府承担无限责任。（稳定是第一政府责任） HZS07 那么老百姓对政府也可以评价了，平时不能发泄的就可以发泄了，那么对社会稳定，我认为是非常大的作用。（公众评议有助于社会稳定） GZS02 像安全生产、维稳那种，因为有时涉及保密问题，不能简单地向公众公开。（维稳不公开） DXH07 虽然稳定是发展的基础，但有时候，在我们地方政府，我觉得维稳和信访这方面的压力大。（维稳压力大） LZS06 像稳定对我们来说，现在就是排在第一的。所以说，必须保证稳定。（稳定排第一） ZZS08 现在有微博、微信，有时候我们有舆情考核。（舆情考核）
倾听民意	HZS02 我们的这个考评还有一个特点就是，它会非常注意收纳市民、公众的意见。（吸纳市民意见） HZS18 社会评价这几年我们也扩大了，在网上设置评价，应该说是全覆盖了。虽然有一些评价代表是抽样产生的，但是提意见是全部没有门槛的。我要在差不多近一个月时间，全部开放给个体提出意见，所有的意见是原原本本条条反馈的。（无门槛提意见） HZS09 网民碰到了什么问题，他的感受，我们可以通过他的表述去发现一些问题。（通过表达发现问题） HZS01 公众参与绩效评价就是一般的公众有机会对市直各单位，有这样一个途径和渠道，提出一些意见建议、一些中肯的话。（社会评价为公众提供表达意见的渠道） HZS10 因为社会评价的话，每年年底大范围地向社会征求意见，意见来年都会分解到我们各个单位。那我们从这个当中可以看到各行各业对我们人力社保提什么建议、有什么意见。（通过社会评价向社会征求意见） HZS04 绩效联络员就是绩效考核办聘请的，是来督查你的民情观察员。（民情观察员） HZS09 我们渠道是挺多的，像刚才我说的微信平台，有一个收集网民意见的功能。我们也有一个后台的答复功能，这个也是我们设计的一个渠道，包括我们网上人力社保这个门户网，我们也有一个信访渠道。（多种渠道搜集民意） HZS18 我们还有日常绩效信息的采集、跟踪、报办，是一个绩效改进机制。（绩效信息搜集机制） GZS01 我觉得多听听大部分的民众或是切身相关的民众的，或者服务相对人的意见，准是没有什么坏处的。（倾听民众意见）

续表

范畴	原始资料（初始概念）
廉洁	ZZX02 比如说这一年下来，廉政自律没出问题，廉政打分考核这一块没出问题。（廉政考核） ZZX13 另外就是党政、党建、廉政建设，这一类的目标考核任务就太多了。（廉政建设） HZS20 像市场监管局和供销社在目标考核还可以的，只要不出问题，不要出安全生产问题、党风廉政问题等。（党风廉政是负向指标）
控制	ZZX21 年初，给各个科室、各个股室下达目标任务，它就是一个统一的指标，上级也是这样考核我们的，为了更好地实现内控。（实现内控） ZZX25 这种考核机制会引发地方政府的负债，而且有增无减。（考核机制加剧财政负担） ZZX04 根据市上给我们的考核任务，县上我们再分解，再和乡镇与部门去签订责任书，层层签订、层层落实。（层层签订绩效合同） ZZX06 资源的分配更多地是由上级决定的，资源主要在上级那里。（资源集权化） ZZX13 招商引资并不是我们的专项任务，但是每年都要想些办法完成，不完成不行。（考核的强制性） ZZX27 部门与部门之间、行业之间、区域之间，个人的职能职责不一样。治理起来用一把尺子来衡量很难定性，尤其是制定统一的标准来考核。（统一的绩效标准） ZZX20 不同的单位、不同的地区有差距，市局对我们的考核是一个指标、一个体系，也就像全国考核各个省一样。（统一的评价指标和体系） HZS13 领导要执行决策，如果缺乏一些衡量手段，仅仅依靠对部门的综合印象做出评价，则会有失准确和科学。因此，他需要一个数字化的指标去考评部门。我觉得对政府部门来说，综合考评的意义就在于此。（综合考评为领导提供衡量下属工作的抓手） HZS12 综合绩效考评，准确地说一句，没有压力小的，压力都很大，这是一个指挥棒。（综合绩效考评是指挥棒） HZS10 自上而下带动一级抓好一级，在这种工作压力层层传导之下，其实我觉得大家都对这个事情特别重视，经过好多年压力传导慢慢就变成一种氛围。（自上而下地逐级传导压力） HZS13 从上到下的考核就是这个样子，我们就是要完成指标任务。（必须完成指标任务）

续表

范畴	原始资料（初始概念）
控制	HZS18 市委决定把两个非常设机构目标办、满意办再加上当时设在纪委的项目办，三个非常设机构合并组建了一个正局级的常设机构，就是考评办。这个常设机构是综合考评委员会的一个议事协调机构的常设办事机构。可以说在全国，我们是第一家高规格的、常设的绩效考评机构。（常设绩效考评机构） HZS10 考评办做得挺好的，其他部门如果要开展专项考核都要去考评办拿一个考核的许可证，通过了才可以实施。（考评办负责专项考核的审查） HZS13 发改委的指标，其实是国家给省里，省里给市里的，就是考核指标的一个分解。（逐级分解指标） HZS20 每一个绩效目标都要制定依据，制定依据包括签一个责任状。（责任状） HZS05 运动式地下一个命令我们全国全省都要行动，像"3·15"晚会，全国的市场监管部门都在看，具有命令特点。（运动式命令） HZS14 在北京设立信访局，又设置考核指标，实际是点对点通报的，而且这个通报力度比原来还要大。（信访考核结果点对点通报） HZS18 完成这个目标考核任务就有可能提拔，没完成就有可能免职，之前个别领导就是这么做的。（完不成考核任务就地免职） HZS19 整个方案、整个评价表都是我们统一设计、统一组织的，但是具体措施，我们也委托相关部门（拟订）。（统一设计评价方案和评价表） HZS10 你需要逐条反馈，需要反馈给提意见的当事人，必须要反馈给他，而且在这个过程当中，你反馈给他的那个记录都要留下痕迹。（社会评价意见反馈过程要留痕） HZS16 办公室全程进行总体的跟踪督办，等到年底的时候再把整体的目标整改情况进行汇总，再报给考评办。（全程跟踪督办） HZS18 区域要统筹发展的话，市里对区、县没有什么调控的手段。所以，当时建议对区、县运用考评方法来加强、推进区域经济社会的协调发展。（考评作为市对县的调控手段） HZS13 那我觉得肯定目标考核对我们来说是硬指标，你这个完成了就是完成了，没完成就是没完成，这是非常直观的一种感受。（目标考核是硬指标） HZS12 让老百姓参与这个绩效评价，不管是评先评优，还是晋升晋级，多种方式，包括差的可以问责，比如主要领导问责。（领导问责） HZS17 考核其实就是一种规约，或者是一种抓手。（考核是一种规约） HZS10 现在每个单位考核刚性较强，很多工作，大家其实都是在做的。（考核刚性强）

续表

范畴	原始资料（初始概念）
控制	HZS18 我们会发绩效告知书或者绩效改进通知单，这种形式就是注重日常的绩效改进，就是把过程监控这套机制建立起来了。（绩效告知书、绩效改进通知单、过程监控机制） HZS18 大家都想争前面，怕落在后面，最后面是有一个黄牌警告的。因为我们很差，连续三年黄牌警告，一把手就得转任，这些对每个单位都是非常大的一个压力。（黄牌警告） HZS13 发改委毕竟是政府的一个组成部门，而且也是一个主要的组成部门，它会有一些刚性指标。（刚性指标） HZS18 表彰奖励和挑战指标属于约束性质的，一般设置就是约束性质的，你如果完成了你是得满分，没有完成是不得分的。（约束性质） GZS10 比如说法治、依法治国这方面，它那个法制建设是有相应的考核的，包括一些法治的硬指标。如果你达不到相应的硬指标线，这个指标会扣分。（硬性指标未完成要扣分） GZS10 主要是我们现在很多考核量化了，是一个硬的指标，是为了加强那个实操性，也是为了加强监控。（硬性指标旨在监控） GZS10 因为有一些考核指标明确是问责到个人的，尤其是针对主要领导。那么它对于领导来说，是会有压力的，甚至有些是一票否决的。（一票否决） GZS05 每个月上级部门都会到你所在单位进行一个督导检查。（督导检查） GZS05 现在领导压力特别大，还有排名，前三名直接就在全区、全市表扬，后面的几名就要被领导约谈。（领导约谈） GZS06 因为控制毕竟是一种手段，然后你要真正想改进绩效的话，控制其实只是一个手段。（控制是手段） GZS04 在绩效考核中，控制多发生于上下级之间，主要是依靠向下级下达任务。（控制发生于上下级政府之间、控制涉及任务下达） GZS02 现在考核压力主要是一层一层下来的，那我是区领导，就会分解到部门。（考核压力逐级传导） DXH05 有些重要指标是会每月调查的。（重要指标月度调查） DXH04 如果安全生产出现了一票否决的情形，那么安全生产这个奖金，你就不要要了。基层干部的考核就是上面对下面的一种结果控制。（考核就是上级对下级的控制）

续表

范畴	原始资料（初始概念）
控制	DXH03 其实指标每个月都会通报，市里面每个月都会通报每个区完成的情况。（每月通报） DXH02 总体的绩效考核，一般都是在年底。但是如果说你作为一个部门，你想把这个部门的绩效往前推的话，你可以通过确定时间节点，如哪个时间节点完成哪一项改革任务。（时间节点管理） DXH03 比如说，每季度每月可能会对工作指标进行调查，看完成情况怎么样，完成不好的话会有督办。（督办未完成的指标） DXH04 考核方面的话，对基层压力非常大，对它的控制加强的话，一方面的确是给基层负担加得很重。（控制增加基层负担） DXH05 绩效考核应该是年初制定一个绩效目标，只要这目标出来之后，每个单位都受约束，为了完成指标就会被控制。（绩效考核是控制） DXH04 自上而下就是层层督办。（自上而下的层层督办） LZS03 考核压力的焦虑感就是有一些硬性指标没有完成。（考核压力源于硬性指标未完成） LZS05 比如说我们财政内部的话，会有一个打分机制。如果你因为个人工作被投诉，然后个人要扣分，完了你处室领导要扣分，整个处室都要扣分。这样的话，到年底根据你的综合分数来考评的话，这样你个人的行为会影响到整个处室的考核。（"连坐"制度） LZS04 我们的主要考核是根据国家的考核，而我们的业务是用垂直的这种考核模式。（垂直考核模式） ZZS07 政府其实相当于一个大的团体。控制，我没有把它理解为一个贬义词，它是政策上行下效，有一个一致性往下去管束。（控制是自上而下一致性的管束） ZZS02 这种督查、巡查呀，有点过于频繁，但是在这种机制下也确实能发现不少问题。（各级督查和巡查频繁）
可持续性	ZZX23 环境污染都是一票否决的。（环境污染一票否决） ZZX13 第四主要考核的是节能工作，推行节约型社会，降低单位 GDP 能耗。所以这个目标是从国家层面一直分解到基层，所以这是第四个指标。（节能减排、单位 GDP 能耗） HZS18 像淳安这种，它就是以生态保护为主，那么这种工业指标，或者是 GDP 啊，这种权重就小一些，生态保护的指标就权重大，这个就叫作差别指标。（生态保护指标）

续表

范畴	原始资料（初始概念）
可持续性	HZS02 就我刚刚讲的那个 PM2.5 应该是反映大气环境质量基础的一个指标。(PM2.5 指标) GZS02 其实这也是在党的十八大以后吧，开始逐步提上议程，前段时间还讲过环保大督查。(党的十八大以后环保提上政策议程) GZS01 就说环境整治啊，因为上面有下任务。(环境整治) DXH03 经济有，城市建设有，环保有，文化有，民生有，公共安全有。我觉得经过这么多年，这个指标体系应该还算比较健全。(环保指标) ZZS03 可持续性就是环保这块，其重视程度比之前是有了大幅度的提升。(可持续性的重视程度大幅提高)
经济发展	ZZX03 考核内容是经济指标的考核，平常的考核主要是经济指标的考核，GDP 增速、财政收入、农民人均纯收入等这些指标。(经济指标、GDP 增速、财政收入、农民人均纯收入) HZS18 目标责任制考核，当时也是国内政府部门借鉴了企业的目标责任制考核，以经济建设为中心，推进经济的快速发展。(目标责任制考核以经济建设为中心) HZS13 这个指标怎么样设置，比如说固定资产投资是多少、工业投资多少、基改是多少，主要的经济指标都是从我们这下去的。(固定资产投资) HZS18 跟你不恰当地运用考核工具也是有关联的，单纯追求 GDP，短期行为。为了完成目标，完成任务，不惜代价。(单纯追求 GDP) GZS02 招商引资，一个产业的、一个改造呀，这种是经济问题。(招商引资) GZS02 实际上还是强调经济发展，中国还是社会主义初级阶段。(社会主义初级阶段强调经济发展) GZS02 引入外资达到多少亿，你那个商业销售额比上一年是不是增长多少。你的工业指标，比上一年要增长多少。(引入外资、工业指标) GZS02 其实这么说，可能还是在经济指标领域。(经济指标领域) GZS06 经济发展，在每个地方可能都会放在重要的位置。(经济发展占据重要位置) GZS02 可能近几年不再提倡 GDP 考核政府，但实际上，从政府再到街镇，GDP 还是一个硬性指标。(GDP 是硬性指标) GZS02 还加了一个就是对你的财政经济的绩效考核评价。(财政经济考核) GZS02 这么多年，经济指标还是存在，而且还是会逐级分配指标。(逐级分配经济指标)

续表

范畴	原始资料（初始概念）
经济发展	DXH03 指标任务比较重的一些部门，特别是经济部门，像发改委他们会每月开调度会，研究经济指标完成情况。（每月召开经济指标完成调度会） DXH07 社会的发展还是以经济建设为中心，所以说考核肯定是更多地偏重于经济指标。（考核偏重经济指标） DXH03 考核的话，一般来说，经济指标都是重要的。（经济指标权重大） DXH07 涉及经济发展的部门，往往绩效得分都高。（经济发展部门绩效得分高） ZZS03 以GDP为标准，不是说一朝一夕之间就给它能改过来的。（非一朝一夕能够改变以GDP为考核标准）
回应性（上级）	ZZX03 我们会围绕市里的要求，制定我们自己的考核办法。（基于上级政府要求制定考核办法） ZZX01 就是按照当前中央的要求，改善民生。这个也是我们考虑的非常重要的一个方面。所以，我们的民生工程，我们是单独列表进行考核，而且对乡镇和部门完成民生工程的要求都特别严格。（针对上级政府的要求实施单独考核、增加考核力度） ZZX02 否定性指标就是在市委、市政府目标任务上都没有完成，或者有一两项重要指标没有完成，那肯定是要放到后面的。（上级关注的否定性指标权重较大） ZZX02 实际上，我们制定这个目标考核任务，主要就是考核完成上级下达的目标任务，这个是我们第一个考虑的。（考核的首要任务是完成上级政府分配的目标任务） ZZX06 应该说在这个目标制定的过程中，首先我们关注的是，比如说是中央经济工作会，它的一个政策的导向。我觉得这是我们制定年度目标，一个大的政策背景的考虑。（政策目标确立考核目标的方向） ZZX11 目标考核的指标体系要跟着市上的指标走，不同的领导要求的重点不一样。（指标体系随上级领导的绩效偏好而改变） ZZX12 比如前年和去年目标考核的时候，就把"十二五"规划的编制和中央规划纳入我们各个部门的考核体系中。（中央规划纳入考核体系） ZZX15 绩效考核的目的就是围绕市委、市政府的要求开展工作，完成市委、市政府下达的各项考核任务。（基于上级政府要求确立绩效考核目标） ZZX18 在地方政府的考核中，以上级对我们的考核作为我们自身评价指标设计的依据。（设计评价指标以上级政府下达的评价指标为蓝图） ZZX08 我们这个考核目标申报的最低限是完成上面的任务。从目标任务的角度看，上级就是下达，下级一是解决，二是依据上级精神，进行目标分解落实，最后的结果一般都是完成或者超额完成。这个既是对上级的忠诚，也是下级应履行的职责。（完成下达的目标任务既是忠诚也是履职）

续表

范畴	原始资料（初始概念）
回应性（上级）	HZS20 如果说综合考评作为一种工具价值，在推动市委、市政府工作过程中不能起到这种作用的话，它就失去了意义。（综合考评意义在于推动市委市政府工作） HZS16 专项考核就是跟市委、市政府的一个重点工作有关系，一般是由某一个部门提出申请的。（专项考核与市委市政府重点工作相关） HZS01 上级目标肯定是要回应的，包括省里下达给我们市里的，那自然要分给我们各个单位中去。（上级目标要回应、逐级分解目标） HZS01 就是说你放进绩效考核的这些目标呢，不是由你自己说了算。它会在政府工作报告里面啊，在市委常委会的工作里面啊。2017年跟环保相关的，你就必须放到绩效目标考核里面去。（绩效目标源自政府工作报告和市委常委会工作） HZS18 当设置挑战指标的时候，首先是响应市委的这个要求，起到一个导向作用，所以我们在这上面增设了挑战指标，你可以测绩效程度。（挑战指标首先响应上级要求） HZS20 我们每年围绕市委、市政府设计指标，这也符合中国的一个国情。（围绕上级政府设计指标是国情） HZS04 我这个角度是为上级服务，各个业务处室是对下的。我这个地方要对接上面，不仅是市考评办检查，还要受其他地方的检查。（服务上级） HZS12 省里面，市政府的各项工作任务，我们是首先完成的。那如果工作任务你都不完成，怎么去争先创优呢！怎么去争先创满意呢！（首先完成上级工作任务） HZS20 突出市重点工作先分解，完了之后这个单位目标确实比较少，就把职能指标列出来。（优先分解上级工作） HZS01 就绩效目标来说，主要是回应上级下达的指标，你必须放进去，非完成不可。（上级下达的评价指标必须纳入自身评价指标体系中） HZS06 有一些市里边要考核的重点，那我们可能千方百计地要完成。（千方百计完成上级考核） HZS20 目标考核这一块，它更多的功能还是怎么样完成那三项的要求。更多地反映就是上对下的一种要求。（目标考核体现上对下的一种要求） HZS04 评价没有什么公平不公平的，个别领导更倾向于关注到高层，下面好多东西，他是很难重复了解到的。（个别领导更倾向关注高层） HZS18 当时还有一个大的背景就是，胡锦涛总书记上任后提出了科学发展观，那么从中央到地方都开始探索建立符合科学发展观的考核指标体系。（从上到下建立科学发展观考核指标体系） HZS13 整个国民经济计划的主要指标，说实在的都是从发改委每年的国民经济计划报告里面摘取出来的。（经济指标源自国民经济计划报告）

续表

范畴	原始资料（初始概念）
回应性（上级）	HZS18 怎么推动绩效管理现代化，或者说按照我经常说的，我们既要服从又要自主，服从就是围绕中心，确保大局，保障市委、市政府各项决策部署落地，目标的制定，考察考核，绩效评估，这些肯定是我们的本职。（保障市委、市政府决策部署落地） HZS04 绩效目标的五年规划，它其实是和"十三五"规划全部结合起来的，它们是同步起来的。（绩效规划与"十三五"同步） GZS09 对于政府在上面的预期里，可能会达不到，这会带来一些压力。（无法达到上级期望导致压力） GZS05 绩效其实最直观的理解就是领导对你工作的满意度。其实，这个是最直观的，领导说今年做得不错，你就不错。如果领导对你工作不满意，说这个不行，又被上级问责，又被领导抓住不放，这样肯定就不行。所以，可以说在不犯错误的前提下，把这个工作做到让领导满意，最直观的就是这样来理解。（绩效就是领导满意） DXH02 因为大的指标基本上都是我向您说的，要不就是政府工作报告啊，要不就是党代会提出来的，再一个就是比如说，中央开了一个重大的会议啊，然后市里头的党代会又部署了新的工作，我们就会把它加进去，作为一项考核的任务。（重要指标源于政府工作报告或党代会决议、中央会议和党代会部署工作纳入考核任务） DXH07 下级单位无条件服从上一级单位，特别是服从主要领导的决策部署。所以下面基本上没有讨价还价的余地，倾向于把绩效目标的完成作为首要的事情。所以说，无条件地执行，针对社会经济发展绩效考核这一方面，就是挖空心思去完成上级党委、政府制定的绩效考核数据。（无条件服从上级和主要领导、无条件执行、一心完成上级政府制定的绩效考核数据） DXH05 打个比方就是市人社局，它有一些重点指标是来自全国人社部的。这些重点指标就会纳入全年分配任务里面来，这就是相当于从上到下都要把这个指标做到位。（市人社局的重点指标来自人社部） DXH03 制定指标要等市级的指标先下来，区里才能最终确定。可能自己也有一个设想，但是最终确定的时候，一定是市里的目标下来了之后，区里的目标才会确定。（上级指标明确后再制定本级指标） DXH03 区级目标一般是以市级目标作为基数，然后再在这个基础上乘一个系数之后，对下面进行分解，所以一般的话，区级目标会比市级目标要高一点。（市级目标乘系数） DXH04 就是比如说从中央下来，就分解到各个省，各个省的话就要求各个市进行分解，各个市就会到区、县，然后各个区、县的话就到街道或者是乡镇，就是这样层层分解绩效任务。（层层分解）

续表

范畴	原始资料（初始概念）
回应性（上级）	LZS05 它还是跟上级保持基本一致的，在上级没有取消这个指标之前它不会轻易取消。（指标与上级保持一致） LZS05 这个回应我觉得，它就是忠诚，就是你说什么我干什么，就是完全服从，这个对政府绩效我觉得都是有作用的。我觉得也确实是反映了政治忠诚的一个方面。（回应是完全服从且表达政治忠诚） ZZS05 国家制定了一个大纲，然后我们省里边的水平更高。然后，它们那个层次就把这个大纲分解，比如说国家大纲是三十条，它可能分解出来小项，分解出七八十条，然后对于我们就是要考核七八十条。因为考核的要求肯定比你现状要高很多，所以你就要准备很多很多的东西。（层层加码）
回应性（公众）	HZS12 老百姓提出意见比较多的，我们重点绩效考核跟进，我们有一个绩效评价处专门跟进。（绩效评价处专门跟进社会评价意见） HZS10 根据考评办的要求，留有联系方式的，就是电话和邮箱，你需要逐条反馈，需要反馈给提意见的当事人，必须要反馈给他，而且在这个过程当中，你反馈给他的那个记录都要留下痕迹。邮件回的话，你要把你发邮件的内容全部都截图下来。你说你打过电话，也可以用电话记录。（逐条反馈社会评价意见） HZS16 我们再从整改举措里面选择一些比较有代表性的意见，能够涵盖比较多的意见内容作为当年的重点整改目标。这个重点整改目标是要上报给考评办的，考评办会每年在杭州考评栏和《杭州日报》上进行公示，让老百姓知道哪个部门今年重点整改哪些问题。（重点整改目标由代表性意见形成） HZS03 社会评价我们每一个都在回应啊。要求凡是留有联系方式的，我们必须要给他一个反馈的。我觉得还是需要回应的，不然老百姓向我们提这么多意见，你一点回应也没有，那就没意思，回应那肯定是有必要的。（必须回应社会评价意见） HZS03 社会评价意见的整改是要落实到我们这里的，像今年我们大概是有将近四百条，就是说各个层面通过不同的方式汇集到考评办这里，然后它把跟我们有关联的，关联度大的下到我们这里来。（社会评价意见整改） HZS16 正因为社会评价意见对我们的工作形成倒逼压力，它对我们整个队伍的考核，包括对我们的绩效考核，都有显著的影响。（社会评价意见对绩效考核结果具有显著影响） HZS12 一定要回应，一定要和他先沟通，如果电话沟通不行的话，要上门去沟通的，而且我们也规定必须有一个处的处长要上门和他沟通，然后让他满意，这个是必须的。因为有一些事情呢，一直整改不了，那我们要讲清楚，要让他理解我们能够做的是什么，要留下他的联系方式，我们一定是要上门去沟通的啊，一定是要上门的！（上门沟通）

续表

范畴	原始资料（初始概念）
回应性（公众）	HZS08 每年，它先会给你发一个确认的反馈意见，就是老百姓反映上来的这个东西。然后，你认为这里边哪一条是你的，你要认可的，那么它会发你一个确认意见。然后，你做出回复确认以后，才跟你正式下达这个整改通知，以后就把你这个整改内容、整改措施在网上公示，再把这个放在我们《杭州日报》，电视上还要放。（确认反馈意见—下达整改通知—公示整改内容和措施） HZS09 因为有些社会评价意见的确也很难去回答，特别是有联系方式的，我们都要主动去反馈的。有的也的确比较难以完全地去回应他的要求。但是我们自己，我们局内部也建立了工作机制、考核机制，所以基本上还是能够按照要求去完成的。（建立内部考核机制增强回应能力） HZS13 那现在大家整体经济水平都上去了，对政府的要求就越来越多。那领导他感受的压力也多，那传达到我们政府各组成部门当中，就变成了多维度的评价。（公众多样的需求促成多维度评价） HZS16 每年年初的时候考评办会把上一年收集到的意见分解给各个部门，以专门文件下达给各个部门。我们收到意见以后呢，先由办公室梳理汇总，把里面意见相同或者相近的归成几大类别，然后分解到相应的业务处室，由业务处室针对意见内容，整理出相应的整改目标和整改举措。（下达—分类—分解—提出整改目标） HZS04 比如说它也是看不同的意见、不同的处理方法，有的可能就是简单回复一下，有的就是一笔带过就行了，有的就是关注度比较高，比较集中的，有必要的你要去制定一些措施，结果我们都是要公示的。（多种方式回应社会评价意见） HZS08 既然他提出来了，你就必须回答他啊。我去年就是有一个，我没看见，没有跟他回复，然后就被扣分了。（不回复社会评价意见扣分） ZZS01 所以说回应，我们不能忽略，这涉及一个政府公信力的问题。我认为要加两大块的指标，一个是民意上的反馈。（回应涉及政府公信力、民意反馈）
公众满意	ZZX19 委托第三方，我们事先制定群众满意度的评价指标。由他们评价，将结果报给我们。（满意度评价指标、委托第三方实施满意度评价） HZS08 我们就会照着上面抽查，比如说我抽查两百人，电话打过去，你对这个查档，在我们这查档你有什么不满意，问一下，然后他说满意，我们记下来，要是不满意呢，我们也记下来。这个就是作为我们上报考评办的一个满意度。（自查满意度并上报考评办） HZS19 具体评价上，就是有量表，我们就是整体上的满意、不满意。（整体满意度） HZS18 我们就有三种方式，一种方式呢就是一开始，搞的就是服务对象的满意度测评。这个就是根据他们的服务对象人群满意感，请第三方来进行抽样调查，这个当时通过电话调查的方式来调查。（服务对象满意度测评）

续表

范畴	原始资料（初始概念）
公众满意	HZS10 老百姓相当于他自己对你那个部门的肯定，所以我觉得在这一点上，其实考评走下来，它的导向越来越科学，那么也体现了一个以民为本的这么一个指导思想，这么一个发展过程，这个是我觉得做得挺不错的。（以民为本的指导思想） HZS01 老百姓这个九大层面的评价呢，我们也是问绩问效于民。（问绩问效于民） HZS12 我们财税这个能够评为满意单位，靠的是老百姓的支持，靠的是社会评价。然后呢，掉出满意单位了，也是因为社会评价的原因，所以我们一直非常重视老百姓的意见。（社会评价左右绩效排名） HZS12 最能促进、改善我们对老百姓服务的是社会评价，我们是服务型政府，我们省里面就是昨天才开会，搞"最多跑一次"的那个改革。（服务型政府） HZS18 社会公众评价还是占主体，我们在综合考评当中。社会评价是这样的，分权重分层的，目标考核是45分，领导考核是5分，那么这样的一个框架体系也确保了人民群众在评价中的一个主体地位。所以，起最大影响的还是社会公众的那个评价。实施综合考评的话，就是让人民评判、让人民满意这个核心价值观不能变，人民评价的主体就很关键，所以当时就设成了50%的权重。（社会评价权重最大） HZS08 现在给老百姓多了一个表达的渠道，实际对我们机关来说就是增加了一个社会监督嘛，就是老百姓可以随时监督我们，就是这个道理，而且可以表达。（表达渠道、社会监督） HZS12 为了建立这个四项机制，我们还是专门分线，财政线，税务线，所有的局长，一把手，我们大局长，我们是下面的小局长，所有的财政线分管一起参加。把意见一条一条过，我们一起分析，到底问题在哪里，为什么意见上升这么快，而且当时出现了一些稍微尖锐的意见。2015年干的事，然后就开展调研，在这个基础上写出来，我们专门分了两条线，专门座谈讨论，而且是分管局长的责任处室的处长参加，在这个基础上，出台了这个调研文章，出台了这个社会评价的四项机制。（社会评价四项机制） HZS13 另外希望因为这个社会评价意见，我们会更重视普通市民在我们工作当中的一种感受。我们在制定政策，在做措施，在做具体行政行为的时候，你要考虑到老百姓的思想，不要就站在自己的角度。（社会评价促使对公众感受的重视） HZS16 除此以外就是社会评价，满意不满意，这个也是非常重要的一块。（社会评价） HZS18 那么从老百姓的角度来说呢，因为我们在综合考评当中，还是坚持让人民评判，让人民满意这个核心价值观。（让人民满意）

续表

范畴	原始资料（初始概念）
公众满意	HZS18 所以考评办成立之后，我在这方面花了很大的功夫，比如我建立了评价整改反馈体制。每年社会评价一结束，打分评价这方面我先不统计，我集中精力梳理、处理这些意见，把所有的这些意见，基本上每年都在增加，它们来自各个阶层、各个方面，很有代表性，把这些意见一一地梳理、分解，落实到相关的责任部门，下达给它们，要求它们自己进行整改，确定重点整改目标。然后，这些重点整改目标都要在报纸、在网站上面公布，向社会承诺，然后到年底的时候，12月初的时候，我再公布这些整改的结果，然后接受新的一轮评价，所以这就形成了一个评价—整改—反馈—再评价—再整改—再反馈的循环。（评价—整改—反馈—再评价—再整改—再反馈的循环） HZS18 满意评选的宗旨就是要让人民来评判，让人民满意。通过组织大样本的社会评价，我们一开始是五大成员，还没有到九大成员。好像是到第二年，很快就形成了九大成员，一万五千名代表，这样的一个大样本来进行评价。（满意度评价的宗旨就是让人民满意） HZS18 那么现在，增加一个绩效程度，就是还要看你完成任务的质量的好坏，你对社会公众，特别是服务对象的认可度、满意度。这是我新加的指标体系。（绩效程度属于满意度指标） HZS17 最重要的是社会的认可，那么社会对你不认可，等于你这个工作就白做了。（社会认可） HZS07 如果大家都一个标准，公平性确实好。但我认为公平性不是主要的，我认为这个抓实了以后，要把老百姓安抚好，就是最大的成绩了。（安抚好人民群众就是最大的成绩） GZS06 每个学期、每年度的话，我们都会发一些问卷调查，咨询他们有什么服务需求啊，还有他们这一年对我们做的工作有哪些不满意的，也会在这个表上体现出来，然后他们也会进行一个问卷调查的。（满意度调查问卷） GZS05 在广州这边，我们城管部门在市政府各个职能部门里面，满意度一直都是倒数第一，反正是百分之八十几，就是比公安和交警部门还要差，倒数第一啦。在实际操作中，肯定，因为它有这样一个问题啊。比如说这个违建问题，你拆了他的房子他不满意，可能反映这个房子是违建的那个人，他可能就满意。并且万一以后他看到别人起房子他去投诉，他投诉以后我们政府过去拆，他又满意啦。所以说满意度这个问题，因为有好多维度、好多指标，所以说影响因素比较多。（满意度多维性） GZS01 不能简单地以民众的满意度作为唯一标准。（满意度评价不可做唯一评价标准） DXH02 我觉得不能简单由这种满意还是不满意来代替公众的这种评价。（满意度评价不能代替公众评价）

续表

范畴	原始资料（初始概念）
公众满意	DXH04 我们的宗旨是为人民服务，让老百姓最终评价，以老百姓满意度作为我们工作的最终标准，但实际上这很难实现。（公众满意作为最终评价标准较难实现） DXH01 服务对象的考核也是要作为整个考核结果的一部分。（服务对象满意度评价纳入整体考核结果中） LZS05 但是我觉得有一点，老百姓应通过匿名的方式，比较随机的方式，而不是有准备的方式做这个满意度的调查。（匿名随机开展满意度调查） ZZS02 公共服务方面的工作特别多，比如说民众关心的，他可能就了解多一些；他不关心的，跟他生活无关的他就了解得少一些。所以说这个时候评价，他也不一定能评得好。（信息多寡影响满意度评价的准确性） ZZS06 大部分都跟老百姓没有接触的，百姓又不知道他们是干啥的，反正对他们也没什么负面印象，评为好、优秀。像公安局、民政局、税务局这些反而跟老百姓天天相关的，他们评的时候总是成绩不好。我就感觉选取样本确实很重要，选取的样本不一样，公众评价结果是完全相反的。（联系越紧密评价越不好、抽样方法影响满意度评价结果）
公平	HZS18 因为目标考核和满意评选都有它的优势，但是也有它的局限性。那么如果单一维度地去考核评价难免会有一些偏差，那么实施综合考评之后呢，就是全方位多维度的一个指标体系建立之后，可以使考评更加全面，更加客观，更加科学一些，当时叫三位一体的综合考评。（三位一体的综合绩效考评） HZS03 对于我们这种服务量特别多的，考评办就给我一个整改系数，相对弥补，不然我根本没办法跟没有服务职能的部门比，它的公众意见也少，评价的话它就是很好的呀，都是非常好，那我的话肯定是有意见的。（整改系数） HZS16 考评办在考评过程当中，也与时俱进地修改了考评的系数，所以这个变化实际上也就是使得考评更加科学，更加符合实际。当初我们那么多年都处于中等偏后的这么一个位置，我们就觉得不管我们怎么努力都无法改变这个状态。就像刚才说的，当时跟老百姓接触面很小的这些部门，永远可以排在最前面，因为老百姓不会对它们提太多意见。我们跟卫生部门啊，这种跟老百姓太密切了，只要有一个他的家庭，自己解决读书问题的，就肯定是有不满意的地方。所以，在这种条件下，我们这种社会工作最密切的部门，基本上就考核不过。在这种情况下，考评办也是与时俱进进行了一个调整，这个调整就使得这个考评更好地反映政府部门里面的不同，能够分门别类地，来做一个比较科学的评判，那么也可以说是让我们这些部门，这样的评判就比较科学一点。（与时俱进地修改考评系数）

续表

范畴	原始资料（初始概念）
公平	HZS18 到了2013年我确实下决心，确实不合理，为什么？有一些单位同样是社会服务较多的，如搞执法的单位，它可能是得罪人的活，有一些单位虽然社会服务也是多的，但是都是做好事情，送温暖的事情，就更容易得到满意的评价。所以，同样是社会服务较多，但其实还是有差异的，那么从我们的考评结果来说呢，确实是，年年这些部门都在前面，所以它们受这个社会评价影响太大了，它们远远超出了后面的，高了2分，2分在考核里边就是举足轻重的。所以，后来到了2013年的时候，我就动了，但是这个动呢，不是乱动，不能随意地动，否则人家跟你提出了你没办法，所以到后来我说要不这样，我们也用大数据，我们搞了这么多年，我们数据也不少，我们是不是能够设置几项指标，搭一个模型，我们来做大类的分类。我提出来之后，当时就跟一直帮我们搞绩效的那个大学一起合作。我提了三个维度、五项指标。然后，计算出一个得分排名，根据这个得分排名，我再重新分类。这个跟我原先的判断是一样的，有一些社会服务比较多，但是难度不高的这些，它们明显得分比较低，当时我就想着把原来的第一类划成社会服务多和比较多，系数变为1.05、1.03、1.01、1.0四档。（运用大数据优化考核对象分类） HZS18 第二个是挑战指标最好要高于12%以上，不低于12%，才构成挑战，数据必须是第三方提供的，不是你自己所报告的，去年到今年完成多少，要有第三方去弄。（第三方提供绩效数据） HZS19 我们移动用户10万人，联通和电信因为用的人少，是一个5万人，总共我们是向20万名三大手机用户发出邀请，然后他们愿意参加我们的评价就回复手机短信。愿意参加，我们就会给他一个验证码。愿意参加评价的，我们列一个名单，叫白名单。一发就全部发一个验证码，最后你再填你的手机号码和验证码，然后你才可以登录到我们的考评系统，这样避免网上，特别是微信拉票，相互之间刷票，确保了这个评价的客观性，所以我们有严格的门槛，是有技术保障的。（设置准入门槛减少刷票行为） HZS18 这么一个评价体系，各个维度也基本明确，所以我采用了功效系数法。社会评价和地区之间的差距压缩了，这样的话相对比较科学。（功效系数法） HZS18 但是也设置了一些差别指标。所谓差别指标，有些是在城区，有些是县市，这个是差别指标。还有一些是差别权重，差别权重就是同样的指标但是权重不同。（差别指标、差别权重） HZS19 这里面有一些是随机抽样产生的，也有一些固定层面。当然那些固定层面我们也是按照抽样来产生的，我们也是按照70%的比例抽样，比如说我们本地的党代表400人，人大代表280人参加我们的社会评价，就是所有人都参加过的，反正每个人都抽样的。（随机抽样） ZZS01 在这个社会主义初级阶段，不可能做到绝对地公平。（难以实现绝对公平）

续表

范畴	原始资料（初始概念）
公众参与	ZZX18 每年年终，有 10 分由民众来评价，由涉及的企业、涉及的相关人员、人大代表、政协委员来进行评价。（民众评议、人大代表评价、政协委员评价） ZZX01 公共服务方面的工作特别多，有一些民众关心的，他可能就了解多一些；他不关心的，跟他生活无关的，他就了解得少一些。所以评价的时候，他也不一定能评得好。（信息多寡影响评价准确性） HZS07 这个应该来说是多方面的，首先是选择引导来开展，这是一步一步来的，因为一开始老百姓也没有这个意识，还有外来人口，现在我们把外来人口纳入，比如打工人群。（引导公众参与） HZS08 让你签个表，直接送箱牛奶，送一张五十块钱的电话卡。当场送一箱牛奶，他就愿意参与了。这个肯定是要有成本的，政府要推广，到了一定的程度了，市民就愿意参与了。（物质激励公众参与） HZS18 社会评价这几年，我们也扩大了在网上设置评价，应该说是全覆盖了。虽然，有一些打分评价代表，是抽样产生的，但是提意见是全部没有门槛的。我要在差不多近一个月时间内，全部开放给个体提出意见。（网上评价） HZS18 社会公众的评价还是占主体，我们在综合考评当中，社会评价是这样的，分权重分层，目标考核 45 分，领导考核是 5 分，那么这样的一个框架体系也确保了社会公众，人民群众在评价中的一个主体地位，所以，起最大影响的还是社会公众评价。（公众占评价主体、社会评价） HZS06 其实目标考核比重很小，基本对你的影响是很小的，排名的影响很小。真正影响排名的是社会评价。（社会评价影响绩效排名） HZS13 引入社会评价意见，其实就是提高老百姓的参与度。如果不站在我的立场上，作为考评单位或者是作为市政府主要领导，他的考虑除了说提高参与度，还希望我们通过这样一个手段能够提升政府机关在老百姓当中的这个印象分。（提高公众参与度、改善印象） HZS18 当时市委领导很明确，实施综合考评的话，就是让人民评判，让人民满意这个核心价值观不能变，人民评价的主体就很关键，所以当时就设成了 50%。（人民评判作为核心价值观） HZS10 这个单位干得怎么样、好不好，其实这个发言权大部分，在我的理解中，现在的分数大部分是来自群众，是来自老百姓的。那也就是说现在的导向，我觉得这么多年走下来，把对这个部门的绩效综合评价的自主权放到老百姓手上，评价自主权回归公众。（评价话语权回归公众）

续表

范畴	原始资料（初始概念）
公众参与	HZS18 通过组织大样本的社会评价，我们一开始时，好像是五大成员，还没有到九大成员。好像是到第二年，很快就形成了九大成员，一万五千名代表这样的一个大样本来进行评价。（大样本的社会评价） HZS10 综合考评的第三个意义就是在政府的实践过程中，加深了和民众互动。百姓的声音能够更加集中在政府，加速了政府与群众的良性互动。（综合考评推动政民互动） GZS01 所以它这个其实就是体现了政府对这个公众参与的认可和重视吧，我觉得都有的。（政府重视公众参与） GZS04 如果是公众参与的话，那对于他们接触到的一些公务员啊，他们就可以进行评价。（公众适合评价提供公共服务或产品的公务员） GZS01 我觉得现在民众就那个思维意识对政府的监督也好，参与度已经是很高的了。（公众参与度高） GZS03 我觉得公众评议政府，这从逻辑上来讲是一个必然的趋势，是一个发展方向。（公众评议政府在逻辑上是必然趋势） GZS08 我觉得民众参与越多，就越难以控制。（公众参与越多就越难控制） GZS01 好多的第三方机构或是人大、政协，它们会有一些专门的人对群众，对企业商户或经营者，去做比较大的一些问卷调查。它们会通过这些，然后来考量整个广州市的营商环境。（公众参与营商环境考核） GZS10 对民意的这个寻求方式，包括它所反映出来的，可以给政府有益参考的东西，不能够直接反映出来，是需要加工、需要处理。（民意需加工） GZS01 公众参与进来，他们的表达渠道也不一定能直接影响到政府考核内容。（公众参与并不影响考核内容） GZS10 公众参与，有一些普遍参与或者社会公众的参与是更好一些的，但一些可能涉及公共安全，或者说跟公众切身的利益密切度不是很高的一些事项，公众参与要少一些。（公众参与并不意味着事事参与） GZS10 我觉得可以让更多的公众来参与，然后听更多的民意，但是参与方式跟评价，需要去分析，或者说这个也要加强研究跟探讨。（公众参与方式有待研究） GZS03 公众掌握的信息也代表一些大的方向，但是有的时候，在一定时期之内，其实也会有所偏颇的。比方说跟朋友或者在某一个小的问题上面掌握了一点点信息，就作为依据，做出一个整体的判断。那这个我觉得其实是一个以偏概全的感觉吧，就是说并不全面。（以偏概全） GZS06 这个活动其实蛮好的，就是让更多的人参与这个过程，反正老百姓能够表达诉求。（表达诉求）

续表

范畴	原始资料（初始概念）
公众参与	GZS10 从个人感情上来说，肯定是更愿意得到公众广泛的认可。（广泛认可） GZS10 大家站在自己的利益角度，大家泛泛而谈，那么变成这样的话，就失去参与评价的初衷了。（基于自身利益的公众参与有违初衷） DXH07 我们每年不管是市一级还是区一级，都会委托第三方机构，对职能部门进行评价。就是委托第三方机构，由群众对政府职能部门满意度打分。（委托第三方机构开展满意度评价） DXH03 我觉得应该是支持的，但是范围的话，不能是每个人都参与。因为，我觉得还是群众代表来组织、来评议的话，可能会更加好一点。（群众代表评议） DXH01 我觉得作为一个公共部门，它如果没有公众参与政府绩效评价的话，这个评价就是不科学的。（没有公众参与的政府绩效评价不具科学性） DXH05 光强调公众参与率的话，那最后考核出来的东西是五花八门的，就很可能带着成见。（单纯的公众评价引发考核结果不一致） DXH03 公众参与可以小范围，可以先一部分人参与，再然后慢慢扩大。（公众参与范围应逐步扩大） DXH01 因为它提供的是公共服务呀，如果你的服务对象都没有来对你的服务进行评价，那这个评价就是缺失的。首先，我们目前，在政府绩效评价中公众参与只是说引用了这样一种形式，但是它这个范围肯定是不够的。现在的公众参与只是刚刚提到的一个满意度调查。（公共服务属性赋予服务对象评价身份的合法性、公众参与处于形式化阶段、公众参与仅限于满意度调查） LZS08 我觉得公众参与这是一个很好的现象，就是信息比较对称，你就知道公众在想什么，你才能更好地服务他们呀。（改善信息不对称） LZS05 这个我觉得是一个从人治走向法治的必经过程，可能公众的参与程度越高，政策制度可能越科学，越全面一些。（从人治走向法治、完善政策制度） ZZS06 公众参与不能无限制地扩张，所以我是这样的理解。（公众参与不能无限扩张） ZZS02 就是要看这个评价是由谁来操作的，如果是由第三方来操作，抽取的民众样本比较合理的话，是有代表性的。但是如果还是由政府部门来组织，它可能抽得就不一定客观。（第三方抽样的公众参与者更具代表性）

续表

范畴	原始资料（初始概念）
公共利益	ZZX13 主要是民生工程指标抓得比较牢，民生工程、市县两级的重点工作，压力较为大。（民生工程指标、民生工程是市县两级的重点工作、民生工程压力较大） ZZX02 具体指标很多，像民生主要在劳动、卫生、教育、社会保障、残疾人事业，这些属于民生事业的部分。（民生事业指标） HZS16 在这个过程当中，通过这样一种综合考评，我们觉得有助于改进我们的工作，更好地为人民服务。（综合考评有助于为人民服务） HZS20 像市场监管局和供销社在目标考核上还是可以的，只要不出大问题，不要出这种安全生产问题、党风廉政问题、领导班子腐化等问题。（安全生产是负向指标） DXH03 经济有，城市建设有，环保有，文化有，民生有，公共安全有，因为我觉得，经过这么多年，这个指标体系应该还算比较健全。（公共安全指标） GZS02 因为每年广州市会有安全事故指标，就是不能发生重大事故，发生了那可能就要问责了。（安全事故指标） GZS02 最近的绩效压力，可能我觉得，就是安全生产，安全生产那边。（安全生产绩效压力大） ZZS05 不是为了满足所有人的公共利益，而是为了满足多数人的公共利益，我们做不到完美，但是我们做到最大公约数就已经很好了。（最大公约数意义上的公共利益）
法律规则	HZS18 在那次会议上提出启动绩效管理立法，列入立法预备项目，然后到了2015年正式列入立法项目，2015年8月份的时候，绩效管理条例通过，经过市人大，然后报人大批准。2016年1月1日正式实施，这个确实意义非常重大。总的是两句话，一是实现政府绩效管理于法有据、依法管理，由于绩效管理是没有上位法的，我们在起草这个条例的时候找不到依据，所以我们完全是一个创新。再一个就是实现了绩效管理机构职责法定，就是原先这个机构设置没有法律法规的依据，按照道理政府部门职能机构的设置要遵照法律对不对，现在有了这个条例，上面就有了依据，所以绩效管理机构可以行使哪些权力，后面还有这个处罚问责得到解决。（绩效管理立法、绩效管理条例） GZS02 依法治国这几年都在提，我感觉这两年会比以前好一点点，就是说基本要依法行政呀。（依法治国、依法行政）

续表

范畴	原始资料（初始概念）
创新	ZZX08 二是创新单独拿出来考核。创新，包括党建、经济社会，在全国全省有影响的都要进行考核。（单独考核创新工作） HZS16 创新创优这个项目，利于找到豁口，在必须完成的这些基本年度规定动作之外，你有什么想创新的。（创新创优项目） HZS07 像这个创新就非常难了，我们自己认为这个里面也有一些因素，因为这个创新目标有一个专家评议。（专家参与创新创优评选） HZS09 然后创新创优评选，前几年我们也一直在挖掘我们的创新创优点。（挖掘创新创优亮点） HZS08 你老是在那里平平淡淡地继续，一点创新的意识都没有。激励你有一个创新的过程，每年都想办法提高一下。（激励创新） HZS12 如果是讲最合理应该是创新创优，没有其他因素的。因为你去现场汇报，专家现场会给你马上评分。去掉一个最低分，去掉一个最高分，那个应该是最公平的。（创新创优评选过程最合理公平） HZS03 压力最大的就是创新创优，最麻烦了。每年都要想题目，就要开始构思到底报什么东西。因为都这么多年创新了，每年都得有，因为领导要求每年都要有，因为这里加分的分值相对比较大，如果这个没有加分的话，相对来说排名就会比较靠后。（创新创优压力大） HZS16 一个是我们能做，要接老百姓的地气；一个考评办也要认可，市政府也同意。我们每年有这样的创新项目，额外100分以外的，这个争起来比较辛苦的。（创新创优项目要得到利益相关者的共同认可） HZS03 在考核方式上面，大家不用花过多的精力，但在这个考核形式上面，花了过多的精力。你怎么表现比较重要，因为专家毕竟只是在一个短暂时间做出评价。这项工作对这个专家来说他不一定接触很多，他对这项工作的印象对他的影响较大。（创新创优项目形式比较重要） HZS03 因为创新成绩不是很好，我们排名就相对靠后。这两年我们创新创优，像去年的话，我们加了0.3分，2017年的话加分可能还要高一点，应该相对来说排名就上去了。（创新创优项目评价结果明显影响综合排名） HZS03 你比如说，党建创新跟一个科技方面，你怎么来比呢。放在一起评价，那这个时候就看大家的表现力了，表现力强一点的，他那个就好。（创新创优项目的表现力事关评价结果） HZS06 像这种创新创优，我觉得有多少科学性，我觉得也没有多少。（创新创优不一定具有科学性）

续表

范畴	原始资料（初始概念）
创新	HZS03 那么创新创优项目，我申报那个项目就有不确定性。第二个横向的比较有不确定性，就是我认为我这项工作解决了很大的一个难题，我们做得很好的，但是你跟别的部门比，还有别人的认可度，比如专家的评价。（创新创优项目具有不确定性） HZS06 首推就是创新创业，我们是花了很大的精力来做，但是实话讲，因为毕竟它的受众率比较低。我们这个创新创业难在受关注不高。（高投入低关注度） HZS04 创新创优这种东西，怎么说呢，是属于额外加分的东西，我大不了不得这个分了。（创新创优项目属加分项） HZS15 我觉得创新创优不应该年年搞……比如三年订一个计划。然后，持续推进。年年搞，怎么搞？实际上只有经济部门可以搞一下。（创新创优评选不应年年搞） HZS18 另外一个就是创新创优，这个是非常有特色的。虽然，我们这个好像原来是三分，现在就是前三十有0.8、0.5、0.3分，好像看上去好少，但实际的影响，起到的激励作用是非常大的。（创新创优激励作用大） HZS17 创新创优主要是工作方式创新，创新创优项目的内容，究竟是创什么，究竟做了什么，哪一项真有让老百姓得到实惠的。（创新创优并不提升公众满意） HZS10 因为我们人力社保分成好几大版块，其实我们在全国都已经是走在前列的。在这样的高起点上，你要取得重大的突破，所以压力其实是来自这里。（创新机会递减） GZS01 有一些人为了亮点而亮点，去搞这些东西。（为了亮点而亮点） GZS02 创新意味着，你要打破你原有的一些东西啊。我这样理解因为你不打破它，那可能你就不会有创新，必须要打破原来的规则和方式。（创新意味打破原来的规则和方式） GZS01 如果是从考核他们来说，它还是很重要的，就说它的亮点，比如现在写份报告也好，就必须有个亮点。（创新被理解为亮点） DXH03 现在很重视所谓的狮子型干部，就是那种勇于创新的干部。（狮子型干部） DXH04 现在这个创新，很重要一点就是需要加强顶层设计，就是中央政府一直说的顶层设计。（创新需加强顶层设计） ZZS01 那你一旦创新，这个绩效考核就会下来。所以很多人不敢去创新，不敢去改变现状。所以我认为这个应该在创新层面再加一些权重比例。（增加创新权重） ZZS02 如果是这样的话，需要一种容错机制，如果说你又要求创新，又不允许在创新的过程中有失误，那么我觉得一次性改革成功是比较难的事。（容错机制）

附录5：价值冲突表现形式的开放式编码及范畴化

范畴	原始资料（初始概念）
公众满意与效率冲突	ZZX01 大家没有找到一个很好的平衡点，既能够解决问题，同时又要非常温和，能让所有的人接受，这个可能就非常难。（既解决问题又可接受） GZS01 他们的满意度会跟我们要完成上级给的这个效率有点紧张的关系，这个你不能两头都那么满意，这还是比较难的。（满意度与效率存在紧张关系）
透明与社会稳定冲突	HZS07 不是说任何信息都可以公开，有些信息公开了可能会引起社会的不稳定。（信息公开可能引起社会不稳定） GZS08 包括政府发文件很多事情都是不能公之于众的呀，只能在内部这样，就是有时候会觉得群众知道会引起不稳定，这个是肯定有的，肯定是存在的。可能是因为如果公开了可能会引起民众的恐慌，或者说对政府信任的丧失。（公之于众可能引发政治稳定和政府信任危机）
透明与效率冲突	GZS03 比如说去年可能某一个人就申请了三次信息公开、六次行政复议和两三次行政诉讼。他这种行为可能影响到行政机关的正常工作，也会影响行政资源的利用效率。（信息公开影响行政资源利用效率） GZS04 我觉得透明主要是影响效率吧。就是这几年啊，建垃圾焚烧厂会引起当地民众比较大的一个不满。其实之前建这个东西的时候啊，是没有那么大反应的，但是后面的话，好像是，有一个地方反对比较激烈，然后建其他的都已经变得很困难了。（透明主要影响效率）
透明与法律规则冲突	GZS03 比如说去年可能某一个人就申请了三次信息公开、六次行政复议和两三次行政诉讼。（信息公开可能影响行政机关正常工作）

续表

范畴	原始资料（初始概念）
经济发展与可持续性冲突	ZZX13 就是如何处理好经济发展和环境保护这个关系，在这个问题处理上我们觉得还是比较棘手的。（经济发展与可持续性的冲突） DXH02 第二产业就是以工业为主的话，现在它们这方面的环保工作肯定做得没有想象的那么好，我觉得是存在冲突的。（以第二产业为主的经济发展与环保相冲突） LZS08 我就觉得比如说咱们那个就是牺牲了环境啊，然后发展经济，就是破坏了可持续性的发展嘛。（发展经济牺牲环境） ZZS02 我觉得都是应该并重，不能说是为了一些经济的发展指标，就放弃可持续性。经济可能还是重要的，但是在兼顾环境的情况下，可能会比较难一点。（为经济发展放弃可持续性、经济发展与环境保护较难平衡）
经济发展与社会稳定冲突	ZZX23 我们既要维稳又要发展，比如我们的出租车运营，运营是有年限的，如果说五年期限到了，宣布他那个作废，马上就组织人来闹事，任何官员都不愿意因为一个出租车就把自己的帽子丢掉。（维稳与发展难权衡） GZS06 因为我所在的那个区有很多大型企业比如说像安利、宝洁这样的公司。这样的公司目的性很强，特别到我们这儿之后，它们在这里赚到一定的钱或者是达到一定的效益之后，马上就走了，所以它们都是不停地在换地方，它们这种大企的战略就是没有像我们这么强调可持续性发展，因为它们达到了目的之后就在其他地方再扩展，再扩展新的市场或者新的地盘的时候又从头开始。当时在全国都是排在前面的经济开发区，但是现在来讲，已经在全国都没有名气了，都已经排在最后面了。就是当时政府强调了这个可持续，但是到后来在实施的过程中慢慢地竞争不过人家了。（政府坚持可持续性政策会导致大型企业流失、强调可持续性导致经济开发区没落） DXH07 涉及危害稳定性的因素很多。举个很简单的例子，经济社会不发达的地方，可能大家情况都差不多，也没有什么诉求。就相当于是，现在这个社会不患寡而患不均，一旦处理不好，就有引发社会不稳定的因素。（经济发展诱发社会不稳定因素） LZS03 因为，当一个事情的发展涉及社会稳定的时候，一般情况下领导决策会是先稳定后发展。（稳定优先于经济发展）

续表

范畴	原始资料（初始概念）
经济发展与社会稳定冲突	ZZS05 改革开放以后，把经济放在第一位，然后这个贫富差距拉大之后肯定是会对社会稳定造成冲击的。以前我们国人向来认为不患寡而患不均嘛，那凭什么我邻居就突然成暴发户了，我还这么落魄，那就对人的心理是非常有影响的。那咱们可以看见以前咱们一穷二白的时候，经济没那么发达，但是大家都其乐融融、幸福度就蛮高的，但是越来越发达，但是社会问题也比较多。（贫富差距拉大对社会稳定造成冲击）
法律法规与公众满意冲突	ZZX30 尽管我们作为县级政府一个部门，我们按照现行的法律法规，有关的政策办事。但群众他们不一定满意，没达到他们的要求，所以我们按照法律、政策做了，群众还是存在不满意。（按照法律法规但公众不满意） GZS05 我们的工作就很难被群众理解，你比如说我们出去拆违，去村里面拆除违建，这种情况下就经常跟村民发生冲突。跟他们讲那些政策，跟他们讲那些法律，他们都不听的。他们说我起房子，我在我的地上起房子，我去报建你们又不批。我的房子都快塌了，那我怎么办。所以说，就经常跟群众起这样一个冲突，我们也很难受，但是呢因为他们确实违反了城乡规划法，你又不得不去做，他们怎么可能满意啊？（公众满意与法治冲突）
效率与效益冲突	ZZX02 这个业务主管就交给乡镇干部，乡镇干部就交给村干部，村干部就想几十户人，我几天都找不到，你又叫我两三天返给你，有些人都不在家，怎么办？唰唰唰，自己就代别人签掉了，然后就交上来了。（时限引发代签行为） GZS03 比如我去了多少遍，我去了多少次，这个指标是追求效率，就是一种数据来呈现的。但是真正的那个行业的整体性，或者说是一种治理性，就治理的横向性和效益性，往往会被忽视。（重效率轻效益） DXH02 效率和效益一直以来肯定都是存在这样一种冲突的，在放管服推进中，企业受益是不是像我们所想象得那么大，我觉得这是一个问题。因为有的时候，这一项工作还没完全做完，马上就在研究下一个更先进一点的理念，我觉得在企业受益这一块，这两者之间会有一定的矛盾。（效率与效益一直以来存在冲突、放管服工作推进速度与企业受益间相矛盾）

续表

范畴	原始资料（初始概念）
效率与公众参与冲突	GZS10 如果说修一些重大的公共建设项目的时候，要很广泛地征求每一个公众或者说一些法人的那个意见的话，那么这个整体的运行效率非常低。实际上在很多建设当中，主要是政府机构或者说某个组织做出决策以后，很高效地去执行。那么效率和公众参与有些时候存在一些矛盾的地方。（效率和公众参与矛盾） GZS04 因为有些东西，你是要全民参与的话，会把那个效率降低。（全民参与会降低效率） LZS07 如果你要推行什么政策，广泛地征求意见，就所有老百姓的意见全部都征求了，很明显是不现实的。我觉得就效率来讲，是不合适的。（全面征求群众意见导致低效率） ZZS08 因为有时候比如征求百姓的意见，像我刚才说的警力不够，如果我们现在制度也规定了要征求。但一征求的话，办案效率就会低。就是说这个度不太好把握。（征求公众意见会影响办案效率）
效率与法律规则冲突	GZS05 还有一个效率与法治这一块也是有冲突的。我再给你举一个例子吧，如果政府要提高工作效率的话，那就是今天发现违建，明天过去拆。但是，如果我们今天发现明天去拆这又涉及一个法律流程没有走完，因为你要去拆，你要层层审批，要有法院的执行文书才行啊。那你直接去拆，那就是政府乱作为。（效率与法治冲突） GZS07 应该说还有一个可能比较突出的就是我们有时候又追求规则，有时候又追求效率。有时为了规则就牺牲效率，有时为了效率牺牲规则。所以，就形成这种矛盾状态。（经常在法律规则与效率间抉择）
效率与责任冲突	DXH04 比如说拆迁这个问题，别人那个房子没有拆下来，然后上面又要及时推进这个事情，他的确是拆不下来，也是客观因素，别人不想、不愿意拆，法律上没有规定强拆。所以，一方面在推进政策，另一方面一出问题就把干部给问责，使干部的积极性造成挫伤。（效率与问责冲突） ZZS06 问责如果太高或者说太苛刻了，民警的工作效率或者是工作的积极性会降低。但是问责肯定是有好处的，但是得有个度。我们这样理解，我们毕竟是管理者，一天管理几辆、几十辆、几百辆、上千辆，甚至上万辆车，我不可能每个车都管理，但是一旦出事了，你就被问责了。当时在这个路口的民警你没有管着没有拦着车，就把你给问责了，我感觉会影响民警的工作效率。（太严苛的问责会降低效率）

续表

范畴	原始资料（初始概念）
效率与创新冲突	LZS04 这两个不能同时去把它们做好，因为就我们这个层面的公务员来说，虽然也不是太基层，但是也算是比较基层的。有时候在创新的时候，这个基础任务太多了。但是，所有的工作最后都会由你来承接，所以在这个工作效率上，你如果还要去讲怎么去创新或者怎么弄的话，我觉得有时候可能在时间上或者精力上，有点不够用吧。（有限资源下效率与创新难以兼顾）
效率与公平冲突	DXH07 在政府绩效考核里面，我觉得效率和公平这两个东西，有时候，就像鱼和熊掌那样的，不可兼得。（效率和公平如鱼和熊掌不可兼得）
效率与质量冲突	ZZS02 如果是靠我们这些人的话，就是需要一个很长的时间。要不然就是效率比较低，但是数据的准确程度会比较高一些。质量有时候为了效率，会有一定的舍弃或者说是一定的忽略。政府部门在公共服务方面肯定是希望能够高质量地服务，但是难免会有一定的忽略。（数据准确性与效率成反比、因效率忽略质量）
责任与创新冲突	GZS02 创新有被问责风险，既然有被问责风险，你让我创新，那我倾向于不创新，我怕被问责。（因问责风险致使创新动力不足） ZZS02 需要一种容错机制，如果说你又要求创新，又不允许在创新的过程中有失误，那么我觉得一次性改革成功是比较难的事。现在的追责机制，在进行一些追责的时候不是说找到问题的根源，找到错误的点。错误的原因和这个责任的划分要明确。（追责机制存在阻碍创新的风险） ZZS04 因为如果你创新成功了，那当然是最好了。但是如果失败了，就有被问责的可能。所以就是在调控之内做事情，没有出差错就行。就算出了差错，我们也是按照文件做的。（创新失败引发被问责风险）

续表

范畴	原始资料（初始概念）
社会稳定与法律规则冲突	ZZX27 比如说严格执法，存在少部分老百姓闹事的现象。比如我们的出租车运营是有年限的，比如说五年的运营年限到了，宣布他那个就作废了，马上就组织人来闹事，任何官员都不愿意因为一个出租车就把自己的帽子丢掉了，那么我们就想办法，给续一年。（严格执法引发聚众闹事） GZS02 信访的存在会给法律执行带来一些困扰。法院判，那我要跟着执行，会存在那个败诉人他不服气，去上访。那要稳定的话，就有可能变相地给予一个补偿。如果没做错，我判了，群众判输了，那群众还继续上访，那最终可能会为了维稳，为了稳定，政府做出一些灵活性的处理。（维稳对法律规则造成困扰）
廉洁与效率冲突	ZZS06 因为廉洁嘛，我就按政策来，免得落别人口舌。整个事情三个月办成，你十天办完了，你是不是有这个腐败的行为啊。并不是因为廉洁，我不办事了，而是不想让别人感觉到这么快地去办这个事情，是不是有什么问题、有什么毛病。（廉洁会引发按部就班）
控制与公众参与冲突	GZS07 因为政府绩效评价你要控制这个范围，控制这个质量，控制这个效果的话，如果公众参与程度越高，你就越难控制，这个稳定性就越差。因为，参与度越高，各种各样的手法，各种各样的评价，就可能会影响一些判断，也会造成一些好的、不好的导向，所以你不管怎样，不管它是好和坏，控制力肯定会下降。（公众参与程度越高越难控制）
经济发展与公众满意冲突	GZS01 经济发展指标跟民众的这个整体满意度可能会有不一致。所以你就刚才的 A 和 B 之间要取一个刚刚好的集合，其实这个也是挺难的。（难以兼顾经济发展与公众满意）
经济发展与公共利益冲突	GZS06 但是我觉得有的时候就太过于重视经济了，往往会影响其他一些进步和发展吧，比如说文化方面的，还有这个环境方面等，特别关乎那个百姓民生方面的问题。我觉得这些都是有很大影响的，所以我觉得，如果在以后的政府发展过程中经济是不是可以稍微放一放，然后先把这个基础搞起来，然后再发展经济会更好一些嘛。（太重视经济发展不利于民生） GZS09 我觉得经济发展不一定就代表着公共利益会提升，公共利益提升不一定代表经济发展。（经济发展与公共利益非正相关）

续表

范畴	原始资料（初始概念）
经济发展与法律规则冲突	GZS03 地方政府有时候要考虑到这个企业，比如说它每年给地方纳的税特别多。它为地方的经济发展，促进很大呀。如果地方管得很严，都搬走了，我这个地方经济，GDP 就发展得很差呀。那么当地政府也会考虑到这个均衡性的问题，有些东西就可能不会像以前一样，只考虑市场秩序的问题或者法律层面的问题。（面对经济发展难以只考虑法律规则）
法律规则与创新冲突	GZS09 就我们执法本身而言，比如说我想查一个东西，但是不能照搬法律，法律滞后性吧，法律肯定不如现在变化得那么快，市场变化太快了。我们要去执法的时候，我们有些创新的手段，我们很担心会不会和法律相违背。（法律时滞抑制执法创新行为） LZS05 应该它有一个前提，就是你必须遵守大的法律法规，这样子的话，你也没有太多发挥的余地、可以操作的空间。（法律法规限制了创新空间）
创新与社会稳定冲突	GZS02 我想对为人民服务进行创新，可能这个创新引起一些社会不稳定或者经济出了问题，倒退啊，GDP 下降了，那这个可能要被问责。那问责的话，虽然有文件说可以创新，不被问责，但这个标准，文件却没有明确。（创新引发社会不稳定或者 GDP 下降存在被问责风险）
控制与透明冲突	ZZS05 过度的控制和透明是背道而驰的，我不知道是不是下边的和尚把经念错了。我觉得这样不利于化解我们的塔西佗陷阱，这样就会越控制越容易出问题。（过度控制与透明背道而驰）
控制与创新冲突	ZZS05 创新需要一种更加自由的环境，如果过于强调控制的话，就会影响创新的效果。控制理解为一个上级对下级的垂直性的控制，可能影响我们下一级的创造性思维。（控制会影响创新效果、垂直控制影响下级创新性思维）
价值供给能力缺失	ZZX20 国家要求与基层监管力量不匹配，国家要求我们监管的频率与我们的力量不相适应。（基层力量与上级要求不匹配） ZZX16 民众的这个需求和政府的这个执行能力之间会有一些不一致的问题。（地方政府能力与公众需求不匹配） ZZX24 专利要自个去申报，我们只有做些宣传工作，反正只能提醒，因为这个专利申请要花钱，所以很多企业如果知识产权意识不强，它们就不是很愿意。（帮助服务对象了解自己需求的能力有限）

续表

范畴	原始资料（初始概念）
公共服务供求矛盾	ZZX26 我们提供的服务和他们需求的东西之间就存在突出的需求和供给矛盾。（服务供求矛盾突出） ZZX23 在当前的评价方式中，我们部门向群众提供的环保服务和他们的要求可能还有些差距。（环保服务难以满意） ZZX30 目前的考核也存在着领导满意，群众不一定满意这种差距。现在公安部门按照上级的要求行事，但可能与群众对我们的期望还有差距。（领导满意而非群众满意、与群众期望存在差距）
价值供给时滞	ZZX17 老百姓觉得我们进度慢，城市面积、城市道路还需要增加，正面的一些需要。（城市建设进度慢） ZZX05 过个三五年财力可以就推开了，政府要引导，解释，促进工作的完成。（推迟供给） GZS05 考核指标可能跟现实中不完全匹配，有困难可以反映，但是工作还是一样要做。所以说，因为指标调整有一个滞后性。（指标调整具有时滞效应）

附录6：价值协同模型的开放式编码及范畴化

范畴	原始资料（初始概念）
宏观政策与地方现状偏差	ZZX01 上级在制定政策的时候，就是基于整个全国层面的形势。制定政策的一个风向标，可能很多就是发达地区的形势。这样对我们来说，可能存在不适合。或者说，做出决策不正确的原因就是对情况把握得不准确，或者是说不全面。（基于全国整体形势或发达地区制定政策、缺乏对现实情况的准确与全面调研） HZS04 我们部门在制定目标时，较难充分征求所有民众的意见，你可能也找不到合适的对象去征集。（制定目标较难充分征求所有民众意见） HZS14 那个省里面的政策，要把全部整合在一起。我在想你把所有电话都整合在一块，你到底调研过没有。省里面跟我们提了三个百分之百，我们刚刚就在讨论这个规划，这个根本就是不现实的东西，个别人是在办公室拍着脑袋想绩效目标。（政策出台缺乏调研、拍脑袋制定绩效目标） HZS13 实在很多部门，尤其是上级部门制定一些政策的时候就是坐在办公室想想，也出去调研了。很多出发点都是好的，但等到实践的时候，会出现很多问题。（上级部门制定的政策落地问题多） GZS05 在考核中，个别地方领导为了把自己的成绩单弄得好看一点，可能把目标定得很高。（领导政绩冲动导致目标设定过高） GZS05 少数情况下，个别领导决定一个事情与下面的工作不是特别地契合。可能是他不清楚下面做事和操作的一个原则，所以说，有时候领导目标还是空洞，难接地气。（决策与下级政府工作不匹配、决策者不了解执行和操作原则、领导目标空洞且难接地气） GZS02 有时候决策一层一层下来的话，在过程中也有变味的现象。（决策在层层转达中变味）

续表

范畴	原始资料（初始概念）
宏观政策与地方现状偏差	DXH07 在我们现实过程中，由于我们的政策制度跟发展，跟稳定，跟群众的需求，有时候会有一定的偏差。我觉得这个脱节的主要原因还是因为上级政府对所谓的下级政府的执行、行政的程序不了解，他还没有深入地调研，而是在办公室决定的，他会想当然地以为应该这样。因为制定政策的部门，它往往是不具体进行行政或者是执法或者操作的。干的人和制定规则的人，他们是脱节的，他们之间没有充分地沟通。（政策制度与群众需求存在一定的偏差、缺乏对执行程序的深入调研、政策制定者与执行者相脱节） DXH07 个别时候，市政府在制定相关的绩效政策的时候，不可能面面俱到。所以说，下来的东西，肯定是宏观的。比如说，要求全年度GDP 增长10%，可能在全市范围内，这个10%确实能够达到。但是就某一个单位、某一个区，它可能经济底子比较薄弱，所以不一定能够达到。但是政府不可能说，为了一个单位，牺牲自己整体的一个发展的效益。（市政府制定的绩效政策不可能面面俱到） DXH04 省里面给市里面下达指标的时候，因为省级工作的人可能少有基层工作经历。因此，真正落实到基层考核的时候，一些方面是不符合基层实际情况的，所以导致基层压力过重。（缺乏基础工作经历、下达的指标不符合基层实际） DXH07 因为通常情况下，他们在制定政策的时候，不会充分考虑到地方的各种特殊性。（上级政府制定政策不会充分考虑地方特殊性） DXH04 对于基层党委实际的工作就只有基层党委知道，但是上面又提出些指导性意见，上面指导性意见对基层其实又不太适用，所以这时候你想去做一些事情但是你又没有上面的依据可以遵循。（上级政策与基层实际不符） DXH07 对于领导人做出的决策，有时候对单位，它们并不一定都是很适合的。（领导决策不一定适合下级单位） DXH07 因为每一个政策的制定，它是从一个宏观层面上去把握的。然而，具体的群众，他都是从自己个人的角度去思考的。所以说，每一个政策制定下来，肯定有一些不满和情绪。（政策制定基于宏观层面的把握、宏观考量与个体角度相差异）

续表

范畴	原始资料（初始概念）
宏观政策与地方现状偏差	LZS05 比如说我们每年都有一个公务员年终考核评优这样一个机制。但是，按照以往工作经验来看的话，它并不是你个人工作能力特别出色，或者是其他方面特别出色，就会选你。它都是会综合，可能领导们会考虑做一个内部平衡，他们会综合考虑，可能站的层面比我们高，他们考虑的东西也是比较多的。这样子的话，他就不会单从你的工作或者是其他某一个单一的层面去考核你。（领导与基层公务员站位不同） ZZS07 因为上面制定政策，只能制定一个通识的，针对全国的。（基于全国普遍问题制定政策） ZZS01 较高一些级别的政府部门制定政策或者定一些规章制度的时候是按照大体制、大方针走。这些大体制、大方针和基层的一些实际情况，老百姓的个人理解有时也会有些出入的。（大体制、大方针与基层实际情况有出入） ZZS05 然后自己在那闭门造车，所以拿出来的考核方案可能难以有效落实。所以最终影响市一级的、县市一级的考核。（闭门造车提方案）
官僚内部运行逻辑	HZS18 好像很多地方还喜欢用运动式的方式来搞考核，有些地方力度也大，我们当初要搞满意评选也有地方在做，它是第一年排到不满意单位的就地免职。（运动式绩效管理） HZS13 这两年能够保持这样的一个经济发展速度和强势政府是分不开的。强势政府的推进就是这个样子，分指标、分任务。（强势政府） HZS18 我们的绩效管理是在一个压力体制下进行的，所以它肯定有它的逻辑。（压力型体制） GZS05 在政府体系中从下往上反映是比较困难的，从上往下就很通畅，就比较快捷。（政府系统内自下而上的反馈比较困难） LZS04 最终我们的主要考核是根据国家的这个考核，而我们是业务部门，我们就用垂直的这种考核模式。（垂直考核模式）

续表

范畴	原始资料（初始概念）
多样化的评价对象	ZZX25 全国这么一大地方，而且地域这么辽阔，经济差别那么大，大家不可能都一样。（各地差异明显） ZZX30 确实部门的职能有强有弱，这个职能强的部门，它完成起来肯定要容易一些。职能很弱，它要完成，当然指标不是很突出，它要完成起来的话，它的难度反而更大。（职能强弱与指标完成难以成正相关） HZS05 对于其他部门，大部分网民，老百姓不会做过多评价的。大部分的年轻人不了解，所以不去评价嘛，除非在那碰到过钉子才去评价。但是像我们这种部门，他们天天经常听到，而且他们感受很多的。我们部门消费维权嘛，市场上假货，虚假广告啊，保健品啊，吃个东西啊，我们职责无处不在，跟职能有关系。像有些部门它的职能跟群众没关系。（各部门与公众接触程度差异大） HZS13 党委部门相对来说，没有那么多指标。在综合考评当中，它们有很多东西的相对弹性会大一点，所以说综合考评的压力没有像发改委这么大。（各部门面对的综合考评压力不同） HZS03 有的部门，它们的主要负责人兼市委副秘书长，那他往那一坐的话，那就不一样。还有就是每个部门掌握的资源不一样，我打个简单的比方，市发改委是全市所有重点工作、重点项目的立项都在它那里。它对整个经济社会的发展可以说起到主要作用，那它当然要比别的部门的选择要多。（每个部门话语权有差异、每个部门掌握的资源不一样） HZS08 像我们这种单位，它跟强势部门是不一样的。像我们这个园林啊，他们的分就很高，因为他们只做好事啊。（各部门具有强弱之别） HZS05 我觉得是这样子，现在发展阶段，我们工作仿佛就像你需要它的时候它仿佛在，你不需要它的时候仿佛不在。就像维护秩序啊，群众利益的保障啊没有遇到它的人是感受不到的。比如说你没有消费问题，你就感受不到我们消费维权的存在。有些工作是很显性的，比如修条路啊、搞个活动。现在的社会是比较重视这些显性的东西的。我觉得呢，这里就会有对工作的影响。而我们社会监管部门就是消失在无形中的部门。如果你感觉不到我们这个部门的存在，那么我们部门的职能就是正常的。如果一天到晚都来找我们维护秩序，那肯定就是有问题的了。我们部门帮你登记企业，按照相关法律法规用最快速度办

续表

范畴	原始资料（初始概念）
多样化的评价对象	下来，维护食品安全。我们监管部门和他们经济发展建设部门不一样，我们考核时有时也是套用他们的考核指标。（各部门绩效结果存在显性和隐性之别） HZS14 所以我就觉得部门跟部门之间，这么一比较的话，天生的优势跟劣势就在这里了，各个单位的流转程序、工作方式都是不一样的，打比方税务举报啊，它的工作期限跟我们工作期限是不一样的，是没有办法一刀切的。（部门间存在天生的优劣之别、各部门工作周期不一致） HZS17 从中央到地方，每级政府都有几十个部门。但是这几十个部门，所担负的职能是不一样的，它们的任务也不同。（部门担负的职能不一样）
地方财力有限	ZZX08 从主观来说，我们想把公共服务、公共产品做好，但是受财力的限制，地方政府只有一定的能力。（财力限制公共产品和服务的供给能力） HZS05 这跟我们手里的资源，还有监管能力有关，因为我们手里的资源以及监管能力有限，我们的资源肯定是放在最要紧的地方。（资源有限） LZS05 毕竟当地政府的财力肯定是有限的。但是我们基本的比如说保民生啊、保工资啊、保运转啊这些基本的刚性支出是一定要有的。另外你要发展经济肯定有一个项目支出。说白了哪都要用钱，你肯定就是钱越多越好。（地方政府财力有限、钱越多越好）
统一性与多样化的矛盾	ZZX27 部门与部门之间、区域之间、个人的职能职责不一样，治理起来一把尺子来衡量，是很难定性。比如针对各个省，经济状况不一样，区域不一样，一把尺子，制定统一的标准来考虑。有些很轻易得到高分，有些就低，而且在评的时候，都是一把尺子，按同样的分数和等级。（一把尺子来衡量多样化的对象、按相同的绩效标准进行评价） HZS05 我们监管部门和他们经济发展建设部门不一样，我们考核时有时也是套用他们的考核指标。所以，部门的工作没法比较，就像交通与环境。能比较的就是你这个人努不努力，你这个人有没有按照法律去做事，有没有违法乱纪，这个是可以比较的。你工作的努力程度是可以去衡量的。至于你说这工作干得好不好，让老百姓去评价，他们也不了解我们，但只是看见结果。交通与环境管理的结果没法比较。旅游管理与城市建设，怎么比较。（套用其他部门的考核指标、部门工作不具可比性）

续表

范畴	原始资料（初始概念）
统一性与多样化的矛盾	HZS14 所以我就是在想，对社会评价这一块就是没有定下科学的考核办法。打个比方说，不要完全地横向拿出些东西比，应该纵向比，比如说你们单位去年是什么样的，跟今年的情况对比去年改进了多少。我觉得纵向比较比完全的横向比较可能会好一点。（纵向比较优于横向比较） HZS19 具体评价上，就是有量表，我们就是整体上的满意不满意。（整体满意评价） HZS16 有没有纳入考核，我不知道，反正现在的做法就是，尽量想要全部一网打尽。那一张网所有的都要在这里面，我觉得可能有些问题在技术上也做不到。第二个在便利上也不见得就好。（一网打尽式的考核其可操作性和便利性不足） HZS03 就是一张评价表格，一个人对部门填到底，这个我觉得是最不好的，又很难改变。（一个人填到底） HZS04 那也只能这样弄了，如果一个单位一个单位地这样弄，那工作量就太大了，对吧？只能把这些单位都放在一起，让一个人全打完。（一对多的评价方式） HZS06 但是我们每一年由考评办考核，是当地政府考核，我们一直反映，因为考评办的考核还是存在一刀切的问题。（一刀切式的考核） HZS05 考评的目的不是为给所有部门排一个三六九等，应该是看到每个部门的竞争和努力。为了看到你是认真努力了，还是不竞争、不作为，退步了。但现在变成了大家都要排一个名次出来。就像高考一样，大家做一样的题目。现在我们这种也是没有办法的办法。（像高考做一样的题目） HZS18 一个市里边，建立了一套指标体系后进行评价，原来就是自己跟自己比，那现在市里统一搞了之后我们就可以进行对比，就可以找差距、找短板、找问题，这样有利于工作的开展。（同一套指标体系有利于横向比较） HZS19 我们现在因为整个考核方案、整个评价表都是我们统一设计统一组织，但是具体的措施我们也委托相关部门实施。跟我们这个评价制度、评价体系设计一定程度上也有关系。你不能说它一点关系没有。因为我们要把所有的放在一起排名。然而，各个单位要布置的工作性质以及它所运用的资源都不太一样，可以说五花八门、千差万别。你

续表

范畴	原始资料（初始概念）
统一性与多样化的矛盾	说你这个市纪委总共加起来的部门也就是两个，这个怎么比？放在一起怎么去衡量它们。特别这些党群部门，很多政府部门还是经济领域的啊，党群部门很多是面向人的是社会性多一点的对吧，有些可能政治性还要更强一点的。这是党群部门内部，党群部门和经济部门两大部门又有不一样，所以你说这些不同的任务、不同的部门，人缘也好其他各方面资源也好，都不太一样，你说怎么衡量。（统一设计评价方案和评价表、统一组织考核、差异化的评价对象统一排名） HZS17 社会评价的，每个部门跟部门之间有千差万别。但是，我们所有社会评价的参与人都是一样的。（同一评价者面对不同的被评价者） HZS20 通用指标涉及的电子政务、依法行政，是由政府相关牵头部门来弄的，所以这个也不需要单位报。（通用指标涉及电子政务和依法行政） HZS18 当然前提还是要寻找共同的东西，但是可以说，区县我们从那些都是一样的指标、通用指标入手。到时候下一个文件全国统一模式，首先这块职能由编办来承担，结果我们独立机构到时候也要合并过去，还有强调执行力，现在基本上督查考核是放在一起的，然后又回到目标责任制考核那一套东西。（通用指标、全国统一模式导致回归目标责任制） HZS15 这个评价系数还不是一刀切的，这本身就是几大块里面，还是一刀切，你又不能系数搞得太多，搞得太多也烦，这个不同的类别不同比例那人家就觉得科学性不足。（评价系数一刀切） HZS18 还要解决一个重要的问题，就是各地的情况基础不一样，自然禀赋不一样。那如果有些东西你要统一来下一些指标，那这个问题怎么解决。发达地区它们觉得，我贡献这么大，如果我不排在前面，没道理。我贡献很大，像萧山、余杭这种，对杭州经济方面的贡献确实是挺大的，虽然说财政收入是不归我们的，但是至少统计的在我这里，所以它们认为，如果我考核差了，就认为不合理。像淳安、建德这些相对比较落后的地方，特别像淳安，原来都是新安江水库，确实做了很大贡献，本身又是山区，经济比较落后，它认为虽然自己经济上落后，但是其他方面工作自己也还是很努力地在做，况且为杭州做贡献啊，这个生态保护起来，其实也是做贡献的，不让我发展，也不能怪我，对不对。如果考评的时候，每次都是排在最后的，它认为这个也肯定不符合科学发展观的要求，所以当时大家也都提到这个问题。（评价对象的差异性降低统一指标的认可度）

续表

范畴	原始资料（初始概念）
统一性与多样化的矛盾	HZS15 我觉得要考核，但是要考虑到另外一个考核体系，而不是说考核要像运动员、裁判员采用一样的标准来。（考核标准应具有区分度） HZS18 如果你过多地强调自己的个性，那么你就没办法弄。最后你总要放在一条线上面来。但是，一条线上排名，确实又不能够完全不考虑一些不同性质的、不同类别的，两者必须要平衡好。（个性与统一需平衡） HZS07 最大的问题可能就在这个地方，我认为就是一百个，大家的情况可能不一样。你让大家都按照一个标准，确确实实很难的。（不同部门按照一个标准评价） HZS06 这不可能为你单列服务对象的，重点工作的挑战，关键性挑战，你没有的就一分都没有。那么理论上讲，他的百分之五十多，我百分之四十五，对不对，你这个就没的比，起点就输掉了嘛。（不可能单列服务对象、没有关键性指标和挑战性指标便输在了起点） HZS07 因为你一个单位，这么多的工作，成千上万的工作，都以一个标准来实行，像我们这个能做到相对公平就行了，就非常不容易了，你说要很公平我认为不现实。（一个标准考核多种工作难以公平） HZS15 现在要这个创新理念没错，但是要持续推进，不能说年年去搞。实际上，当然也有一句话就是你说不搞也可以，不搞这明显我这分就追不回来了。（可以不参加创新创优评选但无法追赶其他部门） GZS10 因为有些东西是不一样的，比如说外经贸合作，那么他们可能整天都要跟外国友商、团体打交道，可能出席宴会之类，这个也是他们工作的一部分，但是其他部门总不可能说拿时间去对公接待，这个事很难去统一评价。（隐性工作难以统一评价） GZS01 我觉得这个可能要综合要考量一下，而且我觉得不能说一套东西就针对所有的单位，还是略有不同的。（一套东西针对所有单位） GZS07 比如政府，大家结构是一样的，分值也是一样的，但是分值里面做的事就不一样。就是你做多，也就是那么多分；做少，也是那么多分。就比如，服务群众，你做十件事，也是十分，你做一件事，那也是十分。所以，总分大概是一样的。它不是说，你做一件事，我就给你算一分，做十件事给你算十分，不设上限，它不是这样的。它就设分数，分数一样，大家都一样。（同分值不同工作量）

续表

范畴	原始资料（初始概念）
统一性与多样化的矛盾	GZS01 我们这个考核是经常还是一起来比，上级指导单位来考核。（考核结果在不同单位间进行比较） GZS04 它就是把细化没有综合考虑到，就是各个辖区之间的特点一刀切，全部都在考核里，没有细化这是一个很大的问题。（未细化评价对象） DXH02 部门工作内容不一样，每年承担的重大改革任务也是不一样的，所以说那种完全有一个尺子的评价指标也是有难度的。（部门任务差异性决定一把尺子的评价指标不适宜） DXH04 我们区编制比较少，公务员的编制很少，别的区编制就很多，比如黄陂区有1000多个人，1000多个编制，我们才500多个编制。他们办案指标和我们办案指标是一模一样的，你说我们这可能吗？只能说是忙不过来嘛。这也是个不合理的因素，所以让我们感到困惑。（资源拥有不同的部门面对相同的考核指标） LZS01 它要综合考虑你的加分项、你的减分项，对全市来讲，它的这个指标应该是一样的。比如指标不一样，也没办法进行排名啊，都是一样的。比如说安全上，它可能会说，你这个有没有出现重大的安全事故，有的话，就要扣几分啊。你的参保率比如说是98%，你达到了没有，你可能没达到，没了一个点，它给你减一分，就是类似这种。（统一的考核指标和绩效标准用于排名） LZS05 然后会有一个比较特殊的事项，每年这个数据的编制，最终会有一个比较规范的东西就是反映这一年来，你主要做了哪些工作，钱都花在了哪些地方，但是这样的话你在编制过程中就会发现很多问题，就比方说，在有的县区，这样做是合适的，但是其他县区明明是条件不一样，经济形势也不一样，但是它会为了图工作简便，会跟大家一致，可能会强行推，反正就是不太规范的那种操作。我觉得对数据的一个准确性和安全性是不能完全保障的，它都是根据后续的督查，然后查出来有问题然后再整改，这样其实就是一方面加大了工作量，另一方面就是对于财政的形象也是不太好的。（强行推行以保持一致性） ZZS03 上级的标准就是一个标准，但是下面有可能具体情况很多。具体实现同一个标准来说难度是非常大的。（实现同一个标准难度大） ZZS06 一刀切比较严重，就是说这样考核，也可能这段时间翻车比较

续表

范畴	原始资料（初始概念）
统一性与多样化的矛盾	泛滥，然后放到里面。但是更多的还是你什么都不要想了，我们几个大队就这样考核了，就执行了。所以有时候会造成该干的活没干，不该干的加分项可能比较多。（一刀切导致从事加分且无关工作） ZZS02 比如说我们清理一些企业，这类企业在我们区比较多，在他们区比较少。比如说在我们区有100家，在他们区有10家。那么他们完成10家就是100%完成。我们完成十家就是10%。可是我们的考核工作量是一样的，我们的工作效果就比他们差很多。在这种评价方式之下，就很难达到一种公平。（统一考核难以实现公平） ZZS06 但是中队每个岗位都不一样啊，每个民警干的活都不一样，有的中队大、有的中队小，有的中队人员配比年龄小。这个东西没有一个固定的一个东西，所以这个东西考核很笼统的，没有一个详细的东西。（评价对象的多样性导致笼统的考核方式）
依赖上级政府	ZZX28 财政能力与评价任务的完成是相关的，没有资金的保障，工作肯定就没法做。（财政能力是评价指标达成的基础性保障） ZZX20 要单靠县上、县政府的力量完成考核，是鞭长莫及的。要完成这些考核任务，需要国家加大对基层监管能力的建设和财务的配比。（单靠县政府的力量完成考核是鞭长莫及的） ZZX11 一些考核问题，单靠县级政府是没有办法解决的，需要上级给予相应的资金支持。（需要上级政府资金支持） ZZX26 在我们西部，很多地方政府对上级的依赖性比较强，自身的收入少，但是你要保证，不管你的预算也好，或者你的民生需求也好，我们的依赖性比较强。（对上级政府的依赖性比较强） LZS05 我觉得还是应该在乎转移支付的，因为毕竟当地政府的财力肯定是有限的。但是我们这个基本的，比如说保民生啊、保工资啊、保运转啊这些基本的支出，这些刚性支出是一定要有的。另外你要发展经济肯定有一个项目支出。说白了哪儿都要用钱，肯定就是钱越多越好。（在乎转移支付）

续表

范畴	原始资料（初始概念）
缺乏对上级政府的博弈能力	ZZX13 所以站在我们被考核者的角度，我们没有政策和指标的调控能力，能做的就是落实。（没有政策和指标的调控能力、只能落实指标） HZS13 除了综合考评以外，每年人事处、组织部给我们考核这个东西，都是你在这个当中没有办法去回避的一个东西，这种东西真的只能适应，没办法去改变。（只能适应考核且没法改变） HZS03 去年我们就有一个目标，水上的运输周转量，我们已经说了这个运输周转量不是我们能够控制的，因为它跟经济形势是很有关系的。经济形势好大家的运输量就上去了，形势不好它就下来了，包括跟你一些峰会的管控啊，这都有关系的。我们当时说了，这个不要下给我们，它偏要下给我们。我们说了几年不要考核我们了，但它说不行，还得考核我们，都已经9月份了，所以去年我们也是很有意见的，都9月份了才征求意见，我们说不要考核我们了，肯定完不成的，然后非得考核我们。（下级政府无法修正不合理目标值） HZS07 评价主体的权重分配，这个事情我们掌握不了的，比如领导评价到底有多少权重。（对评价主体赋权没有话语权） HZS13 我只能把这个指标分掉，没有办法去跟上级政府讨价还价的。我去跟市政府说，这个指标定得不可以，我们没有办法去跟上级讨价还价。（没办法与上级政府讨价还价） HZS04 领导支持就是人、财、物配置，人、财、物的配置是肯定要的，不然工作推进不了的。（工作推进有赖于领导支持） HZS13 我是觉得这个指标我完不成，你压给我，我也完不成。但是，我不能说这个方式不合理。因为从上到下的这种考核，就是这个样子，我们没有办法的，这个合理不合理跟我们没有关系，我们就是要完成任务。（对逐级考核方式没有办法） HZS01 但是很多时候，放进绩效考核的这些目标呢，不是由你自己说了算。它就是在政府工作报告里面，市委常委会的工作里面，它讲2017年我们要做哪些工作，跟环保相关的，你就必须放到绩效目标考核里面去。（被评价者对于评价目标没有话语权） HZS17 所以考评办不能允许规则这样变的，规则不合理，不是我们能够左右的事情。如果有机会来听听我们的意愿，我们把我们的情况反映给他们。（被考核者无法左右考核办法）

续表

范畴	原始资料（初始概念）
缺乏对上级政府的博弈能力	GZS10 修订这个指标的时候，比如说是省政府对省直部门的绩效考核里面，它会有征求意见，你们各个部门就可以提你们的意见建议。但是到具体后面，综合考量以后怎么样去把握，这个就跟部门没关系了。（指标修订建议是否被采用不得而知） GZS01 因为现在我觉得，下面特别是最基层的政府还是比较被动的。（最基层政府比较被动） DXH07 但是由于现在的管理模式，下级单位倾向于无条件服从上一级单位，而且特别是服从主要领导的意志。所以在下面执行的过程中，基本上没有讨价还价的余地，都是拼了命地把绩效目标完成作为首要的事情。（无条件服从上级单位、服从主要领导的意志、拼命完成绩效目标） DXH04 其实这个政府绩效，我们基层，区县一级是属于基层的，对基层来说，一般只有执行的份，也只有自己苦干的份。没有说讨价还价的份。（基层只能执行不能讨价还价） DXH07 就像我们领导所说的，你要跟上级讨价还价，还不如老老实实干事，把上级的工作完成好，执行好。（与其讨价还价不如老老实实干事） LZS03 对于公共性指标，超出能力范围都有反馈。市委可能站在更宏观的角度去平衡。（评价指标调整权在市委） LZS06 基本就是他们下发了这个考核之后，下面人就担心"这能做的完吗？"，但是人家下发了，也只能这么做。（面对繁重的考核目标只能做） LZS05 由于某些客观原因，你这个指标完成不了，然后上级部门认可这个原因，然后再公布。上级没有明确说这个指标已经不适用的时候，它可能还是会沿用。（上级部门认可的指标数据才能公开、没有上级政府指示便沿用已有指标） ZZS06 这个东西我感觉有两面性，这要看领导，我还是说看领导怎么去考核。（领导决定考核方式） ZZS08 下达指标之前都有征求意见，但是大家反映了以后会好一些，不过决定权还是来自上级。（指标取舍决定权在于上级政府）

续表

范畴	原始资料（初始概念）
缺乏针对性的绩效评价体系	ZZX13 共性化考核指标太多，每个部门都做一模一样的工作，然后做了大量的文件资料，考核下来每个部门都是一样的。（共性指标缺乏区分度） ZZX01 考核的方式针对性不是特别强。我们没有办法做到针对性强，只能相对来说是一个比较原则的一个考核办法。（考核方式针对性不强） HZS16 我觉得就是一个局限性，就是在设置这个指标的时候，要征求部门意见，有征求意见，再循序渐进的话，那么部门对你的理解也会更加充分，那么我们这个工作当中的实际情况，也能够反馈上去。（指标应建立在信息沟通的基础上） HZS17 从每年考评结果排名来看，就可以分析得出来，所谓的权力部门的排名始终靠前。有的部门，年年分数都排在前面。因为在社会评价这个栏目里面，其中，大部分是人大代表、政协委员和乡镇领导，这部分人打的分数，相对来讲，对那些权力部门肯定是偏高的。（权力部门排名总靠前、打分偏向于权力部门） HZS17 最后考核的时候说你这个单位有作风问题，说不过去吧？作风检查多数是靠平常的，不是靠最后一锤子买卖，考核考出来的。（一次性考核不适合作风评价） HZS14 单位之间的横向对比，实际上是不公平的。我知道有的单位已经退出了社会评价。（社会评价的横向比较不公平） HZS18 满意评选确实由于信息不对称、知识不对称的问题，具体落实到单位的时候，也难免会有一些张冠李戴的情况，这个也是很难避免的。（满意评选存在信息不对称和知识不对称、张冠李戴） HZS13 这个考核规则都是人定出来的，而且不可能涵盖政府工作的方方面面，考评的也就那么几个人。（考核不可能涵盖政府全部工作） HZS15 还是一个科学分类问题，讲来讲去还是要进行精准分类啊，确实能够真实反映，感觉到心很服帖，至少我们被考核的人要感觉很服帖。（科学和精准分类） HZS06 考评办有时候保强势部门。这个设计实际存在一定的不公平，保的就是强势部门。本来就是强势的，你再保它，所以最后很多部门，我估计啊，每一年最后几名还是那几个单位。（考评办倾向保强势部门）

续表

范畴	原始资料（初始概念）
缺乏针对性的绩效评价体系	HZS17 农民增收实际上是一个社会问题，它不是哪一个部门能够左右的问题。说实在话从政府也好，从农业部门也好，包括我们的发改委，其他部门，真的是很尽心尽力。但是让这个数据要落实到某一个部门有待商榷，最好这个数字应该是考核各个相关部门的。（考核指标的完成超过部门能力） HZS05 加大个性化指标，进行分类考核。纵向进步就是自身进步，弥补横向比较的问题，我们还有考核奖，有的部门一直跑在前面，在这方面政府还是要考虑差距，要考虑后劲问题，要有动力。（加大个性化指标） HZS03 很多工作量大的部门、影响力大的部门，它们可能长期拿三等奖。有一些资源多一点的，相对来说，工作反而会轻松点的部门，可能拿的绩效奖励高一点。（工作难易程度与绩效结果不成正相关） HZS06 个性化的指标对我们相对来说要好一点。（个性化的指标） HZS13 就是说可以更具操作性，然后给我们更大的社会评价自主权。（赋予更大的社会评价自主权） HZS19 所以我们就想出了现在这样一个制度，就是赋予每一个单位一定的系数，那个系数也不是凭空来的，也是我们多年搞满意度测评，按照有关数据的积累，甚至早一两年，浙大搞公共管理的几个老师在我们这边搞调研，确定哪些单位适宜老百姓评价，对一个评价适宜度进行测算，然后根据几年的数据的关系确定了几类单位。每类单位乘以它的功效系数。（赋予评价对象系数消除统一排名的不公平） HZS15 不同部门之间的差距就比较大，这个不是说靠这么几个系数就能够分出来的。这个达到什么科学程度，当然我们不是专业从事这个方面的，但是我们的感觉就是这样的啊，你不是说光靠与公众接触多少。因为你那个靠公众来评，这是其中的一块而言。（分类系数不足以呈现部门间的差异） HZS17 你对参与这些人选的范围，像我们，驻农村工作的人，那就很敏感了。其中一个是民营企业，民营企业代表。选择的大部分都是工业企业的人。农民不是没有，但是较少。（评价者与被评价者不匹配） HZS07 我们认为他确实是专家，但他可能不一定是全能的专家，是某些方面的专家。对我们档案室熟悉的专家确实比较少，有一些确实是

续表

范畴	原始资料（初始概念）
缺乏针对性的绩效评价体系	我们动脑筋想出来的创新项目的内容，我们认为是比较创新的，但到了专家那儿，他们不一定认可，他们认为是正常的工作。（专家与被评价者匹配程度有限） HZS02 就环保而言，并非正相关关系。特别是社会评价这个指标，跟它测评的时候有关，就是我刚才讲的这一个礼拜来这半个月空气都不好，我们测评是不能得高分的。但实际上根据我们近四五年来的检测，环境空气质量一直是每年稳步提高的。（主观评价与客观绩效非同步性） HZS03 这工作推进就推进了，完成就完成了。但是有时候公众这边，这个工作是推进了，但对公众来说与我无意义，所以我肯定就不满意。（主观绩效与客观绩效偏差） HZS01 我们也是问绩问效于民，但是这里面又有一个特殊的情况就是我们每年的评价都是在 12 月份。发满意度测评调查表都在 12 月，而这个季节杭州的空气质量较差，有的时候实在是难以避免的。所以，变成了发表的这两个星期里面，空气质量好，我们的评价就高，然而这段时间雾霾严重，空气污染大，我们的意见就可多了，我们的分数就哗地掉下来了。我们每年收到的社会评价意见也是看天气的，那段时间天气好意见就少，那段时间空气不好意见就很多。（外部环境影响满意度评价结果、主观感知与非绩效因素相关） HZS14 交警站在马路上指挥，这么辛苦呢，这么大太阳在指挥，这么大的雨，还在梳理交通，公众就很感动。这个就是形象不一样。社会评价意见整改中，不同的民心、不同的部门之间的横向比较，那肯定因为大家履行的职能不一样，你在别人的印象中就不一样。（职能性质决定外部形象、职能分工引发印象差异） HZS07 有些执法部门比较倒霉，天天面对老百姓，比如说城管局啊，交通局啊，还包括环保局。（执法部门比较倒霉） HZS10 未必愿意增加公众评价权。就跟你刚才说的，我觉得这其实也是有风险的一件事。（增加公众评价权有风险） HZS01 少部分公众他纯粹就看天气来填单，是有这种可能，然后看时间，全年的工作他都觉得满意的，但是这两天不行，他就否定你了。

续表

范畴	原始资料（初始概念）
缺乏针对性的绩效评价体系	按理说，天气再不好，我廉洁自律这块肯定是好的，但是老百姓对你可能不那么了解，你到底廉洁自律不自律，谁知道啊？所以最后就是受天气左右了。我对你执行不满意，其他也都不满意，或者是评过算了的样子。（以偏概全） HZS14 我觉得可能文化素质也可能稍微欠缺一点，有的时候就有点凭自己想象。（文化素质低则偏向于主观印象） HZS13 针对不同的部门，你去设置不同的人群进行社会评价。而且这个社会评价不是来发两句牢骚，而是要真真正正地跟部门的实际职能有相关性。它的服务对象是谁，它的职能对象是谁，那就应该去问谁。我觉得应该对评价人群做一些分析，其实在样本没有完全覆盖的情况下，要提高评价的客观性很难。（基于部门职能选择与其相对应的社会评价主体、样本缺失导致评价客观性不足） HZS05 第一个是跟我们部门的职能有关，工商行政管理是比较宽泛的，不像有的部门，相对比较狭窄。我们这种工作的社会评价也好考核，就是说不像有些职能比较集中，并且工作更加密切联系社会，特别是我们名次靠后，主要是社会评价这一块排在倒数，就是和我们的部门职能有很大的关系。（社会评价排名与部门职能关系密切） HZS03 不公平啊，社会评价对于我们来说是吃亏一点的。对于我们这种服务量特别多的，300 多条呢。它就给我一个整改系数，相对来说弥补了，不然我根本没办法跟那些没有服务职能的部门比。它们的公众意见少，评价的话它们就很好的呀，都是非常好。那我的话，肯定有意见的，像公交车肯定有意见的，现在相对要好一点，但是还是有点吃亏的。（社会评价对部分服务部门略有不公） HZS19 从我们实际工作或者实际中一些人的反映来看，从个体角度来讲，对于所有这些实施单位都很了解和熟悉的评价者确实很少。整体上讲，评价很严格，就是单个参与评价的主体，评价的老百姓。因为我们这个评价总共是 100 个单位，平均一个人了解 30 个单位这个样子，你说他都很了解是很难做到的。（评价主体难以熟知全部被评价者） HZS01 像我们大家都是这样子，我们累死累活，比如前面 2013 年、2014 年都在倒数了，你说我们没做工作，我们都在做工作，是吧？但是，我们就是说，进位显著算是有几次啊。那两天的空气还好，测评度还高，然后就上来了，但是很多单位，比如说民政局、党委系统的

续表

范畴	原始资料（初始概念）
缺乏针对性的绩效评价体系	这些部门，尤其民政局，它每年都是在前面的。它是给人家送温暖的，或者是天天种花种树，把城市打扮得这么漂亮。我们没有给老百姓做这些事，我们是服务企业，比方说这个东西你企业要报，那个东西你要送来。（评价对象工作性质与满意度评价结果息息相关） HZS18 有些地方相对落后，老百姓的满足度相对来说会高一点，所以它的评价往往得分高，像淳安这种得分会很高的。特别是有的地方、山里面的老百姓，你稍微给他们一点服务，他们都觉得很满足。比如80岁的老人，政府给他150块钱补助，他已经很满足了。在他的观念当中，我老了就要子女来养，现在子女也给我钱，政府还给我钱。但是像在比较发达的地区，像城区萧山、余杭这种，老百姓的诉求，你叫他们满意确实很难。（群众的满意度与所处区域的经济发展水平相关） HZS06 还是有不合理之处，我们跟农办是在一块评价。我们是直接服务于老百姓的，农办是制定政策的，相对来说是服务于我们部门更多的。政策制定好之后，实际操作的，可能是我们的成分多一些。我们应该是服务相对较多的。（考评对象分类不准确） HZS04 考评办他们的工作量也大，而且涉及这么多部门，不可能每个部门的工作职责他们都了解。有时候也会凭自己感受判断，他们也无法全面搞清楚各个部门的工作职能，隔行如隔山啊。（考评办难以了解每个部门的职能） HZS03 老百姓对于部门职能的了解有点混乱，比如交警的职能都以为是我们的职能。（群众对政府职能边界认识不清） HZS06 可能有的政府职能多一点，老百姓就对你了解一点，政府职能少一点的，很多工作在做，像我们这种的，做了人家也不一定了解，就像茶叶市场建立了、水果市场建立了，他不知道你是做这个的，他不会感知到你的。（群众对不同职能部门熟悉程度差异较大） GZS07 因为这个差别本来就不大，就是一、二、三名差别不大，评上也可以，不评上也行。（绩效评价区分度不足） GZS04 譬如说服务性的部门，好像我们前台这种，肯定是服务公众的，服务质量跟服务水平，服务效率，我觉得就是一个绩效！如果是好像我们后面的一些办案部门的话，就是我们指导派出所，他们在涉外方

续表

范畴	原始资料（初始概念）
缺乏针对性的绩效评价体系	面或者是一些社区治安方面的，有一定的提高或者对一些因素有限制，这就是体现了我们的绩效。（基于职能界定绩效） GZS02 我们也要去关注安全生产符不符合要求。然后，在区一级的话，人力也有限，我们的专业水平也有限，也没有专业安全检查的那种人，其实我们也查不出什么，也看不出什么。（考核指标与能力不匹配） GZS05 考核指标就是下达得比较重，像前两年提出一个口号，就是违法建设零增量，意思就是发现违建，发现一宗，处理一宗。因为现在这边的规划报建审批流程不太通畅，好多村民建房，就是村民为了改善居住环境，自己把旧房子拆了，然后启动建新房子，这种情况下没有报建都是违建的。在这种情况下，把房子完全拆除，达到所谓的违建零增量，根本就不现实，肯定会闹出很大的问题。所以，过了两年，现在这个说法也没有人再提了，当时就是要求很严，下面的工作压力就特别大。（考核指标下达脱离现实） GZS10 就像是在这个考核里面，考核的并不是教学业绩，而是最终学生升学上的一个成绩比拼。不是这个老师教学成果是怎么样的，而是这个学生最终考试成绩比拼如何，只是考核到这一点而已。（考核内容仅是工作内容的一部分） GZS09 做这个考核的时候，应该分不同的部门，不同的职责，做出不同的规划。（分部门分职责进行考核） DXH04 绩效考核真正要怎么制定呢？自下而上地制定。今年比如说我在一个街道里面，我今年要完成引资的金额是多少，就这样层层报上去，而不是说，上面规定我今年要完成多少，划到下面去这样子。就比如说，我所在的街道，第二产业已经饱和。然后，经过环保治理和控制，第二产业基本上不能引进了，但是还在下达工业指标。所以这个自上而下的指标，基层很困惑，而且没办法，要改变这种情况的话只有自下而上地搞。（指标设计路径应由自上而下转变为自下而上） DXH01 它没有细化，它是一个很大的指标，然后比较抽象地描述。（指标未细化且抽象） DXH04 省里面给市里面下达指标的时候，因为省级工作的人可能少有基层工作经历的。因此，真正落实到基层考核的时候，一些方面是不符合基层实际情况的，所以导致基层压力过重。（指标匹配性差导致基层压力大）

续表

范畴	原始资料（初始概念）
缺乏针对性的绩效评价体系	DXH01 我还有一个想法，就是指标是分层级的，要有层级，要有权重。因为每一个部门，它承担很多工作，有中心工作，也有一些日常的且边缘一点的工作，还有一些像那种难度比较大的，涉及改革性的工作，这个工作权重应该要加大一点。因为，不可能做日常工作和别人涉及改革的工作，最后得到的分数一样。这样就没有激励的效果了，它们之间应该有区别和层级。（评价指标需分层且差异化赋权重、评价指标的权重应该具有区分度） DXH04 反而是那些不是面向老百姓的，老百姓不知道它是做什么的，只是觉得印象好，就打个好。（公民倾向于基于主观印象做出评价） DXH07 公民对于政府内部的运作，他们不一定了解。往往他们的诉求就是对于本人直观的诉求的反映。（公民不了解政府内部运作） DXH04 去年，一个区只完成了七八件，而我们区完成了几十件。今年他们完成了几十件，我们还是完成了几十件，他们就翻倍了我们还是一样，但增长率就比较低。他们基数小，今年办得多的话可以翻倍，我们基数大，还是与去年持平，但是增长比例上就很少。但上面就会提出来，他们是按这个增长率排名，这就是很不合理。（单纯以增长率为指标存在鞭打快牛） LZS05 其中一部分指标是好几年前就一直有的，几年前制定的。但是现在经济形势转变之后，它已经不适用了，但是由于没有找到新的更适合的指标，所以一直沿用这个经济考核指标。既然这个指标已经不适用了，你还要考核，并且每年指标任务都要保持一个上升的幅度，在经济下行背景下，还要保持一个经济增长是很难的。但是我们也不能扭转，就是尽力去完成。（面对不合时宜的指标仍要尽力完成） LZS06 基本就是上级部门发的一些考核项目，因为可能是根据他们的想法，然后制作的这个考核项目，但是放到基层来做考核，不是特别符合实际，很难做。指标的目标值不匹配，因为像我们下面，基本上就是一个人都要干很多的活。像他们上级就是一个人只干一个活，他们只针对这一个活，但是下面就是一个人要干很多活，精力都达不到他们那个要求。（上级政府制定的考核项目可操作性差、下达的考核目标值超过下级政府承受能力） LZS01 因为最后决定权还是听党组成员的，你天天在我眼皮底下加班加点，领导的印象不一样。你说你在加班，就算加到天昏地暗，谁都不知道啊。（评价者与被评价者的接触程度会影响定性评价结果）

续表

范畴	原始资料（初始概念）
缺乏针对性的绩效评价体系	LZS02 目标责任书实际上最多就是一两页纸，而且都是表格的形式。那个内容是有限的，它只能把工作职责的重点列出来，有固定资产投资，客运或货运周转量，投放出租汽车多少，公交车更新多少，这些都是有限指标。但是对于大部分的工作，没有列到这个目标中，也没法列到这个目标责任书里面。（目标责任书未全面涵盖工作内容） LZS06 深层次的原因就是考核设置不是特别合理，存在不符合各级政府的要求，不符合实际情况，不符合政府工作实际的现象。（考核设置不符合被考核者实际） LZS03 共性指标可能就是一两项，几乎每年给我们分解下来，应该就是两三年的事吧，这两三年基本上都没全部完成。（共性指标难以完成） LZS07 如果用来评价你的话，肯定也不会说什么好话，也难太公正地评价，哪怕我引进来了多少人才，它也不会认可你的工作。（公众评价的公正性欠佳） LZS06 毕竟每个地区不同，但是从公安部下来的，他们就是以他们掌握的情况，然后下发指标，可能会有一些不太匹配的状况。（分配的考核指标与地方实际不匹配） ZZS08 因为每个口不一样，每个口下达的指标都比较重，然后综合到一块，多头领导，但是每个头只要求自己那一部分，这样的话我感觉整体还比较重。（多头下达指标） ZZS05 不能简单照搬照抄上一级的指标，你直接拿省里的来直接考核市县。一方面引起他们的反感，明明不是我们该做的，还考核我们；另一方面增加他们的负担。（搬照上级考核指标）
成本与可操作性	HZS16 作为指挥机关市委市政府切得太干净以后是不好操作的，我是这么认为的。它的操作可以分成3等，但不能分成30等。分成30等的话，它连解释的机会都没有了。就像我们搞奥运会一样，残奥会，搞了几个等级以后，只是对残奥会的残疾人相对公平，但是观赏性就差了，参与性也差了，竞争压力就小了，就太强调特殊性了，所以这样的话它分3条线，就像我们奥运会搞男子组和女子组，两条线就分开了。（分类太细不便于操作） DXH01 想设计一套科学的、细致的政府绩效评价体系还是比较难的。因为一个政府部门要对所有的单位根据它们的特点而设计符合它们的一个评价指标体系，这个工作量还是比较大的。（科学且细致的政府评价体系耗费巨大） ZZS01 如果想做到面面俱到的话，第一很难。第二可能会导致很多的资源浪费。（面面俱到既难又浪费资源）

续表

范畴	原始资料（初始概念）
信息不对称	ZZX08 信息传输渠道，有可能失真，出现失真问题。（信息失真） ZZX01 让大家都清楚，让大家都了解，增加我们信息的一个公开和透明。（增加信息公开与透明） HZS18 当年的满意评选搞了几年之后也有了一些矛盾，其实一开始就有不同的声音。有一些单位认为是有点吃亏，像老百姓的评价不够准确，他们工作各方面都做得不错，但是老百姓不了解，导致他们排名靠后，成为不满意单位。（信息不对称引发群众评价不准确） HZS06 各方面的信息，这个渠道可能还比较狭窄。（信息渠道比较狭窄） HZS03 评是能评的，但是就是信息可能有些不对称的。所以说，公众不能作为对政府评价的全部，参考是可以的，因为这里面还有很多信息不对称的地方。（信息不对称降低公民评价的认可度） HZS12 很多评价意见啊，都是因信息不对称。他们对我们这块不是特别了解，所以我们相当于是一个汇报解释情况。（因信息不对称了解不足） HZS19 就是信息不对称，然后我们也通过用不同的方式来缓解，那么这个问题实际上还是存在的。（信息不对称难以根除） HZS03 可能沟通机制有点问题，因为考评办好像现在也没什么机会开会，听听下面单位一些意见。好像这么多年都没有说，有事情都是我们主动跟他们去说。其实也可以开个小会，比如说目标有哪些问题，你让我们反映反映。比如说小范围的，重点的几个单位，包括片区的一些牵头单位，你可以开会听听人家目标考核过程中有哪些意见，我们下一步该怎么改进，但是好像这么多年，我们是没有接到，让我们提什么意见，还是需要沟通的。（沟通机制不畅） GZS05 从下往上反映是比较困难的，从上往下就很通畅，就比较便捷。（缺乏信息双向传递） LZS01 还有信息共享的问题，你信息不共享，公众肯定每个人理解不一样。但你公布的信息越多，公众从中挑刺的概率也就越大。（消息不共享、信息发布越多公众挑刺概率越大） LZS04 绩效这一块的排名，好像是不会公开的，我指的是数据排名不会公开。我们也不会把县区的排名公布到外网上。（绩效排名数据不对外公开、县区排名不会公布于外网）

续表

范畴	原始资料（初始概念）
信息不对称	LZS01 没有一个外部压力或者一个硬性规定的话，我可以公布也可以不公布，那我就不公布嘛。（没有硬性规定便不公布） LZS02 这个从来就没有见过这样的公示，就是说政府发个文件，关于2016年度各个部门考核结果的通知，没有见过这样的文件。（没有正式的考核结果公示） LZS01 客观程度到底有多少？这个排名我排到了14位，如果公布下来了，这有一个前提是必须板上钉钉的，或者说是理直气壮的。但是我觉得在这方面，包括在权重设计上还是有一些出入的吧。有些东西，你比如说下面考核他，他可能之前工作做得足，是不是得分就高一点。也可能一些准备工作没做好，最后抽查下来以后他们都得分很低。但是现在你的绩效考核能不能真实地、科学地、全面地反映出来工作水平或者工作业绩。如果说你确实是在整个社会，包括老百姓也认同，然后我们内部也认同这个绩效方式，那咱们就可以公布。（考核结果的公示有赖于考核本身及其结果的无争议） LZS01 它也是一种保护，其实你可以发现想从机关事业里面要一些东西或者让它公布的东西都很难。它考虑的东西是很多很多的，会考虑到负面影响。（鉴于自我保护不公开信息） ZZS02 公共服务方面的工作特别多，有一些是民众关心的，他可能就了解多一些；他不关心的，跟他生活无关的，他就了解得少一些。所以说有时候，他也不一定能评得好。如果公众不了解的话，即使评价，我觉得也没什么意义。所以说其实这个评价是比较难的，但是做好的话，能让民众都知道政府每天在做什么。（信息多寡影响满意度评价效果） ZZS03 因为信息不对称，老百姓掌握的一些东西可能是比较片面一点的，政府可能从综合角度来看一些东西，中间可能就是信息不对称造成的一些冲突吧。（信息不对称导致认知冲突） ZZS06 有些东西，政府是必须公开的，但有些东西，政府有些时候完全公开了反而会引起一些歧义或者有反面的一些东西。所以说有些东西不能说完全地给公开了。（完全公开信息存在引发负面效应的风险）

续表

范畴	原始资料（初始概念）
信息不对称	ZZS02 如何让政府部门感知，我觉得途径应该是需要考虑的。如果没有一个好的渠道的话，政府很难回应。我觉得现在政府的一些生产手段和大众的一些认知渠道，可能存在一部分的偏差。然后，这个偏差可能造成这种信息的不对称。政府希望民众得到的这个情况可能民众不一定能够准确地把握。民众希望政府了解的社会实情也可能无法准确地传达。（缺乏沟通渠道导致政府难以回应、信息不对称阻碍政民的有效互动）
回应性	ZZX08 我们这个考核目标申报的最低限是完成上面的任务。从目标任务的角度看，上级就是下达，下级一是解决，二是依据上级精神，进行目标分解落实，最后的结果一般都是完成或者超额完成。这个既是对上级的忠诚，也是下级应履行的职责。（完成下达的目标任务既是忠诚也是履职）
控制	ZZX04 根据市上给我们的考核任务，县上我们再分解，再和乡镇与部门去签订责任书，层层签订、层层落实。（层层签订绩效合同） HZS20 每一个绩效目标都要有制定依据，制定依据包括比如说签一个责任状。（责任状） HZS12 还有让老百姓参与这个评价，不管是评先评优，还是晋升晋级，多种方式，包括差的可以问责，比如说主要领导问责。（领导问责） GZS04 控制是上下级之间的控制，对吧？上下级之间的控制。（控制发生于上下级之间）
责任	DXH02 对我们这种基层办事员来说，这种绩效问责压力也是蹭蹭的，自上而下地下达的，所以有时候领导提出一个要求对我们来说也是一种压力。（绩效问责压力持续加大、绩效问责自上而下的传递） LZS02 比如说，我们处室负责治理交通拥堵，年初市政办公厅做了一些指标，我们的拥堵指数要下降到怎么个程度。然后，年终发现拥堵得更厉害了，那肯定就没有完成，然后我们的领导要被问责。（对未完成绩效指标的领导实施问责） LZS07 一般就是年初的工作计划，制定的目标，要签订目标责任书。（目标责任书）
价值目标置换	ZZX12 重点项目是给予了一定政策优惠或者是政策权限。像进入省重点的一些项目，从土地指标，从环评上面，上级就会全力相助。（越是符合上级政府偏好的项目越能获得支持）

续表

范畴	原始资料（初始概念）
价值目标置换	ZZX10 有时候少部分老百姓的希望与上级政府的期望不一样，我们地方政府经历的主要焦虑还是上级政策规定与服务本地区群众的实际现状之间的不一致，但执行上级政策是首要的。（少部分群众与上级政府的期望不一样、执行上级政策是首要的） GZS08 比如说媒体发现了一个什么，然后马上文件下来，我们要去查。比如又发现一个什么，我们又要去查，就是不停地在完成上级交下来的指标和任务，很难有时间去做好我们的日常工作。（牺牲常规性检查以应付上级政府指派的任务） GZS01 个别情况下，上级满意了，公众可能对你有一点不满意。（上级政府满意与公众满意存在不一致） GZS05 绩效其实最直观的理解就是领导对你工作的满意度。其实，这个是最直观的，领导说今年做得不错，你就不错。如果领导对你工作不满意，说这个不行，又被上级问责，又被领导抓住不放，这样肯定就不行。所以，可以说在不犯错误的前提下，把这个工作做到让领导满意，最直观的就是这样来理解。（绩效就是领导满意） DXH07 在这个绩效考核里面，除了有一个宏观的思路和决策以外，有时候会倾注领导个人的一些主观意识在里面。（领导的主观意识会渗透到绩效考核里） LZS02 肯定是关注一些指标，就是一些能量化的东西。（关注量化指标） ZZS02 效果很难考核，但是这个数字的东西就好考核。你说交通秩序有多好，这个没有一个量化的标准。但是通过数字，数字多了说明乱了，乱了一治理就有效果。但是你没有数字，说明你没有治理，没有治理就没有效果。（数字说明效果） ZZS07 个别情况下，对上级的回应与对群众诉求的回应存在一定的差异。比如说少部分群众的诉求跟上级政府的要求和规定不一致，此时如果满足群众诉求的话，可能就完成不了上级的要求；如果完成对上级回应的话，可能这少部分群众便会有怨言。（回应上级政府与回应群众存在少许差异）
价值冲突	……①

---

① 价值冲突的"初始概念"已在第四章详细列举，此处不再赘述；回应性、责任和控制的"初始概念"也已在第三章详细列举，此处仅就表明三者间关系的"初始概念"进行列举。

参考文献

（一）中文参考文献

1. 中文著作

常健：《公共冲突管理》，中国人民大学出版社2020年版。

丁煌：《西方行政学说史》，武汉大学出版社2019年版。

刘易斯·科塞：《社会学导论》，南开大学出版社2010年版。

皮亚杰：《发生认识论原理》，王宪钿等译，商务印书馆2020年版。

张富：《公共行政的价值向度》，中央编译局2007年版。

［荷］米歇尔·S. 德弗里斯、金判锡：《公共行政中的价值观与美德：比较研究视角》，熊缨、耿小平等译，中国人民大学出版社2014年版。

［美］B. 盖伊·彼得斯：《政府未来的治理模式》，吴爱明、夏宏图译，中国人民大学出版社2019年版。

［美］全钟燮：《公共行政的社会建构：解释与批判》，孙柏瑛等译，北京大学出版社2008年版。

［美］特里·L. 库珀：《行政伦理学手册》，熊节春译，中国人民大学出版社2020年版。

［美］特里·L. 库珀：《行政伦理学》，张秀琴译，中国人民大学出版社2012年版。

［美］约翰·克莱顿·托马斯：《公共决策中的公民参与：公共管理者的新技能与新策略》，中国人民大学出版社2005年版。

［美］约翰·罗尔斯：《作为公平的正义》，姚大志译，中国社会科学出版社2019年版。

［美］珍妮特·V.登哈特、罗伯特·B.登哈特：《新公共服务：服务，而不是掌舵》，丁煌译，中国人民大学出版社2019年版。

2. 中文期刊

包国宪、曹西安：《地方政府绩效评价中的"三权"问题探析》，《中州学刊》2006年第1期。

包国宪、冉敏：《政府绩效评价中不同主体的价值取向》，《甘肃社会科学》2007年第1期。

常健、许尧：《论公共冲突管理的五大机制建设》，《中国行政管理》2010年第9期。

彭文龙、廖晓明：《重塑我国政府绩效评估价值取向的动力机制研究》，《江西社会科学》2016年第7期。

秦晓蕾：《地方政府绩效评估中的有效公民参与：责任与信任的交换正义——以南京市"万人评议机关"15年演化历程为例》，《中国行政管理》2017年第2期。

尚虎平：《政治控制、个人取代组织与过渡年资量化——我国历史上大一统时期政府绩效评估经验、遗弊与继承之道》，《社会科学》2013年第1期。

盛明科、何植民：《政府绩效评估的价值渊源：从"效率中心主义"到"新泰勒主义"——兼论当前我国政府绩效评估的价值追求》，《社会科学家》2009年第1期。

臧乃康：《政府绩效评估价值及其实现》，《武汉大学学报》（哲学社会科学版）2005年第6期。

臧乃康：《政府绩效评估制度安排的现实困境及其消解》，《南京师大学报》2009年第3期。

张晓婷：《政府"公共人"的伦理价值——基于公共行政人员的多价值冲突分析》，《辽宁行政学院学报》2011年第2期。

（二）英文参考文献

Alford, J. and O'Flynn, J. L. , "Making Sense of Public Value: Concepts, Critiques and Emergent Meanings", *International Journal of Public Administration*, Vol. 32, 2009.

Allen, J. P. , "Value Conflicts in Enterprise Systems", *Information Technology & People*, Vol. 18, 2005.

Amirkhanyan, A. A. , "What Is the Effect of Performance Measurement on Perceived Accountability Effectiveness in State and Local Government Contracts?", *Public Performance & Management Review*, Vol. 35, 2011.

Bao, G. , Wang, X. , Larsen, G. L. , Morgan, D. F. , "Beyond New Public Governance: A Value-Based Global Framework for Performance Management, Governance and Leadership", *Administration & Society*, Vol. 45, 2013.

Benington, J. , "Creating the Public in Order to Create Public Value?", *International Journal of Public Administration*, Vol. 32, 2009.

Boyne and George, A. , "Concepts and Indicators of Local Authority Performance: An Evaluation of the Statutory Framework in England and Wales", *Public Money and Management*, Vol. 22, 2002.

Bozeman, B. , "Public-Value Failure: When Efficient Markets May Not Do?", *Public Administration Review*, Vol. 62, 2002.

Buchanan, B. and Millstone, J. , "Public Organizations: A Value-Conflict View", *International Journal of Public Administration*, Vol. 1, 1979.

Chambers, J. R. , Schlenker, B. R. and Collisson, B. , "Ideology and Prejudice: The Role of Value Conflicts", *Psychological Science*, Vol. 24, 2013.

Fukumoto, E. and Bozeman, B. , "Public Values Theory: What Is

Missing?", *American Review of Public Administration*, Vol. 49, 2019.

Garland, B., Wodahl, E. and Schuhmann, R., "Value Conflict and Public Opinion Toward Prisoner Reentry Initiatives", *Criminal Justice Policy Review*, Vol. 24, 2013.

Heinrich, C. J., "Outcomes-Based Performance Management in the Public Sector: Implications for Government Accountability and Effectiveness", *Public Administration Review*, Vol. 62, 2002.

Jørgensen, T. B., "Public Values, Their Nature, Stability and Change: The Case of Denmar", *Public Administration Quarterly*, Vol. 30, 2006.

Julnes, D. L., "Citizen-Driven Performance Measurement: Opportunities for Evaluator Collaboration in Support of the New Governance", *New Directions for Evaluation*, Vol. 137, 2013.

Justice, I., Ross, A. O., "Future Directions: Enhancing the Public Value of the Fair Work Commission", *Journal of Industrial Relations*, Vol. 58, 2016.

Keraudren, P., "Administrative Reform, Ethics, and Openness: The Balance Between Effectiveness and Administrative Identity", *International Review of Administrative Sciences*, Vol. 61, 1995.

Kernaghan, K., "The Post-Bureaucratic Organization and Public Service Values", *International Review of Administrative Sciences*, Vol. 66, 2000.

King, S. M, Chilton, B. S. and Roberts, G. E., "Reflections on Defining the Public Interest", *Administration & Society*, Vol. 41, 2010.

Kinney, A. S., "Current Approaches to Citizen Involvement in Performance Measurement and Questions They Raise", *National Civic Review*, Vol. 97, 2008.

Kouzakova, M., Ellemers, N., Harinck, F. and Scheepers, D., "The Implications of Value Conflict: How Disagreement on Values Affects Self-Involvemet and Perceived Common Ground", *Personality and Social Psychology Bulletin*, Vol. 38, 2012.

Kravchuk, R. S. and Ronald, W. S., "Designing Effective Performance-Measurement Systems Under the Government Performance and Results Act of 1993", *Public Administration Review*, Vol. 56, 1996.

Kristiansen, C. M. and Matheson, K., "Value Conflict, Value Justification, and Attitudes toward Nuclear Weapons", *The Journal of Social Psychology*, Vol. 130, 2010.

Andersen, L. B., Jorgensen, T. B., Kjeldsen, A. M., Pedersen, L. H. and Vrangbaek, K., "Public Values and Public Service Motivation: Conceptual and Empirical Relationships", *The American Review of Public Administration*, Vol. 43, 2012.

Prebble, M., "Is 'We' Singular? The Nature of Public Value", *American Review of Public Administration*, Vol. 48, 2016.

Marshall, G. S. and Choudhury, E., "Public Administration and the Public Interest", *American Behavioral Scientist*, Vol. 41, 1997.

Piotrowski, S., Rosenbloom, D. H., Kang, S. and Ingrams, A., "Levels of Value Integration in Federal Agencies' Mission and Value Statements: Is Open Government a Performance Target of U. S. Federal Agencies?", *Public Administration Review*, Vol. 78, 2018.

Pollitt, C., "Performance Information for Democracy: The Missing Link?", *Evaluation*, Vol. 12, 2006.

Quinn, R. E. and Rohrbaugh, J., "A Spatial Model of Effectiveness Criteria: Towards a Competing Values Approach to Organizational Analysis", *Management Science*, Vol. 29, 1983.

Radin, B., *Challenging the Performance Movement: Accountability,*

Complexity, and Democratic Values, Washington: Georgetown University Press, 2006.

Talisse, R. B., "Value Pluralism: A Philosophical Clarification", *Administration & Society*, Vol. 47, 2015.

Rouillard, C. and Giroux, D., "Public Administration and the Managerialist Fervor for Values and Ethics: Of Collective Confusion in Control Societies", *Administrative Theory & Praxis*, Vol. 27, 2005.

Rutgers, M. R. and Van Der Meer, H., "The Origins and Restriction of Efficiency in Public Administration: Regaining Efficiency as the Core Value of Public Administration", *Administration & Society*, Vol. 42, 2010.

Selden, S. C., Brewer, G. A. and Brudney, J. L., "Reconciling Competing Values in Public Administration Understanding the Administrative Role Concept", *Administration & Society*, Vol. 31, 1999.

Siggelkow, N., "Persuasion with Case Studies", *Academy of Management Journal*, Vol. 50, 2007.

Spicer, M. W., "Politics and the Limits of a Science of Governance: Some Reflections on the Thought of Bernard Crick", *Public Administration Review*, Vol. 67, 2007.

Van Der Wal, Z., *Value Solidity: Differences, Similarities and Conflicts Between the Organizational Values of Government and Business*, Amsterdam: VU University Amsterdam, 2008.

VanDer Wal, Z. and Van Hout, E. T. J., "Is Public Value Pluralism Paramount? The Intrinsic Multiplicity and Hybridity of Public Values", *International Journal of Public Administration*, Vol. 32, 2009.

Van Thiel, S. and Leeuw, F. L., "The Performance Paradox in the Public Sector", *Public Performance & Management Review*, Vol. 25, 2002.

Wang, B. and Christensen, T., "The Open Public Value Account and

Comprehensive Social Development: An Assessment of China and the United States", *Administration & Society*, Vol. 49, 2015.

Wright, B. E., "Public Administration in 2020: Balancing Values as a Journey, Not a Destination", *Public Administration Review*, Vol. 70, 2010.

Yang, K. and Holzer, M. "The Performance-Trust Link: Implications for Performance Measurement", *Public Administration Review*, Vol. 66, 2006.

Yang, K., "The Sisyphean Fate of Government-Wide Performance Accountability Reforms: Federal Performance Management Efforts and Employees' Daily Work, 2002-2008", *Public Performance & Management Review*, Vol. 35, 2011.

后 记

自公共行政产生之日起，其与生俱来的价值冲突使得公共行政学难以用一元化框架加以概况，并达成共识。因此，百年的公共行政史可视为"正确地做事"与"实现好的结果"之间或者说过程价值与结果价值之间的平衡史。但遗憾的是，这一百年的争论尚无定论。

作为新公共管理运动的产物——政府绩效评价继承了管理主义的衣钵，崇尚工具理性。至此，效率与公平、效率与效益、透明和保密等价值冲突不绝于耳，并常常招致公众的不满，从而挫伤公众对政府的信任，甚至危及政府的合法性。但即使政府绩效评价一改其对工具性价值的天然偏爱，按照公众希望的样子运行，并将他们所期待的公共价值作为绩效目标，也并不意味着价值冲突会从此消失。问题正如葛德塞尔所言，公众希望行政人员完成的是一些相互矛盾且不可协调的任务：既要提供最好的公共服务，同时又必须节省开支；保持机构内部信息的安全机密，同时又需要对外公开透明；执行规定时保持灵活，同时又要保证法律的严肃性。韦伯对此问题做出精辟的理解，他写道："在世上，没有一个伦理学可以回避这样一个事实，即在许多情况下，'好'的目标的达成必定意味着一个人必须愿意因采用了道德上可疑的手段或危险的方法付出代价，并且要面对可能的恶果。"因此，即使政府绩效评价是对"好"的追求，其本身也蕴含着不可避免的价值冲突。

受西方新公共管理运动的影响，20世纪80—90年代，中国许多地方政府部门开始进行政府绩效评价的探索与尝试，在经历了30多年的发展后，在各地"高绩效"的成绩单下，涌现出愈演愈烈的价值冲突倾向。如何破解"高绩效"下的价值冲突这一"戈耳迪之结"，成为理论界和实践界共同关注的问题，本书的写作也缘于此。

本人有幸在2010年加入国内政府绩效管理知名学者包国宪教授领衔的研究团队。2012年，包国宪教授提出了以公共价值为基础的政府绩效治理（PV-GPG模型），以新的绩效观回答了"我们究竟需要一个什么样的政府，政府应该生产什么样的绩效，以及如何生产绩效"等根本性问题，并在2015年正式出版了《政府绩效管理学——以公共价值为基础的政府绩效治理理论与方法》一书。这为本书的形成提供了独特的理论视角，重新审视政府绩效评价、公共价值、价值冲突三者之间的关系。2016年，本人在《公共行政评论》第2期发表了《价值协同：一个新的地方政府绩效评价价值冲突成因》一文，成为本书的先行先试。同年，本人以"地方政府绩效评价的价值协同研究"为题，获立国家社会科学基金青年项目。在历时3年多的实地研究之后，完成研究报告，此研究报告正是本书的"原型"。

本书虽出自本人之手，但实则众人智慧之结晶。首先，感谢我的恩师包国宪教授，让我有机会站在政府绩效管理研究之前沿，思考政府绩效管理乃至公共行政亘古不变的大问题和公共行政学的深层学科悖论。此外，在出版之际，先生不吝时间，为本书作序。如果没有先生的肯定与鼓励，本书可能还在摇篮之中。其次，感谢我读博期间的合作导师李弘晖副教授（中国台湾）、讲授质性研究方法课程的陈劲甫教授、南开大学周恩来政府管理学院尚虎平教授在研究方法方面给予的支持。然后，感谢本人所主持的国家社会科学基金青年项目组的成员：赵晓军、王学军、张弘、王向东、张克，谢谢他们在数据搜集与分析环节的参与和帮助。同时，感谢来自资中县、杭州市、广州市、武汉市东西湖区、兰州市和郑州市的 82 位受访者。如果没有他们为本书提供的珍贵访谈资料，本人的研究势必停留在感性认识层面。最后，感谢本书的责任编辑及其同事在本书的编辑、定稿和出版等环节付出的辛劳。

在掩卷之时，思绪万千。希望本书能成"星星之火"，上可推动形成公共价值冲突理论的中国话语体系，下可帮助基层公共管理者应对因价值冲突引发的道德困境之苦。

念念不忘，必有回响。也将本书，献给我的妻儿黄卉、星然和嘉泽。感谢他们的理解和支持，让我专心于本书的撰写。

孙斐

2021 年 3 月于积石堂